도교 사상

-10개의 강의로 도교 쉽게 이해하기-

가미쓰카 요시코 지음 | 장원철·이동철 옮김

일러두기

1. 이 책의 중국 인명·지명·서명은 국립국어원 외래어 표기법에 따라 종전의 한자음대로 표기하였다. 단 현대인은 원칙적으로 중국어 표기법에 따라 표기하되, 필요한 경우 한자를 병기하였다.

2. 일본의 인명·지명·서명은 과거와 현대의 구분 없이 일본어 표기법에 따라 표기하는 것을 원칙으로 하되, 필요한 경우 한자를 병기하였다.

3. 서양 인명은 영어 표기를 기준으로 했다.

4. 책 제목은 겹낫표(『』)를 표시하였으며, 이외의 인용, 강조, 생각 등은 따옴표를 사용하였다.

5. 본문의 저자 주석은 모두 중괄호(())로 표시하였다.

6. 어려운 항목·용어는 독자의 이해를 돕기 위해 각주에 역자의 주석을 달았다.

7. 이 책은 산돌과 Noto Sans 서체를 이용하여 제작되었다.

차 례

강의를 시작하기 전에

　도교道教라는 말을 들으면 사람들은 어떤 모습을 떠올리는 것일까? 사진으로 본 적이 있던 노자老子의 형상일까, 그렇지 않으면 그림으로 묘사된 신선의 모습, 또는 흑백으로 그려진 태극도太極圖의 이미지일까? 어쩌면 도교라는 말을 들은 적은 있어도 그 실상이 무엇인지는 도통 알지 못하는 사람도 개중에는 있을 것이다.

　분명히 일본에서 도교는 일반적으로 그리 친숙한 대상은 아니라고 하겠다. 하지만 중국에서 도교는 유교·불교와 더불어 삼교三敎의 하나로 간주되거니와, 오랜 역사를 통해 중요한 역할을 담당해왔다. 종교·사상으로서 뿐만이 아니라 문학·예술·의술 등의 분야에서도 도교의 영향은 지대한 것이었다. 또한 역사적으로 보자면 일본에서도 도교 자체는 아니어도 몇몇 도교적 요소가 일찍이 전파·수용됨으로써, 도교는 일본 문화의 전개와도 일정한 관련을 지니게 되었다. 예를 들자면 잘 알려진 바이지만 헤이안平安시대 초기 구카이空海가 『산고시이키三敎指

歸』라는 책을 저술하여 삼교에 관한 자신의 생각을 펼쳤던 사실과 에도江戶시대 가이바라 에키켄貝原益軒이 저술한『양생훈養生訓』에는 도교적인 사상이 상당히 포함되어 있다는 사실 등을 들 수 있다.

연구자들 사이에서도 도교의 전체상을 파악하기는 어려운 일이라고 흔히들 일컬어져 왔다. 실제로 도교라는 말이 포괄하는 내용은 폭이 넓고 다양하다. 도교 경전을 보아도 그 내용은 철학적이거나 교리적인 것부터 여러 가지 민간신앙적인 것에 이르기까지 다채롭기 그지없으며, 유교에 가까운 내용이 있는가 하면 불교와 매우 흡사한 내용까지도 지니고 있다. 갖가지 성격의 내용이 뒤섞여있어 도대체 도교의 중심이 어디에 있는 것인지 알기 어려운 경우조차도 흔하다. 하지만 이렇듯 다양한 요소들을 포괄하면서도 한데 뭉뚱그린 그 무엇으로 인식되는 도교는 엄연히 존재하고 있다. 이와 같은 도교에 대해 사상적 측면에 초점을 맞춰서 그 핵심적 내용을 알기 쉽게 전달하고자 하는 것이 이 강의의 목적이다.

목차를 훑어보면 알 수 있듯이, 이 강의에서는 처음에 도교 역사를 개관하고서,『노자』의 '도道' 사상에 관해 서술한 뒤에 생명관·우주론·구제救濟 사상·수양론 및 윤리·사회사상 등의 여러 주제로 나누어 도교 사상을 설명하고자 한다. 이어서 도교와 불교, 도교와 문학·예술, 도교와 일본 문화에 관해 이야기하고자 한다. 개별 강의에서는 각각 관련이 있는 사례와 문헌 자료를 거론하면서 소개하고 설명해가는 방식을 취하기로 한다. 인용하는 자료들은 『노자』 『태평경太平經』 『포박자抱朴子』 『진고眞誥』 『좌망론坐忘論』 등과 같은 도교의 대표적 문헌들을 중심으로 다루면서 가능한 한 상세한 설명을 덧붙일 생각이다.

　이처럼 개별 강의마다 정해진 주제에 맞는 내용을 다루는 방식이 되겠지만 개별 강의는 각자 그 자체로 완결되는 것이 아닌, 상호 관련하면서 전체로서 도교 사상이 어떤 것인가를 설명하게끔 틀을 잡고자 하였다. 따라서 개별 강의에서 거론되는 개개의 사례나 자료들은 물론 그 자체로서 중요하기도 하지만, 더 나아가 정해진 주제의 범주를 넘어서서 그러한 사례와 자료들에 공통하거나, 저류를 관통하는 것이 무엇인가에 대해서도 독자들이 끊임없이 주목해주었으면 한다. 도교라고 불리는 수많은 사상事象 가운데, 또는 개개 자료들의 밑바탕에 잠복해있는 공통된 사고방식이나 사상적 준거틀이라는 것

에 착목著目함으로써 도교 사상의 본질과 같은 그 무엇이
차츰 보이지 않을까 하는 생각이 들기 때문이다.

　그러면 강의를 시작해보기로 하겠다.

모산茅山 건원관乾元觀의 송풍각松風閣(위)과 도홍경陶弘景이
심었다고 전해지는 목련(도키와 다이조常盤大定·세키노 다다시關
野貞,『지나문화사적支那文化史蹟』제4집, 호조칸法藏館, 1939년에서)

1. 도교를 구성하는 요소

우선 강의의 첫 시작을 '도교의 시작과 전개'라고 제목을 달았지만, 도교가 어떻게 시작되었는가를 설명하는 일은 매우 어려운 문제이다. 2세기 후반, 후한 말기에 민중운동으로 일어났던 태평도太平道와 오두미교五斗米敎를 도교의 시초로 보고자 하는 설이 일반적이지만, 이는 교단 조직을 갖춘 종교로서 세상에 출현했던 시점에 주목하는 입장이다. 한편으로 '도교'라는 용어가 불교에 맞서는 중국 고유 종교를 지칭하게 되었던 것은 남제南齊의 고환顧歡[1]이 『이하론夷夏論』을 저술하여 이른바 '이하夷夏 논쟁'[2]이 성행하게 된 시기부터이므로, 이러한 5세기 중엽 시기를 도교의 시작으로 보고자 하는 견해도 있다(이하夷夏 논쟁에 관해서는 8강에서 다루고자 한다). 이 밖에도 후한 말기보다도 훨씬 이른 시기인 전한 혹은 그 이전부터 도교가 시작되었다고 보는 견해도 있다.

이렇듯 도교의 시초에 관해 의견이 나뉘는 것은 도교라는 종교가 매우 폭넓은 내용을 포괄한다는 현상과 관계가 있다. 본래 도교가 폭넓은 내용을 지녔다는 측면에 대

---

1) 420~483. 중국 육조시대의 도사. 절강성 출신이며 자는 경이景怡 또는 현평玄平. 『이하론』 이외에도 『노자의소老子義疏』라는 주석서를 남겼다.
2) '이夷'는 이민족의 사상인 불교, '하夏'는 중국 한족의 사상인 도교를 가리키는데, 이 둘의 우열 관계를 논하면서 도교의 우위성을 입증하고자 하는 것이다.

해서는 일찍부터 지적되어온 바가 있었다. 예를 들면 원대의 지식인 마단림馬端臨[3]은 다음과 같이 논하고 있다.

도가道家의 술법은 복잡하고 갈래가 많으나 지난 시절 선배 학자들이 자세히 논하였다. 대개 청정淸淨이 하나의 설이 되고, 연양煉養도 하나의 설이다. 복식服食이 또한 하나의 설이 되고, 부록符籙[4]이 또한 하나의 설이 되며, 경전과교經典科敎가 또한 하나의 설이 된다.[5]

-『문헌통고文獻通考』권225「경적고經籍考」

여기에서 '도가의 술법'이라고 일컫는 말은 도가는 철학·사상에 속하고, 도교는 종교라는 식으로 나뉘어 쓰는 것이 일반적인 오늘날의 용법과는 달리, 이른바 도교라는 현상을 폭넓게 지칭하고 있다. 마단림은 '도가의 술'〔=도교)은 '복잡하고 갈래가 많다'라고 하면서, 그에 속하는 내용으로서 '청정'〔노장의 청정무위淸淨無爲 사상), '연양'〔내단內丹 등의 양생술), 복식〔선약仙藥을 복용하여 불로장생을 꾀하는

---

3) 1254~?. 송말宋末 원초元初의 학자. 중국 역대 제도의 연혁과 변천 과정을 서술한 『문헌통고文獻通考』를 편찬하였다.

4) '부자符字' '묵록墨籙' '단서丹書'라고도 하는데, 필획이 글자인 듯 아닌 듯 구불구불하게 그린 일종의 도형과 같다.

5) "道家之術, 雜而多端, 先儒之論備矣. 蓋淸淨一說也, 煉養一說也, 服食又一說也, 符籙又一說也, 經典科敎又一說也."

방법], '부록'〔장도릉張道陵[6]·구겸지寇謙之 등과 같이 부참부참符讖[7]을
활용한 주술], '경전과교'〔불교에 대항하여 제작된 경전·의례를 가
리키는데 당송 오대 이후로 근세의 도사들이 주로 활용하였다]의 다
섯 종류를 거론하고 있다.

도교에 대한 마단림의 이 같은 견해는 요코테 유타카橫
手裕의 『도교의 역사』 서장에서 지적하듯이, 6세기 전반
양梁나라 유협劉勰이 『멸혹론滅惑論』〔『홍명집弘明集』〕에서
'살피건대 도가의 법통을 세우는 데에는 세 가지 등급이
있다. 최상 등급은 노자를 표방하는 것이고, 다음 등급은
신선을 조술하는 것이며, 최하 등급은 장릉張陵〔張道陵〕을
숭봉崇奉하는 것이다'[8]라고 하면서 '도가'〔=도교〕를 '노자'
'신선' '장릉'〔부적 따위를 활용하는 주술〕의 세 종류로 분류했
던 견해의 연장선상에 놓여있는 것이다. 이러한 견해는
중국의 전통적 문헌에 흔히 나타나는데, 청대 건륭乾隆
연간에 편찬되었던 『사고전서』의 해설서 『사고전서총목
제요四庫全書總目提要』의 「도가류道家類」 서문에서도, '도가'

---

6) ?~156. 후한 말기 도사로 오두미교의 창시자. 노자를 교주로 존숭하고, 『노자』를 소
의경전으로 삼았으며 『노자상이주老子想爾注』를 지었다. 후대 도교에서는 조천사祖天師
로 불린다.
7) 훗날에 나타날 길흉과 화복을 해석하기 어렵게 비밀로 적어놓은 부적이나 예언서
를 가리킨다. 달리 부록이나 부서符書라고 한다.
8) "案道家立法, 厥品有三. 上標老子, 次述神仙, 下襲張陵."

〔=도교〕는 노장의 '청정자지淸淨自持[9]'를 근본으로 삼고서, 그 뒤에 신선가·연단술鍊丹術·부록·재초齋醮〔죽은 이의 넋을 구제하거나 재액을 없애기 위해 행하는 제사의례〕·장주章呪〔천상의 신들에게 글을 올려 제액除厄을 청하는 의식이나 주술〕 등이 더해진 것이라는 식으로 설명이 이루어지고 있다.

이처럼 도교는 노자의 사상을 근본으로 삼고서, 그 위에 불로장생을 추구하는 신선술과 교단도교敎團道敎[10]에서 활용되었던 부록·재초, 또는 불교 영향을 받아 제작되었던 경전·의례 등등의 갖가지 요소들이 시대의 추이에 따라 여러 층으로 겹쳐 덧쌓여서 만들어진 것이다. 이런 것들 이외에도 고대에는 귀신 신앙의 영향이 두드러졌던 묵자 사상과 유교의 윤리 사상, 또는 음양오행 사상과 참위 사상, 황로도黃老道 등도 도교를 구성하는 요소로서 거론할 수가 있겠다. 그와 같이 수많은 요소가 다층적으로 겹쌓여서 생겨난 도교의 어느 지점을 떼여내어 기점으로 보는가에 따라서 도교의 시작에 관한 견해가 서로 달라지는 것이다.

2강부터는 이러한 도교의 여러 요소를 눈여겨보면서 도교 사상의 근본이라 할 노자 '도道' 사상을 출발점으

9) '맑고 깨끗함을 스스로 굳게 지킨다'라는 뜻이다.
10) 달리 '교회도교敎會道敎' '성립도교成立道敎' '도관도교道觀道敎'라고도 일컫는다.

로 하여 도교의 생명관·우주론·구제 사상·수양론 및 윤리·사회사상 등의 주제에 관해 차례로 다루어 나가고자 한다. 그에 앞서 우선 1강에서는 도교의 역사에 대해서 전반적으로 살펴보기로 한다.

2. 태평도와 오두미교

최초의 도교 교단으로 알려진 태평도와 오두미교는 후한 말엽 혼란한 사회 상황 속에서 출현하였다. 태평도를 이끌었던 것은 하북성河北省 남부 거록鉅鹿 출신의 장각張角[11]이었다. 『후한서』「황보숭전皇甫嵩傳」에 따르면 장각은 자신을 대현량사大賢良師로 자칭하며 황로도를 받들어서 제자들을 모았고, 병자들을 위해서는 수과首過[저지른 죄를 고백하는 일]와 부수주설符水呪說[부적을 탄 물을 마시고 주문을 외우는 일]을 행하게끔 하였다. 황로도란 '황로黃老', 곧 황제와 노자를 신선으로 우러러 받들어 모시는 신앙으로 후한 시대에 성행하였다.

장각의 휘하에 모여들었던 사람들은 난세를 당하여 빈

---

11) ?~184. 중국 후한 말기의 도교 지도자. 황건적의 난을 일으켰고 태평도 교단을 창시하였다.

곤과 질병에 시달렸던 농민들이었을 것으로 추정된다. 그 수는 수십만 명에 달하였는데, 장각은 36방方〔방은 장군을 뜻한다〕을 설치, 그들을 통솔케 하고서 중평中平 원년 (184)에 왕조 타도를 외치며 일제히 봉기를 일으켰다. '푸른 하늘은 이미 죽었고 누런 하늘이 마땅히 일어날 것이다. 갑자년 올해에 천하가 크게 길할 것이다'[12]라는 구호를 외치면서, 모두 황색의 누런 두건을 써서 표식을 했던 관계로 '황건黃巾'으로 불렸다. 이른바 '황건의 난'이었다. 황건군은 각 지방의 관청을 불태우고, 한때는 조정이 있는 도읍까지도 위태롭게 할 기세였으나, 이윽고 황보숭을 중심으로 한 후한 세력에 진압되어 태평도는 소멸하고 말았다.

　태평도라는 명칭은 장각이 손에 넣었던『태평청령서太平淸領書』와 관련이 있는 것으로 보인다.『후한서』「양해전襄楷傳」에 따르면 후한의 간길干吉〔일설에는 우길于吉〕이라는 인물이 곡양천曲陽泉 기슭에서『태평청령서』170권을 얻었고, 순제順帝(재위 126~145) 치세에 그 제자인 낭야琅琊 땅 사람 궁숭宮崇이 입궐하여 그 책을 조정에 바쳤다고 되어있다. 그 내용은 음양오행 사상을 기본으로 하면

---

12) "蒼天已死, 黃天當立. 歲在甲子, 天下大吉."

서 무격(샤먼shaman)[13]의 잡어雜語가 많이 실려있던 관계로 조정에서는 이 책을 '요망하고 터무니없다(妖妄不經)'라고 여겨서 궁전 서고에 넣어두었는데, 훗날 장각이 이를 손에 넣었다는 것이다.

현재 도장道藏(도교의 일체경一切經, 뒤에서 자세히 논한다) 가운데 『태평경』 57권이라는 책이 있다. 또한 『태평경』 완본이 여전히 전해지던 시기인 당 말唐末의 도사 여구방원閭丘方遠이 지은 『태평경』 발췌본 『태평경초太平經鈔』 10권이라는 책도 도장에 수록되어있으므로, 실전된 부분에 대해서도 개략적인 내용을 알 수가 있다. 현전 『태평경』 (또는 『태평경초』)과 『태평청령서』와의 관계는 분명한 사실을 알 수 없는 상태이나, 현전 『태평경』에 6세기 양梁·진陳 무렵 인위적으로 복원·편집이 가해졌던 사실은 분명하다 하겠다. 하지만 사상 내용의 측면에서 현전 『태평경』은 후한 말기까지의 경향을 상당히 담고 있는 것으로 보여서, 초기 도교 사상을 파악하는 데 매우 중요한 문헌인 관계로 이 책에서는 3강(생명관), 5강(구제 사상), 7강(윤리·사회사상) 등의 여러 곳에서 언급하기로 한다.

오두미교는 패국沛國의 풍豊(하남성 서주徐州시) 땅 출신

---

13) 술사나 도사들을 가리킨다.

의 장릉張陵〔장도릉〕에게서 시작되어, 그 아들 장형張衡[14],
이어서 손자인 장로張魯[15]에게로 계승되었다. 교주를 천
사天師로 일컬은 데에서 이후 흔히 천사도天師道로 불렸
다. 『삼국지』「위서魏書」「장로전」에 따르면 장릉은 촉蜀
땅으로 들어가서 곡명산鵠鳴山에 거처하면서 도를 닦았
고, 도서道書를 지어 신자를 모았으며 신자들에게는 쌀 5
말斗을 바치게끔 하였다.

　손자 장로의 시대에는 한중漢中〔섬서성 한중시〕 땅을 근거
지로 삼아 '귀도鬼道'를 바탕으로 백성을 교화했는데, 새
로운 신자들은 귀졸鬼卒이라고 일컬으며, 신심이 두터운
이들이 좨주祭酒가 되어 신자들을 통솔하였다. 아울러 '치
治'로 불리는 교구를 설치하여 치두대좨주治頭大祭酒가 더
욱 많은 수의 신자들을 통솔하는 방식의 교단 조직을 완
성하였다. 그리하여 건안建安 20년(215)에 조조曹操의 군
대에게 패배해 투항할 때까지 30여 년 동안 한중 땅 일대
에 독립적인 종교 왕국을 구축하기에 이르렀다. 그 지역
에서는 의사義舍로 불렸던 무료 숙박소가 건립되었고, 의
사 내부에는 의미義米와 의육義肉을 두어 그 길을 지나는

14) ?~179. 장릉의 아들로 후대 도교에서는 사사嗣師로 불린다.
15) ?~216. 장릉이 만든 오두미도를 본격적 교단 체제로 만든 조직자. 한중 지방에 정
교 합일의 지역 정권을 수립하고 30여 년 통치하다가 조조에게 멸망당하였다. 후대
도교에서는 계사系師로 불린다.

사람들이 필요한 만큼 마음껏 먹을 수 있게 하였다고 한다. 오두미교[천사도]는 조조에게 항복하고 난 이후에도 근거지를 바꾸거나 수차례 조직 개혁을 겪기는 했지만, 그 유파는 정일파正一派 혹은 정일교正一敎[16]로 불리면서 지속적으로 존재하였고, 현재까지도 이어지는 것이다.[17]

오두미교의 교리에 대해서는 마찬가지로 「장로전」의 주석에 인용된 『전략典略』에 상세히 기술되어있다. 그에 따르면 신자의 질병을 치료하는 방법은 태평도의 경우와 대체로 비슷하였다. 자신이 행한 죄과를 병자가 반성하는[이를 '사과思過'라고 불렀다] 장소로 정실靜室이 설치되

---

16) 도교의 주요 유파로 '정일파正一派' '정을교正乙敎' 혹은 '천사도天師道'로 불렸다. 한대 장릉이 '정일맹위지도正一盟威之道'를 창시했는데, '정일正一'은 진일眞一의 의미로 바른 도, 참된 도를 가리킨다. 당송 이래 남북 천사도와 상청파·영보파 등의 도파들이 점차 합류하였고, 원대에 이르러 장릉의 36대 후손 장종연張宗演이 사한천사嗣漢天師에 봉해져 공식으로 '정일교正一敎'로 칭하게 되고, 38대 후손 장여재張與材가 '정일교주正一敎主'에 봉해져 삼산三山의 부록파를 통솔하게 됨으로써 이후 모든 도교의 부록 각파를 '정일교'로 통칭하게 되었다. 원대 말기부터 명·청 시대 이후로는 전진교와 더불어 도교의 양대 교파로서 병립하게 되었다. 주로 『정일경正一經』을 받들고 귀신을 숭배하며, 부적을 그리고 주문을 외우며, 귀신을 쫓고 요괴를 굴복시키며, 복을 구하고 재앙을 물리치고자 하였다. 북경의 동악묘東嶽廟가 정일교의 본산이었으나, 2차 세계대전 후에 63대 천사 장은부張恩溥가 대만으로 망명하여 전통을 전하게 되었다.

17) 일연의 『삼국유사』 권3 '보장왕이 노자를 받들다寶藏奉老'라는 조목에는 「고구려본기」 기사에 근거하여 '고구려 말기인 무덕武德·정관貞觀 연간에 나라 사람들은 오두미교를 다투어 받들었다'라고 하였는데, 이 시점은 618~649년에 해당하는 시기로 오두미교가 시작된 시기와 거의 5세기 정도 시차를 보이는 관계로 그 유입 경위를 두고서 학자들 사이에 의견이 분분한 형편이다. 이어서 영류왕樂留王 7년(624) 당의 고조가 도사를 파견해 원시천존상을 보내고 『도덕경』을 강론케 하였다고 기록하고 있고, 『삼국사기』 권30에는 이어서 당 태종이 643년에 도사와 『도덕경』을 고구려에 보냈다는 기사가 실려있는데, 이것이 우리나라에 도교가 공식적으로 전래되었던 정황에 대한 최초의 기록이라 하겠다.

었다든가, 병자가 자신의 죄를 순순히 인정하는 뜻을 기술하는 문서를 세 통 만들어서 한 통은 산상에 두고서 천신, 다른 한 통은 땅속에 묻고서 지신, 나머지 한 통은 물속에 빠뜨려 수신水神에게 각각 바치는(이것을 '삼관수서三官手書'라고 한다) 행위 등등, 태평도보다도 더욱 구체적인 형태를 보인다. 신자들은 좨주의 지도 아래『노자오천문老子五千文』을 학습하였고, 봄과 가을에는 살생이 금지되었고 금주도 행해졌다고 한다. 1900년 둔황敦煌에서 발견되었던 사본 가운데 확인되었던『노자상이주老子想爾注』(스타인Stein 6825)[18]를 오두미교 교단에서 사용했던『노자』의 텍스트로 추정하는 설도 나타나고 있다(2강 참조).『노자』를 성전으로 삼는 도교의 기본이 이미 이 시기에 확립되었다는 사실은 주목할 만하다.

3. 갈홍『포박자』의 성립

한편으로 태평도나 오두미교 같은 조직화한 도교와는 별개로 신선이 되는 길을 찾아서 개인 또는 적은 인원수

---

18) 둔황의 막고굴에서 사본을 발견한 영국의 탐험가 아우렐 스타인Aurel Stein은 사본들에 일련번호를 붙여 분류하였다.

로 수행을 하거나 도술을 수련하고자 하는 움직임도 일찍부터 존재하였다. 도술은 개인에게서 개인으로 비밀히 전해져 오는 경우가 많았는데, 이러한 내용을 서적의 형태로 공개했던 진晉의 갈홍葛洪[19]의『포박자』가 출현함으로써 후한 말기로부터 진대晉代에 이르기까지 존재했던 신선도神仙道의 양상을 자세히 파악할 수 있게 되었다.

갈홍은 강남의 단양군丹陽郡 구용현句容縣의 신선술과 관련이 깊었던 갈씨葛氏 일족에서 태어나서, 시부詩賦 등의 문학작품과『신선전』등의 사전史傳을 비롯한 수많은 저술을 행하고 있다. 유학은 말할 것도 없고 의학·약학에도 조예가 깊었던 교양인이기도 하였다.『포박자』에 따르면 갈홍은 젊은 시절부터 신선도에 관심을 가지고서, 정은鄭隱에게서 사사하면서 수많은 구결口訣과 선서仙書를 전수받았다. 그가 사사한 정은의 스승은 갈현葛玄〔갈홍의 종조부〕이며, 갈현의 스승은 후한 말기에서 삼국시대에 걸쳐 도술로 이름을 날렸던 좌자左慈였다.

---

19) 283?~343?. 동진의 학자·도사·연단가. 자는 치천稚川, 호는 포박자로 지금의 강소성 단양 구용 사람이다. 강남 귀족 출신으로 반란의 진압에 참여하여 공을 세우기도 했으나 이후 벼슬을 버리고서 선술을 닦았다고 한다. 만년에 지금의 베트남 북부인 교지交趾에 단사丹砂를 구하러 갔다가, 지금의 광주廣州 나부산羅浮山에서 생을 마쳤다고 한다. 죽어서 시해선尸解仙이 되었다고도 전해지는데, 향년은 61세, 81세로 설이 갈리고 있다. 저술로는『포박자』『신선전』외에도 유흠劉歆에 가탁한『서경잡기西京雜記』등이 있어 문학사적으로도 주목을 받고 있다.

『포박자』는 건무建武 원년(317) 무렵에 저술되었으며, 내편 20권, 외편 50권으로 이루어져 있다. 내편은 '신선방약神仙方藥〔신선의 도와 선약의 처방〕·귀괴변화鬼怪變化〔귀괴변화의 사용법〕·양생연년養生延年〔불로장생의 방법〕·양사각화禳邪却禍〔사기邪氣[20]를 씻고 화를 피하는 방법〕 등의 일을 기술한 것으로 도가에 속한다'는 것, 외편은 '인간의 득실과 세상사의 좋고 나쁜 것을 말한 것으로 유가에 속한다'는 것이라고 갈홍 자신이 말하고〔『포박자』 외편 「자서自敍」편〕 있듯이 신선도에 관련된 갖가지 사항들이 『포박자』 내편에 상세히 기술되어있다. 그 가운데에는 금단金丹[21]을 중심으로 하여 신선이 되기 위한 이론과 방법뿐만이 아니라, 일상 윤리에 관련해 기술되어있으므로, 『포박자』는 신선 사상의 측면뿐만이 아니라 윤리 사상의 측면에서도 도교 역사에서 중요한 위치를 차지한다. 그런 측면에 대해서는 3강과 7강에서 다루기로 한다. 또한 『포박자』는 일본에 일찍이 전래해 고대 일본 문화에도 커다란 영향을 끼쳤다. 이 점에 대해서는 10강에서 논하기로 하겠다.

---

20) 본래 '요사스럽고 나쁜 기운'을 뜻하지만, '질병의 원인이 되는 여러 요인'을 가리키는 경우도 있다.
21) 영속적으로 존재하는 광물이야말로 인간의 육체에 영원성을 가져다줄 수 있다고 믿어 '금단'이라는 말을 선호하였다.

여기서는 『포박자』 내편 「하람遐覽」편에 근거해 갈홍이 살던 시대까지 전해지던 도교 문헌에 대해서 살펴보고자 한다. 「하람」편에는 갈홍이 스승인 정은에게서 전수를 받았다는 서적 등, 다수의 도교 문헌의 이름을 열기列記해서, 가장 이른 시기의 도교 서적 목록으로서 주목을 받고 있다. 그 목록은 '도경道經'과 '호부護符'의 두 종류로 크게 나뉘고, '도경'으로는 『삼황내문천지인三皇內文天地人』 3권으로부터 『이선생구결주후李先生口訣肘後』 2권까지 합계 200여 종, 670여 권의 서명이 기록되어있다. '호부'의 경우에는 『자래부自來符』부터 『옥부부玉斧符』 10권에 이르기까지 합계 56종, 620권의 호부의 이름이 기록되어있다.

'도경'으로 기록된 서적 가운데에는 『태평경』 50권, 『갑을경甲乙經』 170권과 같이 현전하는 『태평경』과 연결될 가능성이 있는 문헌이나, 후한 또는 삼국시대 오吳나라 사람인 위백양魏伯陽의 저술로 알려져 후대 금단술金丹術의 비서로서 커다란 영향력을 지녔던 『주역참동계周易參同契』[22])와의 연관성까지도 가늠해볼 수 있는 『위백양내

---

22) 도가에서 체계적으로 연단을 논술한 최초의 저작으로 알려져 있으며, 동한 위백양이 지었다고 한다. 도교 신자들에게는 흔히 '단경왕丹經王'으로 일컬어졌는데 일반적으로 『참동계』로 불렀다. 송대 주희朱熹가 70세 되던 해에 공동도사空同道士 추희鄒訢라는 이름으로 『주역참동계고이周易參同契考異』를 저술했던 영향으로 조선에서도 학자들 사이에서 널리 읽혔다.

經『魏伯陽內經』〔하지만『주역참동계』의 성립에 관해서는 여전히 수수께끼가 많아서 제설이 분분하다〕, 또는 훗날 상청파上淸派에서 중시하게 되었던『황정경黃庭經』등도 포함되어있다. 그 밖에는 상세한 사항을 알 길이 없는 서적들이 태반을 차지하고 있다. 단지 서명을 근거로 추정해보면, 선술仙術 서적·연단 서적·도인안마導引按摩 서적·복기服氣〔호흡법〕서적·질병 치료 서적·식양생食養生 서적·양사禳邪〔사기邪氣를 물리치는 법〕서적 등이 다수를 점하고 있어서,『포박자』가 저술될 당시에는 이러한 서적들이 '도경'으로 인식되었다는 사실을 짐작하게끔 한다. 그런데 여기에서는『노자』라는 서명이 등장하지 않는데,『포박자』의 다른 곳에서『노자』를 가리켜 '이 경전〔此經〕'이라고 일컫고 있다.[23] 갈홍이『노자』라는 책을 경전임에는 분명하지만「하람」편에 열거하고 있는 '도경'과는 성격을 달리하는 문헌으로 생각하고 있었음을 엿볼 수 있게 한다.

4. 도교 경전의 제작─『상청경』과『영보경』

　동진東晋 중기(4세기 중반) 이후에 이르게 되면 단양군의

---

23)『포박자』내편「석체釋滯」편에 등장한다.

허씨許氏와 갈씨 등 강남 지역의 토착 호족 출신 인물들을 중심으로 하여, 도교의 새로운 동향이 나타나게 되었고,『상청경上淸經』 및 『영보경靈寶經』이라고 총칭되는 도교 경전들이 상당수 저술되기에 이른다.

우선 『상청경』[상청上淸의 경전군]의 계열은 동진의 흥녕興寧·태화太和 연간(363~371)에 모산茅山[현재의 강소성 구용句容시. 1강의 첫 페이지 사진]에서 영매靈媒 양희楊羲[24]라는 도사에게 남악부인南岳夫人 위화존魏華存 혹은 삼모군三茅君 같은 여러 신들이 강림하여 경전과 계시의 말씀을 전했던 바,[25] 양희가 그 내용을 허밀許謐[26]·허홰許翽[27] 부자에게 전수하여 필사케 한 일에서 비롯되었다.[28] 이처럼

---

24) 330~386. 동진의 도사·서예가로 오吳 땅 출신. 일찍부터 허매許邁·허밀 등과 교유하면서 『대동진경大洞眞經』『팔소진경八素眞經』『영서자문靈書紫文』『모군내전茅君內傳』 등 상청과 경전들을 협력·편찬하였다.

25) 신이 영매 몸에 빙의하는 강신술을 활용한 영매필기靈媒筆記를 통한 점술 방법으로 부계扶乩·부기扶箕·부란扶鸞이라고 한다. 방법은 나무로 된 틀에 목필木筆을 매달고, 그 아래 모래판을 두고 계수乩手로 불리는 사람 둘이서 틀 양쪽을 잡고서, 이윽고 접신하여 목필이 움직이면 모래판에 쓰인 글자·기호를 읽고서 이를 다시 베껴 써서 신의 계시乩示로 삼는 것이다.

26) 305~367. 동진의 도사로 허목許穆이라고도 한다. 양희가 전수한 『상청경』을 받았으며 후에 상청파에서 3대 진사眞師로 받들어졌다.

27) 341~370. 동진의 도사로 허밀의 아들. 아버지와 함께 양희에게서 『상청경』을 받았으며 후에 상청파의 4대 종사로 받들어졌다.

28) 모산을 중심으로 일어난 상청파는 양희, 허밀·허홰 부자 그리고 소수의 인사들을 거쳐 발전해갔다. 이들은 많은 신선이 양희 및 허밀·허홰에게 여러 경전·부적에 대해 계시를 내렸고, 그들이 자신들을 합법적인 후계자로 지정했다고 주장하였다. 초창기에 삼모군·왕포王褒·위화존 등은 그들의 비전祕傳 속에 신선들로 등장하고 있다.

베껴 썼던 도서의 내용은 훗날 양梁의 도홍경陶弘景[29)]에 의해 수집·정리되어『진고』7편으로 편찬되었다〔현전 도장에는 20권으로 수록되어있다〕.『진고』는 상청파 도교의 출발점을 보여주는 문헌으로 중요성을 지니는 동시에 도교 문학이라는 관점에서도 주목된다고 하겠다.『진고』의 문장은 도교 문헌 중에서도 뛰어나게 문학적 색채를 짙게 띠고 있는 관계로 9강 도교와 문학의 관계를 논의할 적에 중요한 자료로 다루어질 것이다.

『상청경』은 앞서 언급한『황정경』과 같은 오랜 내용까지도 포함하면서 한편으로 흥녕·태화 연간에 이루어진 양희와 허씨 일족이 종교 활동을 통하여 전수한 내용을 핵으로 삼아서 육조시대(222~589) 말엽에 지속해서 보태어 쓰였다. 그 사상적 내용의 특색으로는 도술 중에서 존사存思의 방법〔몸속의 여러 신을 선명히 그려보는 명상법〕을 중시하는 것과 선仙·인人·귀鬼의 세 부류로 이루어지는 종교적 세계관에 근거하여 사후 승선昇仙[30)]의 가능성을 주

---

29) 456~536. 유·불·도 삼교에 통했던 남조 시대 학자. 양나라 무제武帝의 신임이 두터워 국가 대사에 자문을 맡아 세상에서는 산중재상으로 불렸다.『진고』『등진은결登眞隱訣』『주씨명통기周氏冥通記』『진령위업도眞靈位業圖』『양성연명록養性延命錄』등의 저작 외에 본초학에도 조예가 깊어『본초집주本草集注』등의 수많은 저술이 있다. 도교를 중심으로 한 삼교융합을 주장했으며, 남조에서 육수정 이후 도교의 전개에서 가장 중요한 인물로 평가받고 있다.
30) '신선이 되어 하늘에 오른다'라는 뜻이다. 이후로는 '등선登仙'으로 번역한다.

장하는 것 등을 들 수가 있겠다. 이러한 내용에 관해서는 6강(수양론)과 4강(우주론)에서 살펴보기로 한다.

한편으로 『영보경』(영보靈寶의 경전군) 계열은 성립 연대가 서로 다른 경우가 많아서 복잡한 양상을 드러내고 있다. 강남 지역에는 일찍부터 오방五方(동서남북 사방과 중앙)의 뭇 신령들을 부리는 효력을 지녔다는 '영보오부靈寶五符'(이것은 우禹의 치수 신화와 관련되어있다)라는 부적을 지니면 재앙을 물리치고 불로장생을 얻게 된다는 신앙이 성행했는데, 앞서 언급한 양희의 경우도 영화永和 5년(350) 위화존의 첫째아들 유박劉璞이 '영보오부'를 전수하였다고 한다. 이와 같은 '영부오부'의 주부呪符(주문과 부적) 신앙을 토대로 만들어진 『영보오보서靈寶五符序』 등은 이른 시기의 『영보경』에 속하는 것이다.

이에 반하여 4세기 말부터 5세기에 걸쳐서 『포박자』의 저자 갈홍의 종손에 해당하는 갈소보葛巢甫 및 그 흐름을 잇는 인물들[31]에 의해 만들어져, 널리 세상에 퍼졌다고 하는 일군의 『영보경』이 존재한다. 이것은 『도인경度人經』을 비롯한 10부 36권의 '원시구경元始舊經'을, 원시천

---

31) 남조 송宋의 육수정을 비롯해서, 당대唐代의 이소미李少微·설유서薛幽棲·성현영成玄英, 송대의 소응수蕭應叟·진춘영陳椿榮, 원대의 진치허陳致虛·설계소雪季昭, 명대의 장우초張宇初 등이 대표적이다.

존元始天尊의 교설로서 체계적으로 정리코자 하는 구상을 바탕으로 만들어진 것으로 보이는데, 미완성으로 끝나고 말았다. 그에 대신해 갈선공葛仙公〔갈현〕에게 전수되어, 지상의 인간들이 실천해야 할 '교계결요敎戒訣要'를 수록했다고 하는 '신경新經'이 만들어졌다〔육수정, 『영보경목靈寶經目』〕. 갈소보와 그 흐름을 잇는 인물들에 의해 만들어진 『영보경』은 한역불전漢譯佛典[32]의 영향을 받아 윤회전생·인과응보 사상과 같은 불교 사상을 언급하는 동시에 계율·의례의 방면에서도 불교에서 유래한 내용을 수많이 채택하고 있다. 또한 그 문체·어휘 방면에서도 한역불전을 모방했다고 여겨지는 대목이 허다하게 존재한다. 도교와 불교 사상의 관련성을 살펴보는 데 있어서 이러한 『영보경』은 매우 중요하므로, 5강과 8강에서 이에 대해 상세하게 다루고자 한다.

5. 육수정에 의한 도교 교리의 통합

전한 시대에 전래한 불교가 후한·삼국 시대를 거쳐 중국 사회 곳곳에 침투하여 그 세력을 넓히자 도교는 이에

---

32) 한문으로 번역된 불교 경전을 가리킨다.

대해 점차 위기의식을 강하게 느끼게 되었다. 앞서 언급했듯이 도교는 교단 조직으로 오두미교〔천사도〕가 그대로 존속하고 있었고, 그 밖에 『포박자』에 기술된 바와 같이 신선도의 흐름도 존재하고, 아울러 『상청경』과 『영보경』이라는 새로운 경전들도 제작되었지만, 이들 흐름이 공동보조를 취한다고는 할 수는 없는 상황이어서 불교에 비하면 열세에 놓여있었다. 그러한 상황에서 도교를 하나로 종합하여 중국 고유문화로서 도교를 지키고자 하는 움직임이 나타나게 되었다. 그 중심이 되었던 인물이 남조 유송劉宋의 도사 육수정陸修靜[33]이었다. 그는 이른바 호계삼소虎溪三笑[34]의 고사로 널리 알려져 있듯이, 혜원慧遠[35]·도연명陶淵明[36]과 더불어 여산廬山〔강서성江西省에 있는 명산〕과 인연이 있는 인물이었다.

---

[33] 406~477. 남조 시대 송의 도사로 유·불·도 삼교에 두루 통했다. 말년에 여산廬山에 도관을 짓고 은거하며 도교 경전을 정리하였다. 후세에 간적선생簡寂先生으로 불렸고, 단원진인丹元眞人으로 추존되었다. 남천사도南天師道를 만들어서 후에 남조 도교의 일대종사一代宗師가 되었다.

[34] 호계는 여산에 있는 계곡의 이름. 여산의 고승 혜원이 손님을 배웅할 때 이곳을 지나치면 호랑이가 울었다 하여 이런 이름이 붙었다 한다. 삼소는 혜원이 손님을 보낼 때는 이 호계를 경계로 더는 배웅을 하지 않으나, 육수정·도연명 두 사람을 배웅할 적에는 대화에 도취한 나머지 이 호계를 지나쳐버려 세 사람이 크게 웃었다 하여 생긴 고사이다. 동양화의 화제로 널리 쓰인다.

[35] 334~416. 중국 동진東晉의 승려로 중국 불교를 학문적으로 확립하였고, 염불 결사結社인 백련사白蓮社의 개조로 알려져 있다. 명산 여산에 은거했기 때문에 '여산 혜원'이라고 불렸다.

[36] 365~427. 중국 동진 말기로부터 남조 송대宋代 초기에 살았던 중국의 대표적 시인. 일반적으로 육조六朝시대 최고의 시인으로 평가받고 있다.

육수정은 유송의 명제明帝(재위 465~472)에게 후대를 받아, 도읍인 건강建康 근교에 숭허관崇虛觀이라는 도관道觀〔도교 사원〕을 하사받아 거주하면서 도교 경전의 수집·정리를 하였다. 또한 도교 경전을 '삼동三洞'이라는 틀 안에서 분류·정리하는 한편 명제의 칙령을 받아 태시泰始 7년(471)에 도교 경전 목록인『삼동경서목록三洞經書目錄』을 찬술하였다. '삼동'이란 동진洞眞〔『상청경』〕·동현洞玄〔『영보경』〕·동신洞神〔『삼황문三皇文』〕을 가리킨다.[37] 『삼황문』〔『삼황내문三皇內文』이라고도 한다〕은『천황문天皇文』『지황문地皇文』『인황문人皇文』이라는 주술적 효력을 지녔다는 경전으로서 앞서 언급한『포박자』「하람」편에서도 '도경'의 첫머리에 거론되며 중시되었다.

육수정은 도교 여러 분파의 가르침을 한데 포괄하고, 교리를 통합함으로써 도교 전체를 강화하고자 꾀하였다. 그러한 통합의 방법은 삼동 가운데 동진洞眞을 최상위에 두는 동시에『영보경』의 교리에 근거하여 영보재靈寶齋로 불리는 재법齋法〔의례〕의 정비에 진력함으로써 실질적으로는 동현을 중심에 두는 형태가 되었다. 또한 오

---

37) '동洞'은 '통한다通'는 뜻으로, 삼동三洞은 삼승三乘으로 나뉘어 동진洞眞이 상승上乘, 동현洞玄이 중승中乘, 동신洞神이 하승下乘이 된다.

두미교 이후의 역사를 지닌 천사도 교단의 규율을 바로 잡고, 조직을 재확립하는 방법을 제시한 『육선생도문과략陸先生道門科略』을 저술했다. 육수정에 의해 구축된 도교의 형태는 수·당 시대까지 이어지며 커다란 영향력을 지니게 되었다.

또한 육수정이 사용했던 이러한 삼동三洞의 틀은 좀 더 늦게 제시되었던 '사보四輔'[38]와 결합해 '삼동사보三洞四輔'로 불리면서 도교 경전 분류법으로 이후 계승되어간다. 사보四輔란 삼동을 보좌하는〔輔〕 4부部를 가리키는 것으로, 태현太玄〔노자와 관련된 경전〕·태평〔『태평경』〕·태청太淸〔금단선술金丹仙術과 관련된 경전〕·정일正一〔천사도 관련의 경전〕 등으로 이루어진다. 후대에 시대가 변천함에 따라 새로운 성격의 경전이 출현하기도 했지만, 그러한 경전들도 이와 같은 '삼동사보'라는 7부部 분류의 틀 안에 수렴되게 되었다.

남조의 육수정과 거의 같은 시기에 북조北朝에 있어서도 천사도를 개혁하려는 움직임이 일어났다. 북위北魏의 구겸지寇謙之[39]는 숭산嵩山〔하남성 등봉登封시〕에서 도를 닦

---

38) 송대 왕흠약王欽若이 『보문통록寶文統錄』을 편찬하면서 제시하였다.
39) 365~448. 북조 시대 북위의 도사로 지금의 북경 출신. 천사도를 근본적으로 개혁하였으며 북천사도北天師道를 대표하는 인물로 알려져 있다.

았는데, 태상노군이 그에게 친히 강림해서 『운중음송신과지계雲中音誦新科之戒』를 하사하고서, 천사도 교단을 청정하게 정비할 것을 명하였다고 한다. 또한 구겸지는 태무제太武帝(재위 423~453)에게 부록符籙을 전수하여 연호를 '태평천국太平天國'[40]으로 고치는 등, 한때 도교가 국가 종교적인 세력을 얻을 정도가 되었지만 그러한 흐름은 구겸지 일대로 끝나고 말았다.

남조에 있어서는 육수정 이후에도 불교의 여러 교파의 교설을 수용하면서 도교 교리의 체계화를 꾀하게 되었다. 그러한 성과는 북조에도 수용되어, 불교 쪽과의 수차례 논쟁 등을 거치면서 더욱 충실한 내용이 이루어져 갔다. 그 결과 북주北周 무제武帝(재위 560~578) 시대에는 도교의 교리를 한데 정리한 『무상비요無上秘要』100권이 편찬되기에 이르렀다. 육조시대 후반기에 체계화가 이루어진 도교 교리의 일단에 관해서는 4강에서 살펴보기로 하겠다.

6. 당대의 도교

당대唐代는 중국 역사에 있어 도교 문화가 가장 번성

---

40) 태무제는 또한 자신을 '태평진군太平眞君'으로 칭하였다.

했던 시대이다. 고조 이연李淵(재위 618~626)은 이씨가 천하를 장차 차지하리라고 노군老君〔태상노군〕이 예언했다는 도사의 말을 이용하여 당 왕조唐王朝를 세우고 나서는 노자〔이이李耳〕를 왕실의 선조라고 선포하였다. 이로부터 당대에는 왕조의 정책으로 노자와 도교를 존숭하였고, 측천무후則天武后의 치세(690~705)를 제외하고서는 도교를 불교보다도 우선시하는 '도선불후道先佛後' 정책을 채택하였다. 하지만 그러한 측천무후 또한 만년(700)에는 장생하여 신선이 되기를 기원하여, 도교 의식에 근거해서 숭산의 산문山門에서 금간金簡〔황금판 명문〕 한 통을 만들어 신들에게 바치고 있다(5강 첫 페이지 사진).

당대 시대에는 전국 각지에 도관이 건립되어 도사가 배치되었고, 국가와 황제의 안녕을 기원하는 금록재金籙梓 등의 도교 의례가 종종 거행되었다. 도교의 열렬한 신봉자였던 현종玄宗(재위 712~756)은 그 자신이 직접『노자』주석[41]을 지어서 천하에 반포하는 동시에 각지에 노자를 모시는 현원황제묘玄元皇帝廟〔현원황제는 노자의 존호〕

---

[41] 현종은 집현원集賢院 학사 진희열陳希烈 등에게『노자』를 시강케 하는 등, 2년 남짓의 기간을 거쳐 그간의 성과를 집성하여 개원 20년(732) 말에『노자』주소注疏인『도덕진경주道德眞經注』『도덕진경소道德眞經疏』를 완성하였다.『도덕진경주』는 달리『노자현종주老子玄宗注』또는『도덕진경현종주道德眞經玄宗注』로 불렸다. 현종은 이윽고 733년에 모든 백성의 집에『노자』한 권씩을 비치토록 하라는 명령을 내리기도 하였다.

를 짓고서, 그곳에 숭현학崇玄學이라는 학교를 병설하여 『노자』『장자』『문자文子』『열자』를 가르치도록 하였다.[42] 개원開元 29년(741)에는 과거의 명경과明經科에 준하여 이들 네 가지 경전을 과목으로 하는 관리 등용 시험 제도가 시작되었다. 도거道擧라고 불렸던 이러한 제도는 오대五代 후당後唐의 장흥長興 원년(930)에 이르기까지 계속되어서, 도교 숭배에 기울었던 당대라는 시대의 특이성을 상징적으로 보여준다.

한편으로 현종 시대에는 도교 경전의 집성이 대규모로 행해져『삼동경강三洞瓊綱』이라는 이름의 도교 일체경一切經이 편찬되었고, 도교 경전에 대하여 음의音義〔발음과 의미〕를 덧붙인 『일체도경음의一切道經音義』라는 책이 출간되었다. 더욱이 당대에는 도교 교단의 위계 제도와 과의계율科儀戒律의 정비도 이루어져서, 현종 치세의 인물인 도사 주법만朱法滿의 『요수과의계율초要修科儀戒律抄』나 마찬가지로 장만복張萬福의『전수삼동경계법록약설傳授三洞經戒法籙略說』등이 저술되었고, 나아가 당 말 오대

---

42) 노자 이외에도 장자를 남화진인南華眞人, 문자文子를 통현진인通玄眞人, 열자를 충허진인沖虛眞人, 경상자庚桑子를 동령진인洞靈眞人에 봉하고서 이 네 사람의 저술을 '진경眞經'으로 부르며 연구토록 하였다.

시기의 도사 두광정杜光庭[43]은 『태상황록재의太上黃籙齋
儀』를 비롯한 수많은 의례 관계 저술을 남기고 있다.

사상적 측면에서도 주목해야 할 사항들이 몇 가지 있
다. 우선 당대 초기에는 중현학重玄學이 성행하였다. '중
현'이란 『노자』 1장에 등장하는 '신비하고 또 신비한'〔현지
우현玄之又玄〕이라는 표현에 근거한 말로(2강 참조), 중현학
이란 불교의 공空 사상과 삼론학三論學의 영향을 받아서,
온갖 집착을 버리고서 '도'와 일체화하는 것을 강조하는
사상·학문이다. 수대隋代에서 당대 초기 무렵 시기에 성
립했던 도교 경전 『본제경本際經』에도 '겸망兼忘'〔'온갖 것을
망각하는 행위'로 『장자』에 나오는 말)과 '중현'을 결합한 '겸망
중현兼忘重玄'이라는 말이 쓰이고 있다. 그런데 그러한 흐
름을 계승하여 『노자』와 『장자』에 대하여 불교 용어를 통
한 사변적인 주석을 달거나, 도교 교리를 구성하는 작업
이 이루어졌는데, 그 대표적 인물이 『노자도덕경의소老
子道德經義疏』 『장자소莊子疏』 『도인경주度人經注』 등을 저
작한 성현영成玄英이다. 또한 마찬가지로 당대 초기에는

---

43) 850~933. 중국 당 말 오대 시기의 도사. 원래 유생이었으나 이윽고 천태산天台山
에 들어가 도교를 공부하여 도사가 되었다. 당의 희종僖宗이 그를 불러 관직을 주고 도
교의 영수로 삼기도 하였다. 말년에 청성산靑城山에 은거하며 많은 저서를 남김으로써
도교 완성에 많은 노력을 기울였다. 그의 도교 저작은 매우 많이 전해져 오는데 현재
『도장』에 수록된 저작만도 27종에 이른다.

조정에 있어서 도교와 불교 간의 우열을 다투는 논쟁이
성행하였는데, 그 결과 도교는 불교의 교설을 적극적으
로 받아들이게 되었고, 예를 들면『열반경涅槃經』등에 근
거하여 도사 여흥黎興과 방장方長 등이 제작한『해공지장
경海空智藏經』과 같은 도교 경전도 이때 출현하게 되었다.

현종 치세의 도교 사상에서 특히 주목되는 것은 사마
승정司馬承禎[44]과 오균吳筠[45]의 경우이다. [46] 사마승정은
상청파 도교의 종사宗師로서 이름을 날렸는데, 측천무
후·예종睿宗·현종 세 사람의 천자에게서 부름을 받았고
조정의 문인 명사들과도 널리 교유하였다. 현종에게 법
록法籙(도사 면허장)을 부여했다거나, 현종의 칙명으로『노
자』텍스트를 교감했던 일[47] 따위는 널리 알려져 있다.
그중에서도 중요한 것은 마음을 안정시킴으로써 불로
장생에 이르는 이치를 해설한『좌망론坐忘論』을 저술했

---

44) 647~735. 당대의 도사로 지금의 하남성인 하내河內 온溫 사람이다. 도사가 되어 천
태산에 은거하며 천태백운자天台白雲子로 자호自號하였다. 도교·불교 사상을 결합한
도교 수양론『좌망론』을 저술하여 도교의 수도성선修道成仙 이론을 수립하였다. 사후
에 정일선생貞一先生으로 불렸다.
45) ?~778. 당대의 도사로 지금의 섬서성인 화주華州 화음華陰 사람이다. 시문에도 뛰
어나 이백과 교유했으며 사후에 종현선생宗玄先生으로 불렸다. 문예 형식을 채용하여
도교 이론을 설명하는 방식을 만든 인물로 알려져 있다.
46) 현종이 직접 불러 대화를 나누었던 도사로는 사마승정·오균 이외에도 왕희이王希
夷·장과張果·이함광李含光 등이 있었다.
47) 사마승정은 전서·예서 그리고 자신만의 독특한 서체인 금전도서金剪刀書를 모두
구사하였는데, 현종은 세 가지 서체로『노자』를 필사하고 텍스트를 교정하여 경룡관景
龍觀의 석주石柱에 새기도록 하였다.

던 일이다. 『장자』 사상에 바탕을 두고서, 불교의 천태지관天台止觀의 방법까지도 흡수·융합하여 쓰인 『좌망론』은 도교 수양론의 대표적 저술로 후대 사람들에게도 지대한 영향을 끼쳤다고 하겠다. 이 점에 대해서는 6강에서 상세히 논하고자 한다. 한편으로 오균은 도교 이론을 간결히 정리한 『현강론玄綱論』을 저술하여 현종에게 바쳤던 일 이외에도 「신선가학론神仙可學論」이라는 문장을 짓고 있다. 인체 형성의 과정을 하나씩 거슬러 올라가 최후에 도와 합일하여 신선이 된다는 이론을 설명한 내용으로 내단설內丹說과의 관련 양상이 주목된다고 하겠다. 이런 문제에 대해서도 6강에서 다루어보고자 한다.

더욱이 당대의 도교는 문학과 예술 사상의 측면에서도 간과할 수 없는 중요성을 지니고 있다. 이백·안진경顏眞卿과 상청파 도교와의 관계, 또는 손과정孫過庭의 『서보書譜』, 그리고 장언원張彦遠의 『역대명화기歷代名畵記』에 나타나는 서화와 도교의 관련 양상에 대해서는 9강에서 다루어보기로 한다.

7. 송대 이후의 도교에 관하여

송대 이후의 도교에 관해서는 이 책의 내용과 관련되는 범위 안에서 중요하다고 판단되는 요점만을 간략히 언급해두고자 한다.

우선 북송 시대(960~1127)의 도교에서는 세 가지 사항이 주목할 만하다. 첫째 내단內丹의 성행, 둘째『운급칠첨雲笈七籤』의 찬술, 셋째 강남에 있어서 경록삼산經籙三山의 출현이다. 첫 번째 내단은 도교의 수련법·수양론으로서 중요하며, 송대 이후의 도교를 상징하는 것이 되었다. 이것에 관해서는 6강에서 자세히 다루기로 하겠다.

두 번째『운급칠첨』의 찬술은 도장(도교 일체경)의 편찬과 관련하여 일어난 일이다. 북송 초기에 열렬한 도교 신봉자였던 진종眞宗의 명에 의해 장군방張君房이 중심이 되어 도장의 교정·편찬 작업이 행해져서 천희天禧 3년(1019)에『대송천궁보장大宋天宮寶藏』4,565권이 완성되었다. 곧이어 그것의 축약본으로 장군방이 편찬했던 것이『운급칠첨』120권(현재 텍스트는 122권)이었다.『운급칠첨』에는 도교의 교리와 역사, 복기服氣·내단·방약方藥 등의 여러 도술, 신선의 전기와 시가 등등이 주요한 도경道經의 문장을 인용하는 형태로 체계적으로 정리되어있다.

『대송천궁보장』은 산일되어버렸지만,『운급칠첨』은 '소도장小道藏'으로 불리며, 11세기 초기까지의 도교의 개요를 파악하는 데 있어 귀중한 문헌의 역할을 담당하고 있다.

세 번째 경록삼산經籙三山이란 천사도[정일파正一派]를 계승한다고 하는 용호산龍虎山[강서성 귀계貴溪시], 상청파를 계승한다는 모산, 영보파靈寶派를 계승한다는 합조산閣皂山[48][강소성 장수樟樹시]을 가리키는 것으로, 이 삼산三山은 산속에서 부록符籙이 출현하였던, 신령한 총본산으로 세력을 유지하였고, 이 세 파[정일파·상청파·영보파]가 강남 도교의 주류로 정립鼎立하는 형세가 북송 중기에 출현하였다. 천사도·상청파·영보파는 앞서 언급했듯이 후한·육조 시대 이래 오랜 역사를 지니고 있었다. 삼산 또한 이러한 역사적 전통에 따르는 형태로 각각 권위를 누렸는데, 용호산에는 역대의 장천사張天師가, 한편으로 모산과 합조산에도 각각의 종사들이 옹립되어 대대로 계승되어갔던 것이다.『용호산지龍虎山志』와『모산지茅山志』등에는 그들의 계보가 기록되어있다. 삼산 가운데 점차 세력을 넓혀갔던 쪽은 용호산 정일파로 남송 시대 (1127~1279)에는 정일파의 교세가 여타의 두 교파를 능가

---

48) 달리 '각조산閣皂山' '합조산合皂山'으로 표기하기도 한다.

했으므로 강남 도교를 주도하는 지위를 차지하게 되었다.

　다음으로 남송·금金 시대의 도교로서 주목할 사항은
전진교全眞敎[49]의 출현과 『태상감응편太上感應篇』의 보급
이다. 북송이 멸망한 뒤 여진족이 세운 금의 통치하에 놓
였던 북방에서는 전란의 와중에서 새로운 도교 교파들이
출현하였다. 소포진蕭抱珍[50]의 태일교太一敎[51], 유덕인劉
德仁[52]의 진대도교眞大道敎, 왕철王嚞[53](1113~1170)의 전진
교全眞敎가 그 대표적 교파들이다. 태일교는 부주符呪(부
적과 주문)에 의한 치병소재治病消災[54]를 위주로 한 교설,

----

49) 도교의 주요 유파로 '성을 온전히 하고 참됨을 회복하는 것'(全性返眞)을 종지로 내
세웠다. 교리의 특징은 삼교합일에 있었으며, 부록을 숭상하거나 장생·성선成仙을 내
세우지 않았다. 창시자 왕중양이 본래 유가 출신이던 관계로 유교의 윤리 도덕의 실
천을 강조, 군주와 부모에 대한 충효를 중시하였으며, 계율 지키는 것을 수도의 가장
중요한 공행으로 삼았다. 달리 '전진도全眞道' '전진파全眞派'로 불렸다.
50) ?~1166. 금대의 도사. 지금의 하남성인 위주衛州 사람으로 태일교를 창시하였다,
진인眞人을 만나 비록秘錄을 얻었는데, 이를 발전시켜 『태일삼원법록太一三元法籙』을 만
들어 포교하였다. 민간에서는 백주白酒를 만든 인물로도 알려져 있다.
51) 도교 교파의 하나로 금대 초기에 창시자 소포진이 『태일삼원법록』을 전했다는 데
에서 교파 명칭을 '태일'로 하였다고 한다. 노자의 학을 바탕으로 수신하는 것을 교지
로 삼았고, 무축술巫祝術·부록 등으로 사람들을 제도하였으므로 전진도·진대도교와
는 성격이 매우 달랐다. 원대에 전성기를 누렸으나 이후에는 쇠퇴하였다.
52) 1122~1280. 금대의 도사. 수레를 탄 노인에게서 『도덕경요언』이라는 책을 얻어서
이를 근본으로 신도교 대도교大道敎를 창시하였다. 부록을 사용치 않고 불로장생이나
금단을 숭상하지 않는 등 유교적인 색채가 강했던 대도교는 후에 역희성酈希誠에 이르
러 진대도교眞大道敎로 개명하였다.
53) 1113~1170. 금대의 도사. 원래 이름은 중부中孚이고, 자는 윤경尹卿이다. 종남산에
서 은거 중 여조呂祖(呂洞賓)를 만나 도사가 되었다는 개조우선開祖遇仙의 이야기로 유
명하다. 노자·선종의 사상을 융합하고, 삼교를 포괄하며 실천적 금욕주의를 표방하는
신도교인 전진교를 수립·포교하였다. 후에 개명한 이름이 철嚞이고 호는 중양자重陽子
이다. 원대에 '중양전진개화진군重陽全眞開化眞君'이란 시호가 내려졌고, 전진도는 왕중
양王重陽을 조사로서 존숭하였다.
54) '병을 치료하고 재앙을 물리친다'는 뜻이다.

진대도교는 『도덕경』을 숭상하고, 마음을 비우고서 기도하라는 가르침을 설파하였다.

전진교는 왕철이 감하진甘河鎭〔섬서성 호현戶縣〕에서 여동빈呂洞賓〔민간신앙에서 숭배하는 여덟 신선의 한 사람〕에게 구결을 전해 받고서, 혹독한 수행 끝에 마침내 득도하고서 개창했던 교파로 일곱 명의 수제자〔칠진七眞으로 불렸다〕[55]의 포교 활동에 힘입어 교단이 형성되었다. 일곱 명 수제자 중 한 사람인 구처기丘處機〔長春眞人〕[56]는 1222년 몽골 칭기즈칸의 초빙에 응해서 서역에서 황제를 알현했다. 그 이후 전진교는 국가의 우대를 받으며 교세를 넓혔으며, 원대 말기에는 강남 도교의 주류가 되었던 정일교正一敎〔정일파〕와 더불어 도교의 양대 세력이 되었다. 전진교는 유·불·도 삼교는 서로 일치한다는 입장을 견지하며, 유교·불교의 사상을 대폭 수용하였다. 특히 타좌打坐〔좌선〕·내단을 수행법으로 삼고, 청규淸規를 세워 실천하는 등 선종으로부터의 영향이 지대하다 하겠다.

---

55) 마단양馬丹陽·담처단譚處端·유처현劉處玄·구처기·왕처일王處一·학대통郝大通·손불이孫不二.

56) 1148~1227. 금대·원초의 도사. 지금의 산동성 서하棲霞 사람으로 출가하여 왕중양의 제자가 되었고, 세상에서 '사의선생養衣先生'으로 불렸다. 칭기즈칸이 그를 신선으로 우대하여 천하의 도교를 관장케 하였고, 이러한 지원에 힘입어 전진도는 크게 발전하였다.

『태상감응편』은 사람들에게 선행을 권장하는 선서善書〔권선서〕의 대표 격으로 남송 초기로부터 세상에 널리 보급되었다. 도교의 일상 윤리를 살피는 데 중요한 문헌으로서 그 내용에 대해서는 7강에서 다루고자 한다.

이어서 원대(1279~1368)에는 정명도淨明道가 흥하게 된다. 이 교파는 정명충효도淨明忠孝道라고도 하는데, 충효라는 유교 윤리를 중심에 두었던 교리로서 그 유래는 오랜 것으로 동진 시대에 선도仙道를 얻었다는 허손許遜〔허진군許眞君〕[57]에 대한 신앙으로까지 거슬러 올라간다. 허손을 모시는 남창南昌 서산西山〔강서성 남창시 신건구新建區〕의 도관〔유유관遊帷觀으로 후에 옥륭만수궁玉隆萬壽宮이 되었다〕에 효의 도리가 전해졌고, 당대唐代 호혜초胡惠超·남송 하진공河眞公 등을 거쳐서 원대 유옥劉玉[58]에 의해 집대성되었다. 『태상감응편』과 더불어 도교의 일상 윤리의 서적으로 중요한 『태미선군공과격太微仙君功過格』은 옥륭만수궁의 도사 우현자又玄子가 지은 것으로 그 내용에

---

57) 239~374. 동진의 도사. 관리로 있다가 원강元康 원년(291)에 팔왕八王의 난이 일어나자 예장 지역에서 효의 도리를 전파했다고 한다. 이후 민간에서 그를 신봉하는 사람들이 많아져 정명충효도에서는 그를 시조로 존숭하게 되었다.
58) 1257~1308. 원대의 도사. 본래 유학자 집안 출신이었으나 도사 호혜초를 만나 정명도법淨明道法을 전해 받고서 이후 신정명도新淨明道를 창시하였다. 신도들은 그를 허손의 제2의 전수자로 존숭하였다.

대해서는 7강에서 다루기로 한다. 또한 정명도 역시 전진교와 마찬가지로 유·불·도 삼교는 하나라는 점을 강조하고 있다. 이것과 관련해서는 8강에서 논하고자 한다. 삼교일치三敎一致와 삼교귀일三敎歸一의 사조는 명대(1368~1644)에 이르면 더욱 현저한 양상을 보이게 된다.

　명대 이후의 도교에 대해서는 두 가지 사실만을 언급해두고자 한다. 첫째는 정일교와 전진교라는 양대 교파가 병립하는 양상이다. 앞에서 얘기했듯이 원대 말기에는 남방의 정일교와 북방의 전진교가 도교의 양대 유파로 병립하는 정세가 생겨났는데, 명대 초기에는 그러한 흐름을 이어받아 그 두 교파를 정식 도교로 공인하고서 국가 제도의 틀 안에 편입시키기에 이르렀다. 정일교는 전통적인 '수록授籙'(부록符籙을 전수 받는 일)을 통해 재가 신분으로 자격을 취득한 도사가 재초기도齋醮祈禱를 중심으로 하는 활동을 펼친 데 반해서 전진교의 경우는 출가를 통해 규율을 지키고 심신을 수양하는 것을 중시하는 등, 두 교파는 대조적인 모습을 보였다. 명대에 확립된 양대 교파 병립의 형세는 청대에도 그대로 이어졌고, 그 대체적 경향은 현대에 이르기까지도 지속되고 있다고 하겠다.

두 번째는『정통도장正統道藏』과『만력속도장萬曆續道藏』의 편찬과 관련된 사항이다. 도장은 앞서 언급한 북송 시대의『대송천궁보장』이후에도, 송·금·원 시대에 수차례에 걸쳐서 편찬이 이루어졌다. 그런데 현존하는 도장의 분량은 명대 정통正統 10년(1445)에 완성된『정통도장』5,305권과 그것을 증보해서 만력 35년(1607)에 간행했던『만력속도장』180권을 합친 5,485권 정도이다.『정통도장』과『만력속도장』에는 송대 이후에 등장했던 새로운 교파의 문헌이 대거 포함되어있음에도 불구하고, 후대의 문헌들까지도 육조시대에 성립한 '삼동사보' 분류법의 틀 안에 한데 편입시키는 바람에 분류의 관점에서 보자면 정합성이 없는 부자연스러운 형태가 되고 말았으나, 도교 연구를 위한 기본 문헌으로서의 중요성은 여전히 매우 크다고 해야 할 것이다.

2강 '도'의 사상
- 통주저음通奏低音으로서의
『노자』

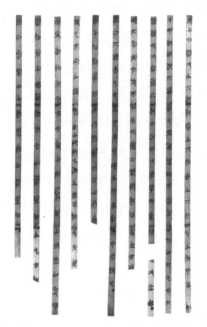

초간楚簡 『노자』(형문荊門시 박물관 편, 『곽점초묘죽간郭店楚墓竹簡』,
문물文物출판사, 1998년에서)

1. 노자라는 인물

도교 사상에 대해서 뭔가 얘기하려면 아무래도 노자라는 인물과 『노자』라는 책에 관한 이야기부터 시작하는 것이 좋을 것이다. 1강에서도 언급했듯이 도교는 중국 고래의 여러 종교적 관념들을 바탕에 깔고서 오랜 숙성 기간을 거쳐서 생성되었던 것이지, 어느 교조教祖 한 사람에 의해 시작되었던 것은 아니라 하겠다. 일반적으로 사람들은 노자가 도교의 교조라는 식의 이미지를 가질는지 모르지만, 그것은 올바른 사실이 아니다. 본래 노자는 겹겹이 수수께끼에 쌓인 인물로서 그 역사적 실재조차 의심하는 연구자가 적잖은 편이다. 또한 노자에 의해 저술되었다고 하는 『노자』(『노자도덕경』이라고도 한다)는 상편 「도경道經」과 하편 「덕경德經」의 2편 81장으로 이루어졌고, 도합 5천여 자 남짓 되는 적은 분량의 문헌으로, 이 책이 언제 성립되었는가에 대해서도 불명확한 점이 많다 하겠다.

하지만 『노자』에서 설파되는 '도'라는 것이 도교의 근본 개념임은 틀림없는 사실이다. 도교는 불로장생을 획득해 '도'와 합일하는 것을 궁극적인 이상으로 내걸고 있는데, 그러한 '도'라는 것은 다름 아닌 『노자』에서 설파되고

있는 '도'인 것이다. 도교의 교리를 정리하는 책의 첫머리
에서는 으레 『노자』의 '도' 혹은 '도덕道德'에 관한 해설을
제시하는 일이 통례로 되어있다. 예를 들면 당대의 초기
에 맹안배孟安排에 의해 저술된 『도교의추道敎義樞』 제1권
은 「도덕의道德義」로부터 시작하고 있다. 또한 송대에 간
행되었던 『운급칠첨』 권1의 첫머리에는 「도덕부道德部」가
배치되어있다.

　　우선 노자라는 인물에 대해서 살펴보기로 하자. 노자
에 관한 가장 오래된 전기 자료는 사마천司馬遷의 『사기』
에 실린 「노자전」이지만, 사마천 자신은 노자의 실상을
파악하는 일을 어렵다고 여겼던 듯하다. 『사기』 「노자전」
에는 우선 그의 고향〔초楚나라 고현苦縣 여향厲鄕 곡인리曲仁
里〕·성명〔성은 이李, 이름은 이耳, 자는 담聃〕·관직〔주周나라 장서
실을 지키는 사관〕에 대해 기술되어있지만, 고향의 지명은
어딘가 꾸며낸 가공의 지명[1]인 듯하다. 뒤이어서 공자가
노자에 찾아와서 '예禮'에 관해 질문했다는 이야기가 실
려있다. 이것은 '공자문례담孔子問禮譚'으로 불리며, 후한
시대 화상석 등에도 새겨져 있을 정도로 유명한 이야기

---

1) '고현苦縣'의 '괴롭다苦'와 '여향厲鄕'의 '문둥병(려厲=라癩)', 그리고 '곡인리曲仁里'의 '반
대하다曲'는 공자 사상의 핵심인 '인仁'을 반대한다는 뜻으로 풀이할 수 있다.

이지만 역사적 사실과는 거리가 멀다 하겠다.

공자문례담의 다음에 『사기』에서는 노자가 '도와 덕을 닦았는데, 그의 학문은 자신을 숨기어 세상에 드러나지 않는 것을 힘쓰는 바로 삼았던' 인물이라는 점과, 주나라에서 오래도록 벼슬을 살던 노자는 주나라가 쇠퇴해가는 것을 보고서 도읍을 떠나서 함곡관函谷關에 이르자, 관문을 지키던 관리인 윤희尹喜의 간청을 받고서, '상편·하편으로 이루어진 책을 지어, 도道와 덕德의 본뜻을 5천여 자로 말하고서 떠나가 버렸다'라는 사실을 기술하고 있다. 『노자』라는 책이 탄생하게 된 경우와 그것이 '도덕道德의 뜻'을 설파한 것이라는 사실 등을 전해주는 이야기라 하겠다. 함곡관을 떠나간 이후의 노자에 대해서는 '그가 여생을 어떻게 살았는지는 아무도 모른다'라고 사마천은 다소 수수께끼 같은 표현을 구사하고 있다.

이상과 같은 기술을 한 다음에 별도 전승으로 공자와 동시대였던 초나라 사람으로 도가 계통의 저술을 했던 노래자老萊子라는 인물이라는 설과 전국시대 진秦나라 헌공獻公에게 진나라의 미래에 대해 예언했다는 주나라 태사太史 담儋이 노자라는 설을 아울러 제시하고 있다. 결국 사마천은 노자라는 인물에 대해서 어느 쪽이 진실인지를 잘 알지 못했던 듯하고, 마지막에는 '노자는 은군자隱君子(세상을 피해 숨어 사는 지식인)였다'라는 말로 끝을 맺고 있다.

　요컨대 지금으로부터 2100년 전쯤에 『사기』가 쓰여질 당시에 노자는 이미 애매모호하여 신상을 잘 알 수 없는 인물이었음을 짐작케 한다. 노자의 인물상이 지닌 이러한 애매모호함이 후대에 이르러 노자가 신비화되고, 신격화해가는 하나의 요인으로도 작용하게 되었고, 그렇듯 신비화·신격화한 노자는 도교라는 종교 안에서 커다란 역할을 담당하게 되었다.

2. 『노자』의 성립

　현재 전하는 『노자』라는 책이 언제 이루어진 것인가에 대해서는 오랜 기간 연구자들 사이에서 논의가 이루어져왔지만, 근년 발견된 출토 자료 연구에 따르면 이전보다는 상세한 사실들을 알 수 있게 되었다. 우선 1973년 호남성湖南省 장사長沙시 마왕퇴馬王堆의 제3호 한묘漢墓(전한 문제文帝 시대인 B.C. 186년에 조영된 것)에서 비단에 쓰인 두 종류의 『노자』가 출토되었다. 이것을 백서帛書 『노자』

〔'백서帛'은 비단을 뜻한다〕라고 한다. 백서『노자』연구를 통해 현행본『노자』와 비교하면 상편「도경」과 하편「덕경」의 순서가 반대로 되어있지만, 내용상으로 거의 동일한『노자』가 늦어도 진대秦代 무렵까지는 만들어졌다는 사실이 분명해졌다.

　뒤이어 1993년 호북성湖北省 형문荊門시 곽점郭店에 소재한 전국시대 중기〔B.C. 300년 무렵〕의 무덤에서 죽간에 쓰인『노자』가 출토되었다. 이것을 초간楚簡『노자』라고 부른다(2강 첫 페이지 사진). 백서『노자』에는 현행본『노자』 81장 분량의 전부에 해당하는 내용의 문장이 수록되어 있는 데 반해 초간『노자』는 현행본『노자』의 31장 정도의 분량, 글자 수로 보자면 대략 5분의 2 정도에 달하는 분량밖에 되지 않거니와, 내용상으로 장의 배열순서도 현행본과는 상당히 다른 모습을 보이고 있다. 그러나 초간『노자』에 기재되어있는 어구와 내용 대부분은 현행본 『노자』와 동일한 양상을 보인다. 요컨대 전국시대 중기에는 현행본『노자』의 적어도 반 정도에 상당하는 분량이 이미 만들어졌다는 사실을 알게 되었다.

　초간『노자』는『노자』의 성립 문제를 해명키 위한 귀중한 원자료로『노자』에 관심을 가진 이들에게 커다란 혜택을 제공해주었지만, 반대로 새로운 논쟁을 촉발시키는 계기로도 작용하였다. 현재 연구자들의 견해는 전국시대 중기에 이미 현행본『노자』와 거의 동일한 판본이 성립해있었고, 초간『노자』는 그것을 초록한 것으로 보는 입장과 전국시대 중기에는 현행본『노자』와 같은 텍스트는 아직 존재하지 않았으며 초간『노자』는『노자』텍스트가 형성되어가는 과도기적 모습으로 보려는 입장으로 크게 양분되어있는 실정이다.

중국에서는 그 후에도 출토 자료의 발견이 잇달아서 『노자』에 관해서 말하자면 2009년 베이징대학이 입수한 전한 중기의 죽간 가운데 현행본『노자』와 완전히 같은 형태의『노자』텍스트가 확인되었다.『노자』성립 문제와 관련해서는 앞으로도 더욱더 출토 자료 연구의 동향을 계속 주목할 필요가 있다고 하겠다.

3.『노자』의 '도'와 '덕'

『노자』에서 설파되고 있는 '도'의 사상은 도교의 우주론·생명관·수양론·정치철학 등등 여러 방면과 깊은 관련성을 지니고 있으며, 도교 사상 전반의 기초라고 할 수 있다.

중국에서 '도道'라는 말은 천도天道(하늘·우주의 이법)의 의미와 인도人道(인간이 지켜야 할 규범)의 의미로 일찍부터 사용되어왔다. 공자와 맹자 등 유가가 주장하는 '도'는 인의와 예 등 인도와 관련된 측면이 강했던 데 반해 『노자』에서 설파되는 '도'는 천지 만물의 근원과 관련되는 철학적 개념으로 사용되었다.

'도'에 대해서는 『노자』의 여러 곳에서 언급이 되지만, 가장 잘 알려진 것은 첫머리에 등장하는 1장의 문장일 것이다.

도를 도라고 하면 영원한 도가 아니다.

이름을 붙여 이름이라고 하면 영원한 이름이 아니다.

이름이 없었으니, 천지의 시작에는.

이름이 있었으니, 만물의 어미에는.

그러므로 항상 욕심이 없으면 그 신묘함(심원미묘深遠微妙한 근원의 세계)을 보고,

항상 욕심이 있으면 그 끝(분명한 현상 세계)을 보게 된다.

이 두 가지는 함께 나와서는 이름을 달리한 것으로, 함께 일컬어 '신비하다'(웅숭깊은 신비로움)고 한다.

신비하고 또 신비한 것이 뭇 신비함이 나오는 문이다.

-『노자』 1장

　『노자』는 세상에서 보통 '도'라고 일컫고 있는 것 같은 '도'는 진정한 '도'가 아니라고 단호한 언어로 부정하면서, 눈에 보이는 현상 세계를 초월한 근원의 세계, 천지 만물이 그로부터 생성되어 나오는 곳인 웅숭깊은 신비한 세계로 눈길을 돌리고 있다. 그러한 웅숭깊고 그윽한 신비를 응시하기 위해서는 무욕의 상태가 되지 않으면 안 된다고 강조하고 있다. 여기에서 '도'는 천지 만물이 생겨나기 이전의 원시元始[2]의 세상, 근원의 세계에 관련한 것임을 시사하고 있다.

　이렇듯 '도'가 원시의 시간, 근원의 세계에 관한 것이라는 점에 대해서, 『노자』 여타의 장에서는 '도'는 '연못같이 그윽함이 마치 만물의 으뜸 같도다'라는 것으로, 천제天帝보다 앞서는 것 같다'[천제보다도 더욱 이전 시기부터 존재했던 듯하다, 4장]라고 말하고 있다. 고대 중국에서 천지 만물을 다스린다고 일반적으로 알려진 '제帝'라는 인격신과 같은 존재보다도 더욱 근원적인 그 무엇이 '도'라고 『노

---

2) '자연 그대로 있어 아직 발달하지 않은'의 뜻임.

자』는 생각하고 있는 것이다.

『노자』가 말하는 '도'가 인간의 언어로써는 표현키 어려운 것이고, 더욱이 인간의 감각을 통해서는 포착하기 어렵다는 사실은 쉽사리 상상이 가는 바이다. '보아도 보이지 않으니 일컬어 어슴푸레하다〔夷〕하고, 들어도 들리지 않으니 일컬어 어렴풋하다〔希〕하고, 만져도 만져지지 않으니 일컬어 작다〔微〕한다'〔14장〕고 말하고 있듯이, '도'는 시각·청각·촉각과 감각에 의거해서는 파악할 수 없는 대상인 것이다. 인간이 파악할 수 있는 겉모습을 넘어서 존재하는 '모습 없는 모습, 물체 없는 형상'〔14장〕으로 '황홀恍惚'〔14장〕하니 어릿어릿한 그 무엇인 것이다.

'도'는 이처럼 초월적이어서 도무지 종잡을 수 없는 그 무엇이지만, 실제로 '도'는 천지 만물을 생성하는 위대한 작용을 행하고 있다. 그리고 자신이 낳았던 만물을 기르고 키우는 작용을 하는 것으로서『노자』에서는 '덕德'이라는 말을 사용하고 있다. '도'와 '덕'에 의한 만물의 생성화육生成化育[3]의 양상은 현재 우리의 눈앞에서 펼쳐지고 있다. 게다가 '도'와 '덕'은 그러한 일 자체를 자신의 공적으로서 자랑하는 법이 없다. '도는 만물을 낳고 덕은 만물

---

3) '(만물을) 낳아서 기른다'라는 뜻임.

을 기르며, 자라게 하고 키우고, 형체를 주고 바탕을 이루어주며, 먹을 것을 주고 보살핀다. (도는) 낳으면서 가지지 않고, (덕은) 키우고 기르면서도 제 공이라 내세우지 않고 간섭하지도 않으니 이를 일컬어 신묘한 덕〔玄德〕이라 한다'〔51장〕라는 문장은 그와 같은 '조화造化[4]'의 움직임과 그것을 도와주는 '덕'의 작용을 묘사하고 있다. 『노자』는 이러한 '도'와 '덕'의 작용에 따라 무엇과도 다투지 않는 무위자연無爲自然의 삶을 사는 것이 인간으로서 가장 바람직한 삶의 방식임을 설파하고 있다. 사마천의 『사기』에 노자는 '도덕道德의 뜻'을 말한 것으로 기술되어 있는데, 바로 그 때문에 『노자』는 이후에 『도덕경』이라고도 불리게 되었던 것이다.

4. '도'의 생성론—근원성과 보편성

'도'에서 천지 만물이 생성되는 차례를 『노자』에서는 다음과 같이 묘사하고 있다.

도가 하나를 낳고, 하나는 둘을 낳고, 둘은 셋을 낳고,

---

4) '천지자연의 만물을 창조하고 길러낸다'는 뜻임.

셋은 만물을 낳는다. 만물은 음陰을 짊어지고 양陽을 끌어안아 충기沖氣[5]로써 조화롭게 된다.

-『노자』 42장

'도→하나→둘→셋→만물'이라는 순서로 천지 만물의 생성이 이루어짐을 설파한 이 문장은 『노자』의 생성론으로서 매우 중요한 내용이다. '둘'은 음양陰陽 이기二氣〔천지를 말하기도 한다〕, '셋'은 음양 이기와 중화中和〔'충沖'은 '중中'과 같다〕[6]의 기를 가리킨다. '하나'에 대해서는 여러 해석이 있지만, 음양 이기로 나뉘기 전의 혼연渾然[7]한 일기一氣의 상태를 가리킨다고 보면 알기 쉬울 것이다. 이처럼 『노자』의 생성론에는 근원의 '도' 이외에도 '기'라는 개념이 중요한 요소로서 포함되어있다고 하겠다.

'기'에 대해서는 뒤에서 다시 반복해서 다룰 예정이므로 여기서 상세한 설명은 줄이기로 하지만 생성론을 다루는 이 장에서는, 만물은 음기陰氣를 짊어지고 양기陽氣를 끌어안으며, 중화中和의 기에 의해 조화로움을 유지한다는 대목은 주목할 필요가 있겠다. 만물은 자기 자신 안

---

5) '충화지기沖和之氣'로서 천지간의 조화된 기운을 가리킨다.
6) '충기沖氣'는 '충기冲氣'로도 표기한다.
7) '구별이나 차별이 없이 원만하다'라는 뜻임.

에 자기를 구성하고 있는 음양 이기二氣·중화의 기를 포함하고 있다. 그리고 더욱 거슬러 올라가 캐보면 '도' 자체가 '기'라는 형태로 자기 안에 포함되어있는 것이다. 요컨대 '도'는 모든 존재 가운데 내재해있다고 하겠다. 곧 '도'는 만물의 근원인 동시에 만물 모두에 내재하는 보편성까지도 획득하게 되는 것이다.

'도'가 만물에 보편적으로 골고루 퍼져있다는 것을 알기 쉽게 설명해주는 이야기가 『장자』에 실려있다. 『장자』는 『노자』와 더불어 도가사상을 대표하는 저술로서 '도'의 사상을 여러 우화를 통해 설파하고 있다. 그중에서 '도'에 관한 다음과 같은 문답이 행해지고 있다.

동곽자東郭子가 장자에게 이렇게 물었다. '이른바 도는 어디에 있는지요?'

장자가 대답했다. '있지 않은 곳이 없다.'

동곽자가 말했다. '분명히 말씀해주셔야 알아듣겠습니다.'

장자가 말했다. '땅강아지나 개미에게 있다.'

동곽자가 말했다. '어찌 그리 낮은 곳에 있습니까?'

장자가 말했다. '돌피나 피 따위에 있다.'

동곽자가 말했다. '어찌 더 아래로 내려가십니까?'

장자가 말했다. '기왓장이나 벽돌 조각에 있다.'

동곽자가 말했다. '어찌 더 심해지십니까?'

장자가 말했다. '똥이나 오줌 속에 있다.'

동곽자가 대답하지 않았다.

　　　　　　　　　　　　　　　　　-『장자』「지북유知北遊」편

여기서 장자는 동곽자의 질문에 답하여 '도'는 어떤 곳
에도 존재하는 것임을 설파하고 있다. 온갖 동식물은 물
론 기왓장이나 똥오줌 속까지도 '도'는 존재한다고 장자
가 단언하자 동곽자는 경악하고 만다. 그의 말에 아연해
하는 동곽자에게 장자는 상기의 문장에 이어서 '두루〔周〕'
'멀리〔徧〕' '모두〔咸〕'〔세 글자가 모두 '보편적으로'라는 뜻임〕의
성질을 지니는 것이 '도'라고 덧붙이고 있다.

　『노자』 중에도 '도'가 초월적인 근원성을 지니는 동시에
만물에 내재하는 보편성을 지니는 것임을 기술하고 있는
다음과 같은 문장이 있다.

　뒤섞인 가운데 (만물을) 이루어주는 것이 있으니, 하늘
과 땅보다도 먼저 생겨났다. 고요하고 텅 비었으며, 홀

로 서서 (변화 속에서도) 바뀌지 않고, 두루 미치면서도〔周行〕 지치는 법이 없으니 천하의 어미가 될 만하다. 나는 그 이름을 알지 못하여, 자字〔별명〕를 붙여 '도'라고 하고, 억지로 이름을 지어 '크다'라고 말하였다. 큰 것은 가기 마련이고, 가는 것은 멀어지기 마련이고, 멀어진 것은 되돌아오기 마련이다.

-『노자』 25장

하늘과 땅보다도 먼저 생겨난 '도'는 그 자신은 '홀로 서서' 변화 속에서도 바뀌지 않고, 모든 사물 속에 '두루 미치면서'〔골고루 퍼져 있으면서〕, 그러고도 지치는 법이 없다. 여기서도 '두루〔周〕'라는 글자를 사용함으로써 '도'가 만물에 보편적으로 내재하는 것임을 나타내는 것이다.

만물 속에 들어가 있는 '도'는 만물의 움직임과 함께 멀리까지 확대되어가고, 확대되어가는 동시에 반드시 본래의 장소로 되돌아온다〔'멀어진 것은 되돌아오기 마련이다'〕고 『노자』는 말하고 있다. 근원의 '도'는 만물에 내재해'가는〔逝〕 동시에 다시금 본래의 상태로 '되돌아오는〔반反〕' 환원성을 지니고 있다. 근원으로 회귀한다는 것은 뒤에서

언급하겠지만, 도교의 수양론 또는 오탈론悟脫論[8]의 기본
구조로서 중요한 의미를 지니게 된다.

5. '도'에 대한 여러 해석

『노자』는 분량이 적은 책이지만 오랜 역사를 거치며 다
양한 방식으로 읽혀왔다. 현재 정리된 형태로 남아있는
『노자』 주석서로 가장 오래되었으며 또한 많이 읽혀왔던
것으로는 왕필주王弼注와 하상공주河上公注를 들 수 있다.
도교와의 관련에서 보자면 상이주想爾注도 주목에 값한
다 하겠다. 이들 각각의 주석을 통해서 '도'에 대한 해석
도 서로 달라지고 있다. 하상공주에 대해서는 뒤에서 언
급하기로 하고, 우선 왕필주와 상이주의 '도'에 대한 해석
의 차이를 살펴보기로 하자.

왕필주는 청담淸談으로 유명한 '죽림칠현竹林七賢'보다
조금 앞선 시대인 위魏 정시正始 연간(240~249)에 활약했
던 왕필[9]이 저술한 것으로, '유무有無'와 '본말本末' 등의

---

8) '깨달음의 경지에 도달한다'라는 뜻임.
9) 226~249. 위魏나라 시대 학자. 하안何晏과 함께 위진魏晉 현학玄學의 시조로 일컬어
진다. 저서인 『노자주』와 『주역주周易注』는 육조시대와 수·당에서 성행하였으며 후대
에 큰 영향을 끼쳤다.

용어를 활용해 본체론本體論의 측면에서 '도'의 해석을 시도했으며, 형이상학적 색채가 짙은 『노자』 주석으로 알려져 있다. 예를 들면 앞서 인용했던 『노자』1장의 '이름이 없었으니, 천지의 시작에는. 이름이 있었으니, 만물의 어미에는〔無名, 天地之始. 有名, 萬物之母〕'라는 본문에 대해 다음과 같이 주석을 달고 있다.

무릇 유有는 모두 무無에서 시작한다. ……이는 도가 형체가 없고 이름이 없는 상태에서 만물을 시작하고 이루어주지만, 만물은 (그러한 도에 의해) 시작되고 이루어지면서도 그 까닭을 알지 못하니 신비하고 또 신비하다고 했다.

-『노자』1장 왕필주

천하의 만물은 모두 유有로 해서 생겨난다. 유가 시작되는 곳에서는 무無를 근본으로 삼는다. 장차 유를 온전케 하려면 반드시 무로 되돌아가야 한다.

-『노자』40장 왕필주

만물을 시작하고 이루어주는 '도'는 '형체가 없고 이름이 없으며', 만물에 있어서는 '신비하고 또 신비해서' 도무지 알 수가 없지만, '형체가 있는'〔有形〕 존재인 만물은 스스로를 온전케 하기 위해서는 '근본'인 '도'로 되돌아가야 한다고 왕필은 해석하고 있다. 삼현학三玄學〔『노자』『장자』『역』을 연구하는 학문〕이 유행하고, 귀족들에 의한 철학적 담론이 성행했던 시대를 반영한 주석이라 하겠다.

다음으로 상이주는 도장 안에는 수록되어있지 않고, 둔황에서 발견된 사본 속에서 그 잔권殘卷이 발견되었던 것으로, 『노자도경老子道經 상이想爾』라는 미제尾題[10]가 쓰여있던 스타인Stein 6825 문서가 바로 그것이었다. 『노자』 3장에서 37장까지에 해당하는 분량의 본문과 주석이 남아있다. 그 성립 정황에 대해서는 1강에서 언급한 바 있듯이 후한 말기의 오두미도에서 사용되었던 『노자』 텍스트였다고 보는 견해, 또는 5세기 무렵에 성립한 텍스트로 보는 입장 등 여러 가지인데, 상세한 것은 알 길이 없다.

상이주에서는 '도'가 신격화되어 '도'의 훈계, 곧 '도계道誡'를 지켜야 할 것이라는 내용이 반복·기술되어있다는 점[11]이 주목된다 하겠다. 예를 들면 '도는 생명을 줌으로

---

10) 서책의 권말에 적혀 있는 제명.
11) 상이주 전체에 걸쳐 '도계'라는 명사가 열아홉 차례 등장한다.

써 선을 보상하고, 죽음을 내림으로써 악을 위협한다'〔20장 상이주〕고 말하듯이 '도'는 인간 행위의 선악에 대해 상벌을 내리는 존재인 것이다. 따라서 사람들이 무엇인가 일을 도모하려 할 적에는 '먼저 도계에 비춰봐야 한다'〔15장 상이주〕고 요구하고 있다. '도계를 받들고 선을 쌓아 공을 이루며, 정精을 쌓아 신神을 이루고, 신이 이뤄져서 선수仙壽를 누리는 것을 몸의 보배로 삼는다'〔13장 상이주〕고 되어있듯이, 도계를 받들어 선행을 쌓는 일이 장수를 누리는 방법이라고도 이야기하고 있다. 이와 같은 설교 방식으로 미루어보건대 상이주는 『노자』를 성전으로 받들면서 장생을 추구했던, 그 어떤 집단 내에서 제작·활용되었을 가능성이 크다고 하겠다.

6. 『노자』 하상공주

하상공주는 작자가 불명으로 성립 연대 문제에서도 후한 후반기에 성립했다는 설부터 육조시대 말엽에 성립했다는 설까지 제설이 분분하여 분명하지 않은 상황이다. 하상공주 '도'의 해석의 성격을 잘 알 수 있는 것은 『노자』 1장의 첫머리이다. 하상공주에서는 '도가도道可道, 비상도非常道'라는 본문에 대해서, 우선 '도라고 할 수 있는 도'란 '경술정교經術政敎의 도', 곧 유교 경전의 학술과 정치 교화의 도를 가리킨다고 해석하고서는, 후반의 '영원한 도가 아니다'라는 어구에 대해서 다음과 같이 주석을 달고 있다.

자연장생自然長生의 도가 아니다. 영원한 도는 마땅히 무위無爲로써 신神을 기르고, 무사無事〔작위적인 일을 아무것도 행하지 않는다〕로 백성을 편안케 하며, (안으로) 빛을 머금고 광채를 감추며 (밖으로) 자취를 없애고 단서를 감추어야 한다.

-『노자』1장 하상공주

하상공주는 『노자』가 말하는 '영원한 도'를 '저절로 그러하여'〔自然〕 장생長生으로 이어지는 도라고 해석하고서, 그것은 '무위'에 의해 '신神을 기르고', '무사'에 의해 '백성을 편안케 하는' 일이라고 규정하고 있다.[12] '신神을 기른다'는 '신神'은 신체에 상대하는 '정신精神'을 가리키는 것

---

12) 이러한 '영원한 도'〔常道〕를 따르면 자신의 신체 속에 있는 신神을 기를 수 있거니와, 동시에 백성을 잘 다스릴 수 있게 된다는 뜻이다. 따라서 성인聖人에게는 나라를 다스리는 일이나 신체를 기르는 일이 별개가 아니라 동일한 차원의 일임을 강조하고 있다.

으로도 해석하지만, 하상공주에서는 '신'을 인간 몸속의 오장五藏에 깃들어있는 체내신體內神의 뜻으로 해석하는 대목도 있으므로[6장 주석13) 참조], 마음과 몸을 모두 가리키는 것으로 보아도 좋을 것이다.

여기서 자신의 몸과 마음을 기르는[養神] 일과 백성을 기르는[養民] 통치술에 관한 일이 나란히 제기되고 있고, 『노자』는 그 양쪽을 모두 이야기하고 있다는 것이 하상공주 해석의 기본 틀인 것이다. 이러한 하상공주에 대해서 당대 초기의 육덕명陸德明은 '치신치국治身治國의 요체를 말하고 있다'라고 평했다고 하는데[『경전석문經典釋文』], 이 말은 하상공주의 특징을 잘 지적한 것이라 하겠다. 하상공주가 '치신治身'과 '치국治國'의 문제를 나란히 언급하고 있는 예를 하나 더 살펴보기로 하자. 『노자』 10장에 '백성을 아끼고 나라를 다스림에 능히 무위할 수 있는가 [愛民治國, 能無爲]'라는 문장이 있는데, 하상공주는 우선 '애민치국'에 대해서 다음과 같이 주석을 달고 있다.

몸을 다스리는 이가 기를 아끼면 몸이 온전해지고, 나라를 다스리는 이가 백성을 아끼면 나라가 편안해진다.

13) '신은 오장에 깃들어있는 신을 말한다.'[神謂五臟之神也]

이어서 '능무위能無爲'[14)]에 대해 주석을 계속한다.

　몸을 다스리는 이는 정기를 호흡할 때 숨소리가 들리
지 않게 하고, 나라를 다스리는 이는 은혜와 덕을 베풀
적에 아랫사람들이 알지 못하게 한다.

-『노자』10장 하상공주

　여기에서 『노자』 본문에는 '치국治國'이라는 어구는 나
오지만, '치신治身'이라는 표현은 등장하지 않고 있다. 하
지만 하상공주는 '치국'과 '치신'의 문제를 한 쌍으로 거론
하면서 '치신'의 방법과 동일하게 하는 것이 '치국'의 방법
이라고 주장한다.[15)] 요컨대 '몸을 다스리는 이'가 체내의
'기'를 소중히 아끼고, '정기'를 조용히 호흡하듯이, '나라
를 다스리는 이'는 백성을 소중히 여기고, 백성이 그것을
알아차리지 못하게끔 조용히 은혜를 베풀어야 한다고 설

---

14) 판본에 따라 '능무위호能無爲乎'로 되어있기도 하고, 왕필주에서는 '능무지호能知
乎'로 되어있다.
15) 하상공주에서는 『노자』 경문에서 치신治身, 곧 양생養生과 관련이 없는 부분까지도
양생의 문제와 결부 지어 접근하고 있다. 이렇듯 하상공주의 바탕에는 양생론적 지향
이 강하게 깔려있다고 보는 견해가 일반적이다.

파하는 것이다.

노자를 왕실의 먼 조상으로 존숭하고,『노자』를 집집마다 소장케 하였던 당대에 있어서 하상공주는 국가 공인 노자 주석서의 지위로 자리매김하게 되었다. 그 자신 열렬한 도교 신자였던 현종은 몸소『노자』의 주석〔이것을『당현종어주도덕진경唐玄宗御注道德眞經』이라 하고, 줄여서 '현종어주玄宗御注'라고 하였다〕을 짓기도 하였다.[16] 그것은 유교 경전과 한역 불전의 용어를 많이 차용한 격조 높은 주석서라 할 수 있는데, 현종은『노자』의 요점을 '이국리신理國理身'〔'치국치신治國治身'과 같은 뜻이다〕이라고 생각하였다〔현종「도덕진경소석제사道德眞經疏釋題詞」『전당문全唐文』 권41〕. 하상공주는『노자』의 사상을 현실 정치의 장에서 활용케 하였다는 점에 있어서도 일정한 역할을 담당했던 것이다.

7. '도'와 '기'

하상공주에서는『노자』를 해석하는 데 있어 '기氣'라는 말을 빈번히 사용하고 있다. 그것은 연수장생延壽長生[17]

---

16) 현종의『노자』주석 편찬에 협력했던 인물로는 좌상시左常侍 최면崔沔·도사 왕허정王虛正·도사 조선보趙仙甫 및 집현원 학사 진희열을 비롯한 여러 학사가 있었다.
17) '연수延壽'는 '연년延年'으로 '수명을 늘려 불로장생하다'는 뜻임.

과 관련된 양생술을 설명하는 경우와 천지 만물의 생성에 관해 설명하는 경우로 나뉜다고 하겠다. 앞서 인용했던 10장의 '기를 아끼면 몸이 온전해진다'라는 것은 전자의 사례이다. 그 밖에도 '도를 몸에 닦아 기를 아끼고 신神을 기르면 수명이 늘어나게 된다'(54장 하상공주)거나, '사람이 능히 스스로 아끼고 절약하여 하늘로부터 품수稟受한 정기를 잃지 않을 수 있으면 오랫동안 살 수 있다'(33장 하상공주)는 등, 자신의 체내의 '기'(精氣)를 소중히 아끼는 것이 장생으로 이어진다는 내용이 반복·설파되고 있다.

한편으로 후자의 경우, 곧 천지 만물의 생성에 대해 설명하는 과정에서 '기'가 언급되는 사례로서 1장 '이름이 없었으니, 천지의 시작에는(無名, 天地之始)'이라는 대목에 대해 하상공주는 다음과 같이 되어있다.

'이름이 없다'라는 것은 도를 가리킨다. 도는 형체가 없으므로 이름 지을 수가 없다. '시작'이란 도의 근본이다. 기氣를 토하고 변화를 베풀며, '허무虛無'에서 나와 천지의 근본과 시작이 되는 것이다.

　　　　　　　　　　　　　　　－『노자』10장 하상공주

또한 마찬가지로 1장 하상공주에 '천지가 기氣를 머금고서 만물을 생성했다'라고 기술하고 있다. '도' 자체는 '무형無形·허무虛無'인 까닭에 인간의 언어를 초월해있지만, '도'가 '기'를 토함으로써 천지가 생겨나고 만물이 생성되는 것이다. '도→기→천지→만물'이라는 순서의 생성론을 하상공주가 염두에 두었음을 알 수 있게 한다.

'도'에서 생겨난 '기'는 '원기元氣는 만물을 생성하지만 소유하지 않는다'〔2장 '생이불유生而不有'에 대한 하상공주〕라는 데서 보듯이 '원기元氣'로 불리고 있다. 또한 '태화太和의 정기'로도 불렸는데, 다음에 거론되는 사례에서 보듯이, 『노자』 42장의 '도→하나→둘→셋→만물'이라는 생성론의 '하나'〔一〕와 서로 겹쳐 쓰이거나, 때로는 '도'의 움직임을 보좌하는 '덕德'〔51장〕과도 서로 겹쳐서 해석되는 것이다.

'하나'는 도가 처음 낳는 것으로 태화의 정기이다.
　　　　　　　　　　　　　-『노자』 10장 '하나를 끌어안고,
　　　　　　떨어지지 않을 수 있는가抱一, 能無離' 하상공주

덕은 '하나'이다. '하나'는 기를 베푸는 것을 담당하고 만물을 길러준다.

-『노자』51장 '덕이 길러준다德畜之' 하상공주

하상공주에서 '덕德'은 '도'에서 생겨난 '하나'에 해당하고, 그러한 '덕'(='하나'='태화의 정기')의 작용은 '기'를 두루 베풀어 만물을 기르는 것이라고 해석하고 있다. 근원적·이법적 존재인 '도'와, 그리고 '기'로 구성된 유형의 만물을 이어주는 역할을 담당한 것이 '덕'으로, 그것은 달리 '태화의 정기'로도 표현되며, '도'에 가장 가까운 곳에 있는 '기'라 하겠다. '덕'('하나' '태화의 정기')의 작용을 통해 '기'를 부여받고, 양육되어 구체적인 유형有形의 존재가 되었던 만물은 '사람이 능히 하나를 끌어안고서 몸에서 떨어지지 않게 할 수 있다면 오래 살 수 있다'(10장 '하나를 끌어안고, 떨어지지 않을 수 있는가' 하상공주)라고 말하고 있듯이, '기'를 소중히 아낌으로써 오래 살 수 있고, '도'에 가까이 갈 수 있는 것이다.

불로장생을 획득하여 '도'와 합일하는 것을 이상으로 여겼던 도교는 정신적인 오탈悟脫을 문제로 삼았을 뿐만 아니라, 신체적인 측면까지도 매우 중시하였다. 하상공주의 『노자』 해석에 있어서 형이상의 '도'의 구체적 발현인 '기'가 주목의 대상이 되었던 점은 도교 사상사의 전개에 있어서 커다란 의미를 지닌다. 다음 강의에서는 이러한 '기'에 대해서 살펴보고자 한다.

3강 생명관
- 기, 마음, 신체

「행기옥패명行氣玉佩銘」(나진옥羅振玉, 『삼대길금문존三代吉金文存』,
권20에서)

1. '기'와 신체

도교에서는 생명이라는 것을 어떻게 인식하였던 것일까? 이 문제를 생각할 적에 누구라도 우선 머리에 떠올리는 이미지는 불로불사의 선인仙人의 모습일 것이다. 불로불사라는 현실에는 있을 수 없는 현상을, 도교가 계속 이상으로 제시하는 것은 도대체 어떠한 논리에 근거하였던 주장일까?

도교 생명관의 근본에는 중국 고대 사상의 공통된 신체·생명에 관한 인식이 있었다. 그러한 인식의 키워드가 되는 것은 '기氣'라는 개념이다. '기'라는 글자[1]는 보얗게 공중으로 떠오르는 운기雲氣나 수증기 모양을 본따서 만든 글자로 어떤 에너지를 품고서 유동하며, 생명력과 깊은 관련성을 지닌 것이 '기'라고 생각해왔다.

'기'가 만물의 구성 요소가 된다는 사고방식은 중국 고대 사상의 공통된 인식으로 여러 고전에서 등장한다. 그 중에서도 인간의 신체가 '기'로 이루어져 있다는 것을 단적으로 기술하는 것이『장자』의 경우이다.『장자』는 인간이 살고 죽고 하는 것은 '기'의 취산聚散[2]에 따라 생겨나는 것이라고 주장한다. 다음 문장이 그 사례이다.

---

1) 최초의 한자 사전『설문해자說文解字』에는 '긔'로 수록되어있다.
2) '모임과 흩어짐'을 뜻한다.

무릇 삶이란 죽음의 무리이고, 죽음이란 새로운 삶의 시작이니 누가 그(러한 순환의) 시작을 알겠는가? 사람의 삶은 기가 모인 것이다. (기가) 모이면 살고 흩어지면 죽게 되는 것이다. 이같이 삶과 죽음이 같은 무리가 된다는 사실에 대해 나는 또한 무엇을 근심할 필요가 있겠는가? 그러므로 만물은 서로 연결되어 일체를 이루는 것이다. ……그 때문에 '천하 만물을 통해 진실로 실재하는 것은 다만 하나의 이러한 기氣뿐이다'라고 말하는 것이다.

-『장자』「지북유」편

인간의 삶은 '기'가 모인 상태, 죽음은 모였던 '기'가 흩어진 상태라 하고, 삶과 죽음은 어디가 시작인지를 알 수가 없는, 하나로 잇닿아있는 것이라고 설파한다. 이 같은 사고방식은 이 문장의 후반부에도 언급되었듯이, 만물은 모두 동일하게 '기'에서 생겨났으며, 만물은 하나라고 보는 만물일체萬物一體의 사상과도 관련되어있다.

『장자』는 또한 삶과 죽음은 자연계에서 일어나는 음양의 기 변화와 동일한 것이라고 주장한다. 장자가 자기 아내가 죽었을 적에 다음과 같이 말했다는 문장이 수록되어있다.

그 처음을 곰곰이 살펴보면 본래 생명이 없었다. 단지 생명이 없었을 뿐만 아니라 본래는 신체도 없었다. 단지 신체가 없었을 뿐만 아니라 본래 (신체를 형성하는) 기조차 도 없었다. 본래는 황홀恍惚한[3] 가운데에 일체가 뒤섞여 있었는데, 거기에 변화가 일어나 이 기가 생겨났다. 기에 변화가 일어나 이 형체가 생겨났다. 이 형체에 변화가 일어나 생명이 태어났다, 그리고 지금 또 이것에 변화가 일어나 죽음으로 갔다고 하는 것이다. 이것들은 춘하추동 사계절의 운행과 같은 것을 서로 반복하고 있을 뿐이다.

-『장자』「지락至樂」편

인간의 신체는 본래 '기'가 없는 상태였지만, '기'가 생겨나고 '형체'를 가짐에 따라 사람은 태어나고, 이윽고 죽음으로 나아가는 것이다. 그러한 변화는 봄·여름·가을·겨울 사계절의 순환과 같은 것이라고 장자는 주장한다. 대우주 속에서의 '기'의 변화로 자연계에는 사계절이 있고, 인간에게는 삶과 죽음이 있다. 마찬가지로『장자』「지락」편에는 삶과 죽음은 '낮과 밤'의 순환과도 같은 것

---
3)『장자』본문에는 '망홀芒芴'로 되어있는데, '흐리멍덩해서 알 수 없는 상태'라는 뜻이다.

이라고 지적한다. 따라서 구태여 삶을 기뻐하고 죽음을 두려워할 필요도 없이 '죽고 사는 것이 한 가지로 연결되어있다'(『장자』「덕충부德充符」편)라고 보는 것이 『장자』의 사생관이다. 그 같은 사생관의 근저에는 인간의 신체도 자연계와 마찬가지로 '기'로 형성되었다고 인식하고, '기'의 취산으로 일어나는 삶과 죽음을, 자연의 섭리로 받아들여야 한다는 사고방식이 존재하고 있었다.

2. 양생술—행기와 도인

삶과 죽음을 한 가지로 보는 『장자』사상의 입장에서는, 특별히 불로장생을 추구하여 뭔가를 하려는 행위는 바람직한 일로 여기지 않았다. 『장자』「각의刻意」편에서 '숨을 급히 쉬거나 천천히 쉬고, 숨을 토하거나 숨을 들이마시면서 호흡하여, 묵은 기를 토해내고 새로운 기를 받아들이며 곰처럼 직립하거나 새처럼 목을 펴면서 장수하는 일에 몰두할 따름이니, 이 같은 태도는 도인導引하는 사람, 육체를 기르는 사람들로 팽조彭祖와 같은 장수를 추구하는 이들이 좋아하는 태도이다'라고 말했듯이, '묵은 기를 토해내고 새로운 기를 받아들이는' 호흡술이나, '웅경熊經'(곰이 직립하다)·'조신鳥伸'(새가 목을 펴다) 등의 도인술을 구사하여 일부러 장수를 추구하는 행위는 비판을 받는 것이다. 육체를 기르는 '양형養形'보다도 정신을 기르는 '양신養神' 쪽이 더 나은 방향임을 『장자』는 주장하는 것이다. 『장자』가 이처럼 '육체를 기르는 사람들'(養形之人)을 비판하는 것은 사실은 『장자』가 쓰였던 전국시대에 있어 이 같은 양생술養生術을 행하는 사람들이 존재했다는 사실을 역으로 입증한다고 하겠다.

양생술에서는 '기'가 중요한 역할을 담당한다. 『노자』 10장에 '기를 온전히 하고 부드러움을 유지하여 능히 갓난아기처럼 될 수 있겠는가?'라고 하는 것은 순수한 기를 전일專一하게 보존하고, 무상의 유연함을 계속 유지함으로써 갓난아기 같은 생명력을 지닐 수 있음을 지적하고 있다. '기'를 기르는 경우에는 '행기行氣'(기를 체내에 순환시키다)의 중요성에 주목하고 있다. 예를 들면 전국시대 초기 유물[4]로 알려진 「행기옥패명行氣玉佩銘」(3강 첫 페이지)에는 다음과 같은 문장이 쓰여 있다.

기를 체내에 순환시킨다. (숨을 들이마심이) 깊게 되면 쌓

---

4) 일반적으로 B.C. 380년 무렵으로 추정되고 있다.

인다. 쌓이게 되면 펼쳐진다. 펼쳐지면 아래로 흐른다. 아래로 흐르게 되면 안정된다. 안정되면 확고해진다. 확고해지면 (이윽고 숨을 내뿜음이) 싹이 나는 듯하다. 싹이 나는 듯하면 자라난다. 자라나게 되면 (위를 향해 체내로부터) 비우게 된다. 비우게 되면 하늘[天]에 이르게 된다.[5] 천기天機는 위로 움직이고 지기地機는 아래로 움직인다. 이에 순응하면 살게 된다.[6]

-「행기옥패명」『삼대길금문존三代吉金文存』권20

이 명문에 대해 다양한 해석이 존재하지만, 일단 다음 정도의 의미로 이해하고 싶다. '기'를 체내에 순환시키는 방법은 우선 깊숙이 숨을 들이쉬고, 충분히 축적해서, 그것을 신체의 아래쪽으로 뻗쳐가게끔 한다. 그리고 아래로 내려간 곳에서 고정시킨다. 신체의 아래쪽에서 고정시킨 뒤에 이번에는 마치 초목이 싹을 틔우듯이 위쪽으로 자라나게 하여, 신체의 위쪽에서 '기'가 체내를 비우게끔 한다. 자연계의 '기'가 천지간을 상하로 운동하듯이, 체내에 '기'가 골골샅샅이 순환하게끔 하는 일이 건강 장

---

5) 하늘[天]은 '두정頭頂', 곧 '정수리'를 가리킨다.

6) "行氣. 深則蓄. 蓄則伸. 伸則下. 下則定. 定則固. 固則萌. 萌則長. 長則退. 退則天. 天機舂在上. 地機舂在下. 順則生."

수로 이어지는 방법이라는 것이다. 「행기옥패명」에 기술되어있는, 이러한 생각은 이후에 도교에서 '복기服氣'라고 일컬어지는 양생법으로 이어지게 된다.

앞서 인용했던 『장자』 「각의」편에 언급되었던 '도인'도 성행했던 것으로 보인다. 도인은 심호흡하면서 행하는 일종의 유연체조로 이 또한 아무래도 '기'와 관련이 있다 하겠다. 백서 『노자』가 출토되었던 곳과 같은 마왕퇴 제3호 한묘에서는 열다섯 종의 고의서古醫書도 함께 출토되었다. 그중에는 「각곡식기却穀食氣」 「양생방養生方」 「잡료방雜療方」 등으로 명명된 백서 이외에도 도인을 실행하는 모습을 묘사한 「도인도導引圖」(4강 첫 페이지)도 포함되어있었다. 「각곡식기」란 '곡穀〔곡식〕을 멀리하여' 체내의 기를 순화하며, 아침·저녁에 '식기食氣[7]하는' 방법과 계절에 따른 호흡법 등을 기술한 문헌이다. 「도인도」에는 여러 모습을 하고서 체조를 행하고 있는 마흔네 개의 인물상이 채색화로 그려져 있다. 인물상의 측면에는 '웅경熊經'이나 '신信'이라는 글자가 첨가되어있는 그림[8]들도 있어서, 『장자』 「각의」편에 있었던 '웅경'이나 '조신鳥伸'〔'신信'

---

7) '기를 섭취한다'라는 뜻.
8) 문자를 해독할 수 있는 그림은 스물두 개이다.

은 '신申'과 통한다)[9]이 실제로 행해졌다는 사실을 확인시켜

주고 있다.

   이상에서 보듯이 전국·진한 시대로부터 사람들은 이
미 행기·도인을 비롯한 양생술에 많은 관심을 기울여왔
다. 이러한 양생술은 의학·약학 사상과도 교섭하면서,
'기'에 기반을 둔 신체 단련법으로 도교 가운데 포함되게
되었다.

3. 신선에의 동경―선인·진인·신인

   「행기옥패명」에서와 같은, 발바닥에서부터 정수리까
지 전신에 (기를) 고루 미치도록 하는 깊은 심호흡을 『장
자』에서는 '진인眞人의 숨'〔眞人之息〕이라고 표현하고 있
다. 『장자』 「대종사大宗師」편에 '그 호흡은 깊고도 편안했
으니, 진인의 숨은 발뒤꿈치로부터 생기生氣를 전신에 미
치도록 하는데, 보통 사람의 숨은 얕아서 목구멍에서 헐
떡거릴 뿐이다'라고 말한 것이 그 좋은 예이다. '진인'이
란 『장자』에서 이상으로 여기는 초월자로, '생을 기뻐해
야 할 것으로 생각지 않고 죽음을 싫어해야 할 것으로 여

---

9) 두 글자 모두 '펴다'라는 뜻이다.

기지 않으며', '그 마음은 한 곳에 집중하여 움직이지 않으며, 모습은 고요하였으며'〔『장자』「대종사」편〕, '도'를 체득하여 정신의 자유를 획득한 존재로 묘사되어있다. '진인'은 또한 '높은 데 올라가도 두려워 떨지 아니하고, 물속에 들어가도 젖지 아니하며, 불 속에 뛰어들어도 타지 아니하니'〔『장자』같은 곳〕라고 묘사되듯이, 신체 면에서도 인간의 한계성을 초월해있었으니, 그것은 '도의 경지에까지 오르는 것'〔도의 구극의 경지에까지 올랐다〕[10]이 가능했기 때문이라고 『장자』는 강조하고 있다.

　'진인'과 같은 초월자를 『장자』는 '신인神人' '지인至人' '천인天人' 등의 다른 호칭으로도 부르고 있다. 이들은 모두 이른바 신선·선인仙人(僊人)이라는 낱말에서 연상되는 이미지와도 매우 흡사한 편이다. '막고야藐姑射[11]산'에 사는 '신인'은 '곡물은 전혀 먹지 않고 단지 바람을 들이켜 이슬을 마시고서 구름 기운을 타고 비룡飛龍을 몰아 세상 밖으로 노닌다고 한다'〔『장자』「소요유」편〕는 표현은 가장 널리 알려진 경우라고 하겠다. 『장자』는 '죽고 사는 것이 한 가지로 연결되어있다'라고 주장하거니와, '양형養形'보

---

10) 원문에는 '登假於道'로 되어있다.
11) 산 이름으로 '묘고야'로 읽기도 한다. '고야산姑射山'은 매우 이른 시기부터 신선이 사는 산으로 간주되었는데, 『열자列子』에는 '열고야산列姑射山'이 등장하기도 한다.

다는 '양신養神'을 중시하는 사상을 설파하는 한편으로 정신적·신체적으로 속세를 아득히 초월해있는 존재에 대해 구체적 이미지를 제시했다는 점에서 훗날의 도교에 지대한 영향을 끼쳤다.

대개 건강하게 장수하고 싶은 것이 사람들의 공통된 바람이겠는데, 그러한 원망을 영원한 생명을 획득하게 되는 초현실적 차원으로까지 확장해놓은 것이 '신선'이란 관념이다. 불사의 생명이란 것도 실제로는 실현 불가능한 일이지만, 도교는 이념적으로는 신선이 되는 것을 최종적 목표로 삼고 있다.

전국시대 및 한대의 조상이나 화상석 따위를 살펴보면 신선은 날개가 달린 우인羽人[12]의 이미지를 한 경우가 많다. 자원字源을 살펴보아도 후한 시대에 만들어진 자서字書에는 '선仙'이라는 글자에 대해 '늙어서 죽지 않는 것을 일러 선仙이라고 한다. 선仙은 천遷이니, 옮겨서 산에 들어가 사는 것이다'〔유희劉熙, 『석명釋名』〕[13]라고 되어있다. 또한 '선仙'이라는 글자는 '선僊'이라고도 쓰는데, '선僊은 장생하여 신선이 되어 (산으로) 떠나는 것이다'〔허신許愼,

---

12) 신화에 등장하는 비선飛仙으로 몸에 날개와 같은 우의羽衣를 걸치고 천공을 떠다닌다고 한다.
13) 「석장유釋長幼」에 '老而不死曰仙. 仙, 遷也, 遷入山也'라고 되어있다.

『설문해자說文解字』)[14]라고 되어있다. 어느 경우나 장생불사하여 산속과 같은 먼 곳으로 옮겨간다는 의미로 설명되어있다. 또한 '진眞'이라는 글자에 대해서도 '진眞은 선인僊人이 형체를 바꾸어 하늘에 오르는 것이다'[15]〔『설문해자』〕라고 하고서, '진眞'이라는 글자 아랫부분의 '팔八은 타고 올라가는 도구이다'[16], 곧 신선이 승천할 적에 이용하는 탈것을 나타낸다고 말하고 있다.

이렇듯 신선에 대한 동경은 갖가지 신선 설화를 낳았고, 훗날『열선전列仙傳』〔전한의 유향劉向이 찬술했다고 하나 의문스럽고, 위진시대에 성립되었을 가능성도 있다〕이나『신선전』〔갈홍의 찬술이나 후대에 수정을 가하였다〕 등과 같은 선전류仙傳類[17]에 수록되는 수많은 신선의 전승 설화가 생겨나게되었다. 그러한 신선이라는 환상에 매료되었던 인물로서, 제齊·연燕의 방사方士[18]들이 열심히 전파하였던 동해의 삼신산三神山〔봉래蓬萊·방장方丈·영주瀛州의 삼산三山〕 이야기에 마음이 동해서, 불사의 선약을 구하려 했던 진의

---

14) 원문은 '長生僊去'인데, '僊去'는 '仙去'의 뜻으로 볼 수 있다.
15) '眞, 僊人變形而登天也.'
16) '八, 所乘載也.'
17) 도교에서 신선의 전기를 모아놓은 갈래.
18) 지금의 산동성(제齊)과 하북성(연燕)의 바닷가 지방은 방사들의 소굴이자 본고장이었다.

시황제와 한 무제의 사례는 널리 알려져 있다. 이 두 사람의 황제는 태산泰山〔산동성 태안泰安시〕에서 봉선封禪 의식도 거행하고 있다. 봉선 의식은 본래 천명을 받은 천자가 천지의 여러 신들에게 자신의 공적을 보고하는 성격의 제식이었으나, 이 두 천자의 경우에는 불사등선不死登仙을 희구하는 개인적 제사 혹은 기도 의식으로서의 성격이 더욱 강화되었다. 이렇듯 제사·기도를 통해서 신선을 추구하려는 행위에 대해 훗날 갈홍은 강렬한 비판을 가하게 되는 것이다.

4. '정신'과 '신체'

행기와 도인 등의 양생술은 『장자』에서 '양형養形'이라고 일컫듯이, 직접적으로는 '형形―곧 '기'로 구성된 신체―을 대상으로 한 것이다. 하지만 실제로는 신체는 정신과 밀접히 연관되어있다. 신체와 정신의 관계는 도교의 생명관·수양론과도 밀접하게 관련되므로, 여기에서는 중국 고대의 심신心身에 대한 생각을 개관해보기로 하자.

중국 고대 심신의 이해라는 문제에 대해서는 이시다 히데미石田秀実의 「확충하는 정신―중국 고대에 있어서 정신과 신체의 문제」라는 글이 전국시대부터 후한시대까지의 자료들을 인용하면서, 명쾌하게 논하고 있다. 지금 이 글을 참고하면서 우선 기본적인 사항 정도를 정리해보기로 하자.

'심心'이라는 글자는 본래 심장을 나타내는 상형 문자로 심장이라는 뜻으로 쓰이는 경우도 많다. 신체의 한 부위로서 '심'은 '정신'이 깃드는 장소로 간주되어왔다. 정신이란, '정이란 기의 정미精微한 것이다'(『관자管子』「내업內業」편), '자신의 정기精氣를 전일專一하게 하여 신과 같은 힘을 발휘한다'(『관자』 같은 곳)라고 하듯이, '기'의 정미한 것이다. 따라서 '기'의 정미한 것이 깃든 '심心'은 '기'로 구성된 '형形'(신체) 가운데 가장 중요한 장소라고 여겼다. '심은 육체의 주인이며, 정신은 심의 보배이다'(『회남자淮南子』「정신훈精神訓」편)라고 되어있듯이 '심'은 '신체'의 주재자이며, 그곳에 깃든 '신神'은 '심'의 보배라고 생각하였다.

의서醫書에서는 정신에 대하여 더욱 구체적인 견해를 보여주고 있다. 『황제내경소문黃帝內經素問』과 『영추靈樞』 등에 의하면 정신은 신神·백魄·혼魂·의意·지志의 다섯 가지로 나뉘며, 기적氣的 존재인 영榮·혈血·기氣·맥脈·정精에 내포되어있다. 그리고 이 다섯 가지 기적 존재의 저장고 역할을 담당하는 것이 심心·폐肺·간肝·비脾·신腎의 오장五臟으로 되어있다는 것이다.

'기'의 정미한 것이라는 정신은 '기'와 마찬가지로 신체 내부에서 유동·확산하고 있다. 『회남자』「원도훈原道訓」의 '무릇 형形은 생이 머무르는 터이다. 기는 생을 채우는 실질이며, 신神은 생을 이끄는 통제자이다'[19]라는 문장에서 보듯이 '형'〔신체〕은 생명체의 터, '기'는 그 터를 가득 채우는 것, '신神'〔정신〕은 그 통제자라는 것이다. '기'가 신체를 골골샅샅이 가득 채우면 정신도 몸 전체에 걸쳐 확충되게 된다. 그리고 이렇듯 확충하는 정신은 신체 각 부위에 있어 인식 및 운동 행위를 통솔·제어하게 된다고 여겼다.

'기'와 정신이 확충할 적에 그 방향성을 결정하는 것은 의서에 따르면, 앞서 다섯 가지로 나뉜 정신 가운데 의意와 지志라고 하겠다. '지志·의意는 정신을 통제하고, 혼魂·백魄을 (신체 안으로) 거두며, (신체의) 한寒·온溫을 조절하며, 희喜·노怒의 감정을 조화시키는 것이다. ……지志·의意가 조화로우면 곧 정신을 집중하고 사유가 민첩해져서, 혼·백이 제대로 기능하며 흩어지지 않고, 후회와 분노가 생겨나지 않아서, 오장五藏〔=五臟〕이 정상적으로 기능하

---

19) "夫形者, 生之所也. 氣者, 生之元也. 神者, 生之制也."

며 사기邪氣가 침범하지 않게 된다'[20](『영추』 「본장本藏」편)
라고 하듯이, 지·의가 조화를 이룬 상태에 있으면 정신은
잘 제어되고 집중화되어, 혼·백이 흩어지는 것을 방지하
고, 오장이 사기에 침범당하지 않게 된다는 것이다.

한편으로 그러한 '지·의'는 '욕欲'(욕망)의 많고 적음에
따라 일정한 영향을 받는다. 따라서 '지·의'의 평정平靜을
확보하기 위해서는 '욕'을 제어하는 신체적 행위가 필요
해지는 것이다. '욕망을 억제하고 악을 봉쇄해서 의意를
평정하게 만든다. 의意를 평정하게 만듦으로써 정신을
안정시킨다. 정신을 안정시켜서 기를 기른다'[21](『춘추번로
春秋繁露』 「순천지도循天之道」편)라고 하듯이, '욕망'을 억제
하고, 악한 행위를 막음으로써 정신의 평정함을 확보하
여 '기'를 기르는 일이 가능해진다는 것이다.

지금까지 중국 고대 심신의 이해라는 문제와 관련해서
이시다 히데미의 논문을 참고로 하면서 기본적인 사항을
개관해보았다. 중국 고대에 있어서 '정신'과 '신체'에 관한
인식은 도교에서의 심신관心身觀·생명관의 바탕이 되었
고, 더욱이 도교의 수양론 혹은 윤리 사상의 방면과도 밀

---

20) "志意者, 所以御精神, 收魂魄, 適寒溫, 和喜怒者也. (中略) 志意和, 則精神專直, 魂
魄不散, 悔怒不起, 五藏不受邪矣."
21) "(君子) 閑欲止惡, 以平意. 平意以靜神, 靜神以養氣."

접한 연관이 있었다.

5. 『태평경』의 생명관

다음에 도교 문헌을 자료로 삼아서 생명관의 문제를 살펴보기로 하자. 우선 『태평경太平經』과 갈홍 『포박자』를 중심으로 하여 검토해보고자 한다.

『태평경』은 1강에서 언급한 바 있듯이 최초의 도교 교단인 태평도를 이끌었던 장각張角과의 연관성이 깊을 것으로 추정되는 문헌으로 가장 오랜 내력을 지닌 도교 경전의 하나라고 할 수 있다.

『태평경』의 생명관으로 우선 주목되는 바는 인간의 생명은 단 한 번뿐으로 더할 나위 없이 소중한 것이므로 삶을 마음껏 즐겨야 한다고 설파하는 대목이다.

무릇 세상에 사람이 죽는다는 것은 작은 일이 아니다. 사람이 한 번 죽으면 영원히 다시는 하늘과 땅과 해와 달을 볼 수 없고, 혈맥과 뼈는 모두 흙이 되어버린다. 죽음의 운명은 대단히 중대한 것이다. 사람은 천지 사이에서 살고, 사람마다 모두 한 번만 태어날 수 있고, 두 번 다시 태어날 수는 없다. 다시 태어날 수 있는 사람은 오직 도를 얻은 사람으로 죽어도 다시 태어나는데, 그것은 시해尸解[22]하는 이만이 할 수 있다. 이것은 천지가 특별 대우하는 것으로 헤아릴 수 없이 많은 인간 중에서 아직 한 사람도 없었다 하겠다. 그러므로 보통 사람들은 한번 죽으면 다시 태어날 수 없는 것이다.[23]

-『태평경』권72, 합교合校[24] 298쪽

모든 인간은 생명을 한번 밖에 부여받지 못하므로 일단 죽어버리면 두 번 다시 태어날 수는 없다. 이것은 불교가 주장하는 윤회전생輪回轉生[25]의 사고방식과는 전혀 다른, 중국의 전통적인 죽음에 관한 생각이자 생명관이다. 다만 여기에서 도를 얻어서 '시해尸解'하는 사람은 예외라고 하는 것은 도교적인 발상이라 하겠다. '시해'란 일단 사망한 뒤에 매미가 허물을 벗듯이 영혼이 육신으로

---

22) 몸은 남아있고 넋만 빠져나감으로써 신선으로 된다는 술법을 가리킨다.
23) "凡天下人死亡, 非小事也. 壹死, 終古不得復見天地日月也, 脈骨成塗土. 死命, 重事也. 人居天地之間, 人人得壹生, 不得重生也. 重生者, 獨得道人, 死而復生, 尸解者耳. 是者, 天地所私, 萬萬未有一人也. 故凡人壹死, 不復得生也."
24) 중국학자 왕밍王明이 편찬한 『태평양』 합교본合校本은 1960년 초판이 나오고, 1979년 개정판이 중간된 이래 지극히 난해한 『태평경』의 원형에 가장 가까운 최량의 텍스트로 평가받고 있다. 이후에는 『태평경』 합교로 출전을 표시한다.
25) 수레바퀴가 끝없이 구르는 것과 같이, 사람이 자기 행위의 선악에 대한 갚음으로 죽고 다시 태어나기를 끝없이 반복한다는 불교의 가르침.

부터 빠져나와 신선이 된다는 것이다.

한번 밖에 주어지지 않는 생명이므로 더할 나위 없이 소중하고, 따라서 삶을 구가謳歌[26]하는 것이 바람직하다는 주장이 아래와 같이『태평경』여러 곳에서 반복하여 강조되는 것이다.

무릇 수명은 하늘이 주신 아주 소중한 보배이다. [27]
　　　　　　 -『태평경초太平經鈔』을부乙部, 합교 22쪽

천지의 본성은 만 이천 가지의 사물 가운데 인간의 생명이 가장 귀중한 것이다. [28]
　　　　　　　　　　 -『태평경』권35, 합교 34쪽

사람에게 가장 좋은 것은 언제나 즐겁게 살아가려는 것만한 일이 없으니, 마치 목마른 사람이 물을 찾듯이 절실해야만 비로소 하늘을 본받는 것이라 할 수 있다. [29]
　　　　　　　　　　 -『태평경』권40, 합교 80쪽

---

26) '거리낌 없이 즐겨 누린다'는 뜻이다.
27) "夫壽命, 天之重寶也."
28) "天地之性, 萬二千物, 人命最重."
29) "人最善者, 莫若常欲樂生, 汲汲若渴, 迺後可也."

삶을 구하는 자는 하늘이 도와준다.[30)

-『태평경』 권112, 합교 570쪽

『태평경』에서는 인간의 수명을 상수上壽 120세, 중수中壽 80세, 하수下壽 60세로 나누고서, '상수'를 넘어서게 되는 것을 '도세度世'〔현실 세계를 초탈하여 신선이 되는 것〕라 하고, '하수' 이하를 '요夭'[31)라고 부르고 있다.[32) '도세' 중에는 '백일白日'〔白日昇天)[33)의 신선과 '시해'의 신선〔尸解仙〕이 되는 경우도 포함되어있다. '도세'를 이루는 것이 이상적이기는 하지만 이것은 극히 소수의 사람에게만 허용되는 일이라 하겠다.

6. '수일'과 오장신에 대한 존사 수행

장생하면서 '도세'를 이루기 위한 방법으로『태평경』에서 언급되는 것으로는 양생술적 방법과 윤리적 방법 등이 있다. 이러한 두 종류의 방법은 서로 밀접하게 연관되

---

30) "貪生者, 天之所佑."
31) '요절하다'라는 뜻.
32) 『태평경초』 을부, 「해승부결解承負訣」에 나온다.
33) '대낮에 하늘을 오른다'라는 뜻으로 하늘로 올라가 신선이 되는 최고의 방식으로 알려져 있다.

어있는 것인데, 윤리적 방법에 대해서는 7강에서 다루기로 하고, 여기에서는 신체·생명과 관련된 양생술적 방법만을 우선 논하기로 하겠다.

『태평경』에서 이야기되는 장생·'도세'를 위한 양생술적 방법이란 '수일守─'과 오장신五臟神에 대한 존사存思 수행을 가리킨다. '수일'은 『노자』 등에 보이는 '하나〔─〕'의 사상에 근거하여, 근원적인 '하나〔─〕'를 의식하고 지속적으로 보전·유지함으로써, 몸속의 '정신'이 산만하게 흩어지는 것을 막고서 신체의 영속성을 추구하는 방법이다. 예를 들면 『태평경』에서는 다음과 같이 언급하고 있다.

예로부터 지금까지 절실히 필요한 진도眞道는 모두 하나를 지키는 '수일守─'(의 양생술)을 말한다. 오래도록 살고 늙지 않을 수 있다고 하는 것이다. 사람들은 하나를 지킬 줄 알면서, 그것을 이름 붙여 '무극의 도'〔無極之道〕[34]라고 한다. 사람은 하나의 몸을 가지는데, 몸은 (체내의) 정신과 화합하여 함께한다. 형形〔몸〕은 곧 죽음을 담당하고, (체내의) 정신은 곧 삶을 주재한다. 이들〔형形과 정신〕이 항상 함께하면 길하지만, 정신이 형체를 떠나

---

34) '무극지도無極之道'는 '오래 살며 영원히 존재하는 방법으로서의 도술道術'을 가리킨다.

면 흉하다. 체내의 정신이 떠나가면 죽게 되고, 체내에
정신이 있으면 산다. 이들이 항상 합한다면 하나가 되어
오래도록 살 수가 있다.[35]

-『태평경초』임부壬部, 합교 716쪽

여기에서 언급하는 '정신'이란 살아있는 인간의 신체에
갖춰져 있는 것으로, 이것이 신체를 떠나면 사람이 죽는
다고 생각하였다. 앞서 인용한 『관자』의 문장에서 보았
듯이 '기'의 정미한 작용으로 볼 수도 있거니와, 다음에서
언급할 오장신五臟神과 같이 좀 더 구체적인 형상을 지닐
가능성도 있다. 어쨌든 이러한 '정신'이 신체로부터 떠나
가지 않도록 하는 것, 곧 '형形'과 '신神'이 분리되지 않고
합일된 상태로 있게끔 하는 것이 장생하기 위한 방법이
라고 기술하고 있다. 이처럼 '형신합동形神合同'[36]이라는
것이 장생의 방법이라고 보는 입장은 도교의 기본적인
사고방식이 되었고, 이러한 표현은 이후 오균吳筠의『신
선가학론神仙可學論』등 수많은 도교 문헌에서 빈번히 쓰

---

35) "古今要道, 皆言守一. 可長存而不老. 人知守一, 名為無極之道. 人有一身, 與精神
常合並也. 形者乃主死, 精神者乃主生. 常合即吉, 去則凶. 無精神則死, 有精神則生. 常
合即為一, 可以長存也."
36) '형形'〔몸〕과 '정신'이 서로 합하여 같아진다는 뜻임.

이게 되었다.

오장신 존사存思 수행 또한 체내신體內神이 몸 밖으로 나가지 않도록 함으로써 병을 치료하는 방법이다. 그러한 사실을 언급하고 있는 대목을 요약·인용해 보면 다음과 같다.

대개 체내신[37]은 몸속에서 살지만, 오히려 몸 밖으로 나가 노니는데, 이렇게 몸 밖에서 노닐다가 제때에 되돌아오지 못하면 도리어 제 몸을 해치게 된다. 그러므로 곧바로 그들을 좇아가서 몸속으로 되돌아오게 하면 자신을 다스려 상하지 않게 할 수 있다. 그러면 어떻게 좇아가서 되돌아오게 할 수 있을까? 텅 빈 방 안에 곁에는 아무도 없게 한 다음 오장신을 그린 채색화[38]를 빛이 들어오는 창문에 걸어두고 오장신을 생각하면서 존사存思[39][의식을 집중하여 (몸속의 여러 신을) 선명히 그려보며 명상하

---

37) 원문에서는 '인신人神'인데 몸속에 사는 신을 가리킨다.
38) 원문에는 '그 장기의 색에 따라 신상神像을 그린다[畵像隨其藏色]'라고 되어있다. 『태평경』에 따르면 사람의 오장에는 그에 해당하는 신과 색이 있다고 한다. 오장신은 청색을 옷을 입은 동자인 청동자靑童子, 적색 옷을 입은 적동자赤童子, 백색 옷을 입은 백동자白童子, 흑색 옷을 입은 흑동자黑童子, 황색 옷을 황동자黃童子를 가리키는데, 이들은 각각 간장·심장·폐장·신장·비장 등을 주관한다.
39) '존사'는 '의식을 집중한다'라는 뜻으로 신들이 마치 눈앞에 있는 것처럼 명상하는 양생법의 하나로, 달리 존상存想·존신存神·견신見神이라고도 한다. 이러한 존사의 대상은 체내신과 체외신體外神으로 나뉜다.

는 것)를 행한다. 이렇게 생각하기를 지속하면 (몸속의) 오
장신은 이십사시의 기운으로 보답하고, (몸 밖의 체외신인)
오행신五行神[40]이 또한 와서 도와줄 것이니, 따라서 온갖
병이 모두 나을 것이다.[41]

-『태평경초』을부乙部, 합교 14쪽

여기에서 '이십사시의 기운'[42]과 '오행신'이 등장하는
데, 이것은 오장신은 본래 자연계의 '기'와 동일한 것이라
는 사실과 관계가 있다. '사계절과 오행의 기氣가 사람의
배 속으로 들어오면 사람의 오장의 정신이 된다. 그 색깔
은 춘하추동의 사계절과 서로 일치한다'[43](『태평경』권72,
합교 292쪽)고 말하고 있듯이, 오장신은 자연계의 '기'가
사람의 몸속에 들어온 것이라고 생각한다. 이러한 오장
신에 대해 존사存思를 행하는 일이 질병 치료와 연결되는

---

40) 오행신은 오장신을 따라 몸 밖에 분포되어있는 동방목신東方木神·남방화신南方火
神·서방금신西方金神·북방수신北方水神·중앙토신中央土神 등을 가리킨다.
41) 본문의 문장이 요약·인용한 원문은 다음과 같다.
　"夫人神乃生內, 返遊於外, 遊不以時, 還為身害. 即能追之以還, 自治不敗也. 追之
如何. 使空室內傍無人, 畵象隨其藏色, 與四時氣相應, 懸之窗光之中而思之. 上有藏象,
下有十鄉, 臥即念以近懸象, 思之不止, 五藏神能報二十四時氣, 五行神且來救助之, 萬
疾皆愈."
42) 원문에 '이십사시기二十四時氣'로 되어있는데 '이십사절기'로 보려는 견해도 있다.
43) "四時五行之氣來入人腹中, 為人五藏精神, 其色與天地四時色相應也." 도교에서는
간장의 신은 봄에 속하고 청색, 심장의 신은 여름에 속하고 적색, 비장의 신은 끝 여름
인 6월에 속하고 황색, 폐장의 신은 가을에 속하고 백색, 신장의 신은 겨울에 속하고
흑색이라고 생각한다.

것은 오행의 기가 자연계의 질서를 낳은 것과 마찬가지로 오장신의 경우에는 인체의 질서를 가져오게 하는 힘이 있다고 생각했기 때문이다. 여기에는 인체를 소우주로 보고자 하는 관념이 밑바탕에 깔린 것이다. 소우주로서의 인체는 '기'를 통해 대우주인 자연계와 연결되어있으며, 인체의 질서는 자연계의 질서와 서로 상응한다고 간주하였다.

7.『포박자』의 신선관

다음으로는『포박자』를 검토해보기로 하자. 1강에서도 언급했듯이『포박자』는 4세기 초에 갈홍에 의해 저술된 것으로, 그 내편에는 좌자左慈로부터 갈현葛玄·정은鄭隱을 거쳐 갈홍에게로 전수되었던 신선도·금단법金丹法의 갖가지 사항들이 자세하게 기술되어있어서, 신선 사상의 집대성이라고 일컬을만한 내용을 보여주고 있다.

갈홍은 신선은 실재하는 존재이며, 사람이 배워서 신선이 되는 일도 가능하다고 주장하고 있다. 신선이 실재하는 논거로서 갈홍은 '열선列仙의 이야기는 죽소竹素[44]

---

44) '죽소竹素'는 '죽백竹帛'으로 '역사를 기록한 책'을 뜻한다.

에 가득하다'[45]〔『포박자』「논선論仙」편〕, 요컨대 옛날 서적에 신선의 일이 많이 기록되어있다는 것, 또한 '눈으로 보이는 것만이 존재한다고 하고, 보이지 않는 것은 없다고 한다면 세상에는 존재하지 않는 것이 또한 반드시 많아질 것이다'[46]〔『포박자』, 같은 곳〕, 곧 인간의 안목으로 볼 수 있는 범위는 협소하므로 눈에 보이는 것만을 실재한다고 여기는 것은 잘못이라는 점, 또는 설령 신선이 눈앞에 나타나더라도 '본래의 기이하고 참된 모습을 감추어서 외모로 보면 범인들과 다를 바가 없으므로'[47]〔『포박자』, 같은 곳〕 어느 누구도 알아보지 못한다는 사실 등을 거론하고 있다.

어느 것 할 것 없이 그다지 믿음성이 없는 논거이지만 이와 동일한 이유로 신선의 실재를 주장했던 사례는 요시카와 다다오吉川忠夫가 『고대 중국인의 불사不死 환상』에서 지적하는 바와 같이 혜강嵆康[48]의 「양생론養生論」 「답난양생론答難養生論」에도 나타나고 있다. 혜강은 말할

---

45) "列仙之人, 盈乎竹素矣."
46) "欲以所見爲有, 所不見爲無, 則天下之所無者, 亦必多矣."
47) "匿眞隱異, 外同凡庸."
48) 223~262. 삼국시대 위魏의 문인·학자. 자는 숙야叔夜이며 현재의 안휘성에 해당하는 초군譙郡 즐현銍縣 사람. 죽림칠현의 한 사람으로 노장사상의 영향을 받아 반유교적 입장을 견지했으며, 개인의 초탈한 경지를 추구했다. 「양생론」 「여산거원절교서與山巨源絶交書」와 같은 수많은 명문을 남겼다.

것도 없이 죽림칠현의 중심인물이며 자기 시대를 대표하는 지식인이었다. 혜강이나 갈홍과 같은 교양 있는 지식인이 이와 같은 이유로 신선의 실재를 주장했다는 사실은 지금을 사는 우리로서는 이해하기 어려운 측면이 있다 하겠다. 그러나 한편으로 '인간의 상식으로써 알 수 있는 대상 세계는 극히 제한된 범위에 불과할 뿐이고, 이미 알고 있는 세계의 배후에 미지의 세계가 광대하게 도사리고 있다는 식의 감각, 그리고 그와 같은 감각에 기반을 둔 사상이 위진魏晋으로 시작되는 육조시대(222~589) 사람들에 의해 널리 공유되었다는 사실'〔요시카와 다다오, 『고대 중국인의 불사 환상』, 158쪽)을 우리는 사전에 알아둘 필요가 있는 것이다. 육조시대 사람들에 의해 널리 공유되었다는 이와 같은 감각·사상이 신선실재설神仙實在說을 낳았고, 아울러 다음의 4강에서 살펴보는 것과 같은 도교의 종교적·환상적 세계관을 형성케 하였던 것이다.

8. 신선가학神仙可學의 사상과 금단법

갈홍은 사람은 누구나 배워서 신선이 될 수 있다고 주장하였다. 이러한 점에서 혜강은 갈홍과는 상반된 입장을 취하고 있다. 혜강은 '(신선은) 아마도 특별히 기이한 기를 받고 그 품성이 자연히 이루어짐과 같은 것으로, 학문을 쌓아 그 경지에 이른 것은 아니다'[49]〔「양생론」〕라고 하면서, 보통 사람과는 다른 뛰어난 '기'를 특별히 받아서, '자연自然'히〔나면서부터 가짐〕 그 소질을 지니게 되는 이가 아니라면 신선이 될 수는 없다고 주장하고 있다. 하지만 갈홍은 '불로장생이 가능하고, 신선이 되는 데 따로 종자가 없음을 알 수 있다'[50]〔『포박자』「지리至理」편〕라고 하면서, 신선이 되기 위해서 특별한 '종種'〔선천적 특성〕은 없으며, '배워서 신선이 된다고 함은 수수와 기장을 씨를 뿌려서 수확하는 것과 마찬가지로 너무나도 분명한 것이다'[51]〔『포박자』「근구勤求」편〕라고 하면서, 이는 곡식의 씨를 뿌려서 낟알이 익는 것처럼 명백한 이치라고 주장하고 있다.

갈홍이 신선이 되기 위해 배워야 할 것으로 거론하고 있는 것은 종류가 매우 많은 편이다. 행기와 도인에 대해서는 반복해서 강조되고 있다. 예를 들면 '무릇 인간은 기 속에 있다. 기는 또한 인간의 몸속에도 있다. 천지로부터 만물에 이르기까지 기에 의존해 살아가지 않는 것

---

49) "似特受異氣, 稟之自然, 非積學所能致也."
50) "知長生之可得, 仙人之無種耳."
51) "仙之可學致, 如黍稷之可播種得, 甚炳然耳."

이 없다. 그러므로 행기行氣를 잘한다면 안으로는 자신의 몸을 기르고, 밖으로는 사악한 병을 물리칠 수가 있다'[52] 〔『포박자』 「지리」편〕라고 하면서 '기'의 사상에 근거한 행기의 중요성을 강조하였고, 이어서 '오보吳普라는 이가 있었는데, 화타華佗에게서 오금의 희〔五禽之戱〕[53]를 받고서, 도인을 대신해 이 방법으로 몸을 튼튼히 해서 또한 백여 년을 살았다고 한다'[54]〔『포박자』, 같은 곳〕라고 하면서, 도인에서 유래된 오금희五禽戱라는 기법을 언급하고 있다.

'수일守一'이라는 용어 또한 여러 차례 보이고 있다. 그 중에서도 '하나〔一〕'를 체내신으로 보고서, '하나에는 성자姓字와 복색服色이 있다.[55] 남성(의 체내신)은 크기가 아홉 푼[56], 여성(의 체내신)은 크기가 여섯 푼으로, 때로는 제하臍下〔배꼽 밑〕 두 치 네 푼 되는 하단전下丹田[57] 가운데 있고, 때로는 심장 아래 강궁絳宮과 금궐金闕의 중단전中丹

---

52) "夫人在氣中, 氣在人中. 自天地至於萬物, 無不須氣以生者也. 善行氣者, 內以養身, 外以卻惡."

53) 명의 화타가 옛 선인들이 행한 도인을 바탕으로 범·곰·기린·원숭이·새 등 다섯 동물의 굴신 동작을 응용해 고안한 건강 체조의 일종.

54) "有吳普者, 從華陀受五禽之戱, 以代導引, 猶得百餘歲."

55) 대도大道로서 '하나〔一〕'는 본래 그를 지칭하는 수단이 별로 없었으나, 이후로 이름·복장·색깔 등을 지니게 되면서, 색깔 있는 옷을 입고, 이름을 가진 구체적 형상의 인격신으로 점차 성격이 바뀌고 있다. '성자'는 성명과 자호字號를 가리키고, '복색'은 '복식服飾'이라는 말로 '차려입은 옷갖춤새와 색깔'을 뜻한다.

56) 길이 단위로 치(寸)는 약 3.03센티미터, 푼(分)은 약 0.3센티미터에 해당한다.

57) 일반적으로 배꼽 아래 5~6센티미터 정도에 있다고 한다.

田에 있다. 때로는 사람의 양미간(두 눈썹 사이)에 있는데, (피부 아래로) 한 치를 들어가면 명당明堂이고, 두 치를 들어가면 동방洞房이며, 세 치를 들어가면 상단전上丹田이다'[58](『포박자』,「지진地眞」편)라는 등등, 상·중·하 삼단전三丹田과 결부시켜 구체적 기술을 행하고 있는 것이 주목된다고 하겠다.[59] '단전'이란 불로불사를 얻게 해주는 '단丹'을 생기게 하는 장소라는 의미로, 여기에서는 몸속에 세 군데 단전이 있는데 그곳에 '하나'가 깃들어있다는 점을 지적하는 것이다.[60]

하지만 신선이 되는 방법으로 갈홍이 가장 중요시하는 것은 '환단還丹'과 '금액金液'의 복용이다. 환단은 단사丹砂

---

58) "一有姓字服色. 男長九分, 女長六分, 或在臍下二寸四分, 下丹田中, 或在心下絳宮金闕, 中丹田也. 或在人兩眉間, 卻行一寸為明堂, 二寸為洞房, 三寸為上丹田也."

59) 이후 동진 시대에 성립되었을 것으로 추정되는 『동진태상도군원단상경洞眞太上道君元丹上經』에도 다음과 같은 대목이 실려있다.

"두 눈썹 사이에 (피부 아래로) 한 치를 들어가면 명당이고, 두 치를 들어가면 동방이고, 세 치를 들어가면 단전이다. 단전 바로 위에 가로세로 한 치의 공간이 현단뇌정의 니환혼궁이다(兩眉間上, 卻入一寸為明堂, 卻入二寸為洞房, 卻入三寸為丹田. 丹田直上辟方一寸, 為玄丹腦精泥丸魂宮也)."

"머릿속에는 9궁이 있는데, 두 눈썹 사이에 한 치를 들어가면 명당궁이고, 두 치를 들어가면 동방궁이고, 세 치를 들어가면 단전궁이고, 네 치를 들어가면 유주궁이고, 다섯 치를 들어가면 옥제궁이다. 명당 위에 한 치가 천정궁이고, 동방 위에 한 치가 극진궁이고, 단전 위에 한 치가 현단궁이고, 유주 위에 한 치가 태황궁이다(頭中有九宮, 兩眉間上卻入一寸為明堂宮, 卻入二寸為洞房宮, 卻入三寸為丹田宮, 卻入四寸為流珠宮, 卻入五寸為玉帝宮. 明堂上一寸為天庭宮, 洞房上一寸為極真宮, 丹田上一寸為玄丹宮, 流珠上一寸為太皇宮)."

60) 『포박자』의 이러한 견해를 '삼단전삼일설三丹田三一說'이라고 한다. 곧 '삼단전'이란 인체를 두부·흉부·복부 세 부분으로 나누어 각각 '하나'(一)라는 신이 깃들어 생명을 유지한다는 것이다. 이 세 개의 '하나'에 상념을 집중하고 그 존재를 흔들림 없는 것으로 만듦으로써 불로불사를 달성하는 도술을 '수일법守一法' 또는 '수삼일법守三一法'이라고 불렀다.

〔유화수은硫化水銀으로 이루어진 광물〕에 열을 가해 만든 것, 금액金液은 황금을 제련해 액체 상태로 만든 것으로, 환단과 금액을 합쳐서 '금단金丹'[61]이라고 일컫는다. '노자의 결언訣言에 일컫기를 그대가 환단과 금액을 얻지 못한다면 헛되이 고생할 뿐이라 하였다'[62]라든가, '만약 금단의 도를 알게 된다면, 사람들은 다시는 사소한 방술을 소개하는 책 따위는 보려 하지 않을 것이다'[63]〔『포박자』「금단金丹」편〕라고 하며, 환단과 금액의 결정적인 중요성을 강조하는 동시에 그 이유를 다음과 같이 설명하고 있다.

무릇 금단은 오래 제련하면 할수록 변화가 더욱 오묘해진다. 황금은 불에 들어가 천백번 제련해도 소멸하지 않고, 땅에 묻어도 천지와 마찬가지로 영원히 썩지 않는다. 이 두 물질을 복용하여 인간의 신체를 단련하면 사람을 늙지 않고 죽지 않게 할 수 있다. 이것은 대체로 외물의 힘을 빌려서 자신의 신체를 강건히 만드는 것이다.[64]

-『포박자』「금단」편

---

61) '금액환단' 또는 '금액대단金液大丹'이라고 한다.
62) "老子之訣言云, 子不得還丹金液, 虛自苦耳."
63) "旣覽金丹之道, 則使人不欲復視小小方書."
64) "夫金丹之爲物, 燒之愈久, 變化愈妙. 黃金入火, 百煉不消, 埋之, 畢天不朽. 服此二物, 煉人身體, 故能令人不老不死. 此蓋假求於外物以自堅固."

단사는 열을 가함에 따라 그 색깔이 선명한 붉은색朱色에서 은색銀色으로, 은색에서 다시 붉은색으로 하는 식으로 변화를 거듭하는 현상에 근거해, 그 같은 과정을 통해 만들어진 단약丹藥은 환원의 성질을 지니는 것으로 믿게 되었다. 한편으로 황금은 불변한다는 특성이 있다. 그래서 환단금액을 복용하게 되면 인체는 그 물질의 환원·불변하는 성질을 획득하게 되고, 결과적으로 늙지도 죽지도 않는 불로불사가 실현될 수 있을 것으로 생각하게 되었다. 여기에는 '외물外物'〔자기 신체 외부에 있는 물질〕을 복식服食[65]함으로써 해당 물질의 성질을 자신의 것으로 만들 수 있다는 발상이 근저에 깔려있다고 하겠다. 갈홍에게 있어 신선이 되는 길은 인간이 지식과 기술을 활용하여 단약을 완성하고, 그것을 복용하여 신체를 단련·육성함으로써 불로불사의 경지에 도달하는 일이었다. 인간의 노력을 통해 그것이 가능하다고 갈홍은 생각했던 것이다. 그 결과 진의 시황제와 한 무제와 같이 제사·기도를 통해서 신선을 추구하려는 행위에 대해서는 신랄하게 비판을 가했다.

하지만 실제로 수은 화합물을 포함한 단약은 인체에는

---

65) '음식물로 먹는다'는 뜻임.

독약이었으며, 당대에는 무종武宗을 필두로 단약을 복용하다 중독사한 황제가 여럿 있었다는 사실[66]은 익히 잘 알려져 있다. 그 결과 이후의 시대에는 '외물'에 의지하는 것이 아니라, 수련을 통해 자신의 체내에 단丹을 만들어 낸다는 '내단內丹'의 방법이 성행하게 되었다. [67]

---

66) 당대 황실에는 특히 단약 중독 사망 사례가 많았는데 군주로는 15대 무종 외에 11대 헌종憲宗·12대 목종穆宗·13대 경종敬宗·16대 선종宣宗 등이 있었다. 이런 단약으로 인한 폐단에 대해 한유韓愈가 「고 태학박사 이군 묘지명故太學博士李君墓誌銘」에서 이우李于·귀등歸登·이허중李虛中·이손李遜·이건李健·맹간孟簡·노탄盧坦·이도고李道古 등 자신과 교유가 있었던 단약 중독 사망자들의 실태를 거론하며 통렬한 비판을 가한 사실은 잘 알려져 있다. 그러나 백거이의 「사구思舊」라는 작품을 보면 그런 한유조차도 실은 단약에 관심이 많았다고 비판을 받고 있을 정도였다.

67) 도교 연단술에 의한 외단外丹이 실패함에 따라 상대적으로 내단이 발전하게 되었다는 것이다.

4강 우주론
- 눈으로 보이는 세계를 넘어서

마왕퇴 제3호 한묘漢墓 출토 「도인도導引圖」(호남성湖南省 박물
관 편, 『호남성 박물관』, 고단샤講談社, 1981년에서)

1. 「도→원기元氣→천지→만물」의 생성론

도교는 눈에 보이는 현실 세계를 아득히 넘어선 장대한 시공간을 구상하였다. 본래 공자의 '귀신은 공경하되 멀리 해야 한다'(『논어』「옹야雍也」편)라든가, '아직 사람도 제대로 섬기지 못하는데 어찌 귀신을 섬길 수 있겠느냐'(『논어』「선진先進」편) 등의 대화가 보여주듯이 유가 사상에서는 살아있는 인간의 현실 문제를 가장 중요시하며, 천天의 세계나 사후 세계, 또는 귀신에 관한 현상 따위, 곧 눈으로 보아서 도저히 확인할 길이 없는 신비적인 사항에 관해서는 회의적이거나 소극적 태도를 취하는 편이었다.

그에 반하여 도가 사상은 인간이 실제로 확인할 수 없는 것, 예를 들면 우리가 사는 우주의 처음은 어떠했는가와 같은 의문에 대해서도 커다란 관심을 기울였다. 『노자』가 도를 설파했던 이유도 따지고 보면 그와 같은 관심의 발로였다. 이미 2강에서 살펴보았듯이 『노자』의 '도'는 인간의 언어와 감각을 통해서는 도무지 파악하기 어려운 초월적인 대상이었다. 그리고 『노자』는 그러한 '도'가 세계의 근원이 되고, '도→하나→둘→셋→만물'이라는 순서로 천지 만물이 생성하였다고 주장하였다.(『노자』 42장)

이러한 『노자』의 생성론을 이어받아, 한대에는 더욱 상세한 생성론이 등장하게 되었다. 그중에서도 가장 주목할 만한 것은『회남자』「천문훈天文訓」에 보이는 생성론이었다.『회남자』는 전한 무제(재위 B.C. 141~B.C. 87) 시대에 회남왕淮南王 유안劉安이 휘하에 불러 모은 다수의 학자를 동원해 집필케 했던 책으로,『한서漢書』「예문지藝文志」등의 도서 분류에서는 잡가雜家 부류로 편입시켰지만, 내용적으로는 도가 사상이 농후한 편이다. 그 책에는 다음과 같은 내용의 생성론이 기술되어있다.

천지가 아직 형성되지 않았을 때는 다만 뭔가가 희뿌옇게 떠다니고, 망망하게 떠 있을 뿐이었다(형체가 없이 흐릿하고 자욱하게 떠 있는 상태). 이것을 '대소大昭'[1]라 한다. 도는 이러한 허확虛霩(끝없이 넓고 큼)[2]에서 시작되었다. 이윽고 허확은 우주[3]를 낳았고, 우주는 기氣를 탄생시켰다. 그러한 기에 애은涯垠[4]이 생겨 두 갈래 분화가 일어났다. 청양淸陽(맑고 밝음)한 기는 넓고 길게 드리워 하늘이 되었고, 무겁고 탁한 기는 응고해서 땅이 되었다. 맑

---

1) '대시大始'와 같은 말로 '거대한 시작'의 뜻임. 천지개벽 초에 우주가 혼돈 상태에 있던 시기를 가리킨다.
2) '허확'은 본래 '비어서 휑하다'라는 뜻으로 카오스 상태로 이해할 수 있다.
3) 시공간을 지닌 코스모스가 되었다는 뜻이다.
4) '한계에 도달해 안정되는 모습'을 뜻한다.

고 미묘한 기가 합전습專(모여들다)하는 것은 쉬우나, 무
겁고 탁한 기가 응고하는 것은 어렵다. 그래서 하늘이
먼저 생기고서 땅은 나중에 정해졌다.[5]

-『회남자』「천문훈」편

여기서는 우선 천지가 나뉘기 전에 끝없이 넓고 큰 혼
돈 상태에서 '도'의 움직임이 시작되었고, 이윽고 '허확'은
'우주'를, '우주'는 '기氣'를 낳았다는 사실을 지적하고 있
다. '우주宇宙'란 이 말에 달린 고유高誘(후한의 학자)의 주
석에 '우宇는 동서남북과 상하이고, 주宙는 옛날부터 지
금까지를 말한다'라고 한 것에 의하면 공간(宇)과 시간
(宙)을 가리킨다. '우주'라는 시공간의 준거틀이 형성되었
고, 그로부터 '기'가 생겨나고, 이윽고 하늘과 땅이 완성
되었다. 위에서 인용한 문장에 이어서 하늘과 땅이 정해
지고 난 후에 그 위에 음양의 기→사시四時(사계절)→만물
의 순서로 생성되어간다는 사실이 서술되어있다.

　『회남자』「천문훈」의 생성론은 '도→하나→둘→셋→
만물'이라는 식의 『노자』의 생성론이 추상적임에 반하여

---

5) "天墜未形, 馮馮翼翼, 洞洞灟灟, 故曰太昭. 道始生虛霸. 虛霸生宇宙, 宇宙生氣. 氣
有涯垠. 清陽者薄靡而為天, 重濁者凝滯而為地. 清妙之合專易, 重濁之凝竭難, 故天先
成而地後定."

'기'의 상태에 주목하면서 좀 더 구체적으로 서술된 경우라 하겠다. 여기에서는 아직 '원기元氣'라는 말이 등장하지 않지만[그러나 『태평어람太平御覽』 권1에 인용된 문장에서는 '우주는 기를 탄생시켰다'의 '기'가 '원기'로 표기되어있다), 한대 춘추학春秋學의 중심 개념이었던 '원元'의 사상[6]을 계승해서, 전한 말기로부터 후한 시대에는 천지 만물을 낳고 생육하는 근원적 에너지로서 '원기'라는 말이 빈번히 쓰이게 되었다. 그리하여 '도→원기→천지→만물'의 입장이 중국 고대의 생성론으로 정착하게 되었다. 2강에서 『노자』 하상공주는 '도'가 '기'를 토함으로써 천지가 생겨나고 만물이 생성되는 것이라 여기고서, '도→기→천지→만물'이라는 식의 생성론을 염두에 두었음을 지적한 바 있었다. 그러한 하상공주에는 '원기는 만물을 생성하지만 소유하지 않는다'[7](2장 '생이불유生而不有'에 대한 주)라는 대목에서도 보듯이 '원기元氣'라는 용어를 사용하고 있는

---

6) 예를 들면 전한 시대 동중서는 『춘추번로』에서 '원기' 개념을 포함한 '원元'의 개념을 도입·논의한 것으로 알려져 있다. 이윽고 한대에 원기설元氣說이 성행하면서 '원元'의 개념을 '기氣'의 관점을 통해 해석하는 것이 일반화되었는데, 후한의 공양학자 하휴何休의 『춘추공양해고春秋公羊解詁』에 이르러서는 '일一' '원元' '기氣'의 개념을 동일시하게 되었다. 이후에 이러한 입장은 왕부王符의 원기일원론元氣一元論, 왕충王充의 원기자연론元氣自然論 등의 이론적 학설로 확대·발전하게 된다.
7) "元氣生萬物而不有."

것이다.[8] 이와 같은 하상공주의 생성론은 이상에서 논의해왔던 중국 고대 사상 전반의 흐름과도 맥이 통하고 있다 하겠다.

2. 신학적 생성론

이어서 도교 경전에서는 어떠한 생성론이 설파되고 있는가를 살펴보고자 한다. 도교가 종교로서 교리 체계를 만들어가는 것은 육조시대 중반 이후에서 당대에 걸치는 시기인데 이 무렵에는 여러 종류의 생성론이 도교 경전에 나타나게 된다. 전통적인 '도→원기→천지→만물'의 생성론은 말할 것도 없고, '기' '형形' '질質'이 나타나는 단계를 자세하게 구분해서 '태역太易→태초太初→태시太始→태소太素(→태극太極)'의 순서를 설명하는 생성론(『역위건착도易緯乾鑿度』『제왕세기帝王世紀』 등에 보인다)까지도 한데 뒤섞은 것 같은 형태의 생성론도 출현하고 있다.

특히 주목해야 할 바는 생성론 안에 신격神格[9]을 등장

---

8) 『노자』 2장 '生而不有'에 대한 해석은 일반적으로 '도道'를 주어로 보는 입장이지만, 하상공주는 '元氣生萬物而不有'라는 식으로 '원기'를 주어로 제시하고 있다. 이것은 하상공주가 기일원론적 사유의 영향을 강하게 받고 있음을 보여주는 좋은 사례이다.
9) 신으로서의 존재·자격 또는 신의 존재를 가리킨다.

시키는 사례가 나타난다는 점이다. 이것은 천지 우주의 시작을 신격과 연관 지어서 기술하고, 그 신격에 의해 이야기되는 내용이 도교의 교리가 되었다는 것이므로, 신학적 색채가 농후한 생성론이 되었다. 게다가 수많은 도교 경전에서 여러 가지로 설파되고 있어 복잡하기 그지없다. 여기서는 육조시대 후반기에 성립되었다고 추정되는 『동현영보자연구천생신장경洞玄靈寶自然九天生神章經』[10]에 보이는 생성론을 사례로 들어보자.

『동현영보자연구천생신장경』에 따르면 삼원三元〔혼동태무원混同太無元·적혼태무원赤混太無元·명적현통원冥寂玄通元〕의 기로부터 각각 삼보三寶〔천보군天寶君·영보군靈寶君·신보군神寶君〕의 신격이 화생化生[11]하였다. 천보군은 대동大洞〔=동진洞眞〕의 존신尊神, 영보군은 동현洞玄의 존신, 신보군은 동신洞神의 존신으로, 삼청三淸〔옥청玉淸·상청上淸·태청太淸〕의 궁전에 다스리고서, 삼동三洞〔동진·동현·동신〕의 교주가 되었다. 삼원의 기도 삼보의 신격도 셋으로 나뉘는 형태를 취하는데, 원래는 하나였으나 '나뉘어 현玄·원元·시始의 삼기三炁가 되었던' 것으로, 이 삼기三炁〔'炁'는

---

10) 간략하게 『구천생신경九天生神經』 『생신장生神章』 또는 『생신경生神經』이라고 한다.
11) 불교의 사생四生의 하나로 달리 그 무엇에 의존하지 않고서 스스로 문득 출생한다는 뜻이다.

'氣'와 같다)가 다시 각각 셋으로 갈라져 '구기九炁'가 된다. 그런데 이 '삼기三炁'로부터 천지가 갈라지고, '구기九炁'가 정돈됨으로써 일월성신日月星辰이 생겨나고 만물의 생성이 시작되었다고 하는 것이다. 『동현영보자연구천생신장경』에는 '삼기三炁' '구기九炁'와 불가분의 관계에 있는 삼천三天〔청미천淸微天·우여천禹餘天·태적천太赤天〕, 구천九天〔울단무량천鬱單無量天·상상선선무량수천上上禪善無量壽天·범감수연천梵監須延天·적연두술천寂然兜術天·파라니밀불교락천波羅尼蜜不驕樂天·동원화응성천洞元化應聲天·영화범보천靈化梵輔天·고허청명천高虛淸明天·무상무결무애천無想無結無愛天〕의 명칭도 보인다.

이처럼 『동현영보자연구천생신장경』에서는 근원적 일기一氣의 상태로부터 시작하여, '삼기三炁'→'구기九炁'의 과정을 거쳐 천지 만물이 생겨났다고 하는 생성론을 설파하는 동시에 그 가운데 삼보三寶라는 신격이 편입되어있다. 신격이 등장한다는 점에서 이것은 『노자』 『회남자』 이후 전통적 생성론과는 전혀 다른 새로운 형태의 생성론이다.

하지만 그러한 신격은 스스로가 중심이 되어 천지 만물을 창조하는 권능을 지닌 것 같은 존재가 아니라는 사실에 주목해야만 할 것이다. 도교의 신격은 우주 생성이라는 자연의 거대한 움직임 속에서 그 자신이 '기'로부터 화생化生했던 존재로, 다시 말하면 '기' 자체라고 할 수 있다. 이러한 성격은 다음의 5강에서 다루게 될 원시천존元始天尊이라는 신격에 대해서도 전적으로 마찬가지라고 해야 하겠다. 신은 '자연의 기'[원기] 그 자체라고 보는 사고방식은 도교 사상, 나아가서는 중국 종교 사상 전체를 일관하는 중요한 특질로서 간과해서는 안 된다.

이상에서 살펴본 『동현영보자연구천생신장경』의 생성론은 이것을 토대로 해서 좀 더 정리된 형태의 생성론 유형이 『도문경법상승차서道門經法相承次序』[당 고종과 도사 반사정潘師正 사이의 문답을 기록한 문헌] 권상卷上이나 『운급칠첨』 권3 「도교삼동종원道教三洞宗元」에도 실려있다[〈도표 1〉 참조. 도표 가운데 삼원三元과 삼천三天의 표기는 『동현영보자연구천생신장경』에 따른다].

〈도표 1〉

삼원三元	혼동태무원 混同太無元	적혼태무원 赤混太無元	명적현통원 冥寂玄通元
삼보三寶	천보군天寶君	영보군靈寶君	신보군神寶君
삼청三清	옥청玉清	상청上清	태청太清
삼천三天	청미천清微天	우여천禹餘天	태적천太赤天
삼기三氣	시기始氣	원기元氣	현기玄氣
삼색三色	청青	백白	황黃
삼동三洞	동진洞眞	동현洞玄	동신洞神
삼승三乘	대승大乘	중승中乘	소승小乘

1강에서 언급했듯이 삼동三洞은 그것을 보좌하는 사보四輔와 합쳐서 도교 경전 분류법으로 오랫동안 쓰여왔던 관계로 이러한 생성론은 도교 교리학의 기본적인 틀과 관련되는 것으로 중요한 의의를 지닌다고 하겠다.

3. 천계설

인간은 하늘과 땅 사이에 살고 있다. 본래 '천天'이라는 말은 단지 우리 머리 위 상공에 펼쳐진 커다란 공간이라는 의미를 넘어서서, 인간 세계를 지배하는 지상신至上神이라는 인격신적 의미에서부터, 자연계의 법칙이나 자연의 섭리와 같은 철학적·추상적 의미에 이르기까지 폭넓은 내용을 내포하고 있다. '도'와 '기'와 더불어 중국 사상을 파악하는 키워드 중의 하나라고 말할 수 있는데, 그렇다면 도교의 세계에서 '천'의 세계는 어떤 모습을 하고 있었던 것일까?

도교에 있어서 '천'의 세계, 곧 천상계는 신들이 사는 장소인 동시에 또한 인간이 그 득도得道의 정도에 따라서 도달할 수도 있는 이상의 경지이기도 하였다. 그러나 도교 경전에는 갖가지 천계설天界說이 등장하고 있어, 좀

처럼 통일이 되지 않은 상태이다. 앞서 논의했던 삼천三天·구천九天은 생성론 속에 나온 것이기는 하지만, 그 밖에도 방위 관념과 결부된 평면적 천계설인 오천五天(동서남북 사방과 중앙)과 십천十天(상하와 사방 및 동북·동남·서남·서북의 사유四維[12]), 32천(사방에 각각 8천을 배열한 것) 등이 있었다. 더욱이 거기에다가 하늘이 첩첩이 겹쌓여있다고 생각했던 불교의 '3계 28천설'[13]의 영향을 받았던 관계로 육조 후반기 도교의 천계설은 매우 복잡한 양상을 보여주고 있었다. 그러한 와중에서 당대 초기에 이르러 최종적으로 대략 완성된 형태의 천계설로 정착했던 것이 '36천설'이었다.

'36천설'의 개요를 앞서 인용했던 『도문경법상승차서』 권상에 근거해서 기술해보면 다음과 같다(『운급칠첨』 권3 「도교삼동종원」에도 동일한 내용의 문장이 실려있다).

천계는 36천이 겹쌓여있는 구조로 되어있다. 크게는 삼계三界 안에 있는 28천과 그 바깥(상부)에 있는 8천으로 나뉜다. 3계 28천 가운데 가장 아래쪽 6천은 욕계欲

---

12) 네 개의 구석을 뜻하는데, 건乾(서북)·곤坤(서남)·간艮(동북)·손巽(동남)을 가리킨다.
13) 불교에서는 천상계에 욕계천欲界天·색계천色界天·무색계천無色界天이 있고, 욕계천은 육천六天, 색계천은 십팔천十八天, 무색계천은 사천四天으로 되어있다고 믿었다.

界, 다음의 18천은 색계色界, 다음의 4천은 무색계無色界
이다. 3계 28천에 사는 이들은 수명은 끝없이 길고, 아
름다운 구슬과 옥돌로 둘러싸여 있지만, 생사를 벗어나
지는 못한다. 무색계의 바로 위쪽에는 4천이 있는데, 종
민천種民天[14]이라는 이름〔별명은 성제자천聖弟子天·사범천四
梵天〕으로 그곳에는 생사도 없고 삼재三災〔화재·수재·도
병재刀兵災〕[15]도 미치지 않는다. 종민천의 위쪽에는 삼
경三境〔태청경太淸境·상청경上淸境·옥청경玉淸境〕이 있는데,
이곳은 삼천〔대적천大赤天·우여천禹餘天·청미천淸微天〕 또
는 삼청천三淸川으로도 불린다. 태청경에는 구선九仙, 상
청경에는 구진九眞, 옥청경에는 구성九聖의 위位가 있고,
삼경을 통틀어 모두 27위位가 있다. 삼경의 위쪽, 곧 36
천의 최상층부에는 대라천大羅天이 있고, 과거·현재·미
래 삼세三世의 천존天尊이 자리 잡고 있다. 천존은 36천
모두를 통괄하고 있다.

이상에서 36천설의 개요를 정리해보았다. 육조시대

---

14) 도교에서 도사나 신자 중에서 선행을 쌓고 수행에 힘쓴 결과 신들에게서 불로장
생을 보장받게 된 선민選民을 종민種民이라고 한다. 흔히 '진군眞君의 종민'이라고도 일
컬어진다.
15) 전쟁에 나아가 상해를 입는 '도병재' 대신에 바람으로 인한 재해인 '풍재風災'를 넣
기도 한다.

〈도표 2〉

	36	대라천大羅天		
	35	청미천淸微天(『옥청경玉淸境』)	삼三	
	34	우여천禹餘天(『상청경上淸境』)	청淸	
	33	대적천大赤天(『태청경太淸境』)	천天	
북北 방方 오五 기氣 현玄 천天	32	태극평육가혁천太極平育賈奕天	사四 종種 민民 천天	
	31	용변범도천龍變梵度天		
	30	태석옥륭등승천太釋玉隆騰勝天		
	29	태허무상상융천太虛無上常融天		
	28	태소수락금상천太素秀樂禁上天	무無 색色 계界	
	27	태문한총묘성천太文翰寵妙成天		
	26	연통원동천淵通元洞天		
	25	호정소도천晧庭宵度天		
서西 방方 칠七 기氣 소素 천天	24	무극담서천無極曡誓天	색色	삼三 계界
	23	상설완락천上揲阮樂天		
	22	무사강유천无思江由天		
	21	태황옹중부용천太黃翁重浮容天		
	20	시황효망천始黃孝芒天		
	19	현정극풍천顯定極風天		
	18	태안황애천太安皇崖天		
	17	원애공승천元載孔昇天		
남南 방方 삼三 기氣 단丹 천天	16	태환극요천太煥極瑤天	계界	
	15	현명공경천玄明恭慶天		
	14	관명단정천觀明端靜天		
	13	허명당요천虛明堂曜天		
	12	축락황가천竺落皇笳天		
	11	요명종표천耀明宗飄天		
	10	현명공화천玄明恭華天		
	9	적명화양천赤明和陽天		
동東 방方 구九 기氣 청靑 천天	8	태극몽예천太極濛翳天	욕欲 계界	
	7	허무월형천虛无越衡天		
	6	상명칠요마이천上明七曜摩夷天		
	5	원명문거천元明文擧天		
	4	현태평육천玄胎平育天		
	3	청명하동천淸明何童天		
	2	태명옥완천太明玉完天		
	1	태황황증천太黃皇曾天		

『영보경』의 중심이었던 『도인경度人經』[16)에 대하여, 육조·당대의 네 명의 경사經師가 달았던 주석[17)에 근거하여, 대라천과 삼천(삼청천) 이외의 32천의 명칭까지를 포함해서 36천설의 내용을 도표로 정리해보면 앞의 〈도표 2〉와 같이 된다.

　36천설은 불교의 3계 28천설을 그 하층부에 포섭하고 있다. 방위 관념에 근거한 평면적 구조의 형태였던 32천이 중층 구조로 짜인 3계 28천 가운데 편입되었고, 그 위쪽에 사종민천과 삼천(삼청천)과 대라천을 배치한 형태의 천계설이 36천설이라 할 수 있다. 불교의 천계설보다도 천의 수효를 늘리고, 불교 유래의 천계 위쪽에 도교 독자의 천을 배치했던 것은 다분히 도교가 불교보다도 우위에 서고자 하는 의식의 발로라고 해야 할 것이다. 평면적과 중층적이라는, 본래 서로 다른 유래를 지녔던 천계설을 결합시켰던 일에 대해서는 우선 하늘은 나선형 모양으로 겹쌓이는 구조로 되어있다는 식의 설명이 이루어지고 있다. 한편으로 이와는 달리 양자는 본질적으로 서로

---

16) 본래 명칭은 『원시무량도인상품묘경元始無量度人上品妙經』으로 간략히 『도인경』이라 칭한다. 내용은 원시천존의 가르침을 기술하였는데, 후대에 '만법의 으뜸이요 모든 경전의 우두머리(萬法之宗 群經之首)'라고 일컬어졌다.

17) 남제南齊의 엄동嚴東, 당대의 이소미李少微·설유서薛幽棲·성현영成玄英을 가리킨다.

120

다르다는 설명이 제시되는 등 도교 내부에서도 여러 가지 의론이 이루어졌다. 그러나 어쨌든 이와 같은 천계설을 고안했다는 사실에서 육조시대 후반기 불교 교리를 수용하는 한편 교리 체계를 구축해갔던 당시 도교의 실상을 엿볼 수 있다고 하겠다.

4. 지상의 선경─동천의 세계

앞에서 보았듯이 도교의 36천설에서는 원시천존이 거주하는 최상층부 대라천의 바로 아래에 있는 삼경三境에, 구선·구진·구성의, 도합 스물일곱의 위位가 있고, 각각의 위位에 해당하는 선인·진인·성인들이 거주하는 것으로 되어있다. 신선들에 대해 상세히 등급을 매기고 위계에 따라 그들이 거주하는 장소가 결정된다는 사고방식은 육조시대 말기에서 당대 초기에 걸쳐 도교 신학이 정리됨에 따라 확립되었던 것이라 하겠다. 『도교의추道教義樞』 권1 「위업의位業義」에서도 수많은 도교 경전을 인용해서 시해선尸解仙·지선地仙[18]·천선天仙·비선飛仙 등이 각자에 해당하는 천天에 거주한다고 기술하고 있다.

---

18) '지상의 신선'이란 뜻으로 달리 지상선地上仙이라고 한다.

이같이 천상계가 신선이 사는 장소로 인식되어왔지만, 지상에도 마찬가지로 신선이 사는 별세계가 있다는 사고방식은 옛날부터 있어왔다. 3강에서 등장했던 '막고야藐姑射山'(『장자』 「소요유」편)이나 동해의 삼신산(봉래·방장·영주) 등지는 가장 잘 알려진 사례이다. 서왕모西王母가 거주한다는 곤륜산崑崙山, 그 서왕모에게서 한 무제가 들었던 이야기를 기록했다는 가상假想의 작품인 『해내십주기海內十洲記』(작자는 동방삭東方朔의 이름에 가탁하고 있지만 실제로는 위진시대 이후의 작품으로 추정된다)에 보이는 십주十洲(조주祖洲·영주瀛洲·현주玄洲·염주炎洲·장주長洲·원주元洲·유주流洲·생주生洲·봉린주鳳麟洲·취굴주聚窟洲) 등, 산속이나 바다 가운데 존재한다고 상상했던 선경仙境은 허다하게 존재하였다.

수많은 선경 가운데 가장 풍요한 상상력의 산물로 여겨지는 것은 동천洞天[19]의 세계이다. 동천이란 이름난 산의 동굴 속에 존재한다고 믿었던, 지선地仙이 사는 별천지를 가리킨다. 지선이란 천상계로 올라가지 못하고 지상에 계속 머무르는 선인仙人을 말하는 것으로, 『포박자』 「논선」편에 '최상의 도사는 육신이 그대로 하늘로 오르니

---

19) 본래는 '산과 내에 둘러싸여 있는 경치 좋은 곳'이라는 뜻임.

이를 천선天仙이라 한다. 중등의 도사는 명산에서 노니는데 이를 지선이라고 한다. 하위의 도사는 먼저 죽었다가 뒤에 (매미처럼 허물을 벗고) 탈바꿈하니 이를 시해선이라고 한다'라고 언급하는 대목이 보인다. 지선이라는 관념이 생겨난 것은 설령 천선이 되어 천상계에 올랐어도 천상계에는 이미 높은 지위의 신선들이 많았던 관계로 이제 겨우 신선이 된 경우는 지위도 낮아 무척 고생스럽고 고되다는 생각(『포박자』「대속」편에 실려있다)이 저변에 깔려 있었다.

그런데 지상에도 천계의 36천설에 상응하는 형태로 36곳의 동천이 있다고 되어있다. 36동천의 사고방식은 육조시대 중기 무렵부터 출현하였다. 동천에 관해서는『진고』중에 구체적 기술이 보이고 있다. 『진고』는 1강에서 언급했듯이 동진의 흥녕·태화 연간에 영매 양희라는 도사에게 강림했던 신선들이 계시했던 언어를 5세기 말엽 도홍경이 편찬했던 경전으로, 상청파 도교의 출발점이 되었던 중요한 문헌이라 하겠다.

『진고』「계신추稽神樞」편에는 36동천 가운데 하나로 모산茅山에 있다는 화양동천華陽洞天에 대해서 상세히 기재되어있다. 그에 따르면 화양동천의 내부는 특수한 광선에 의해 외계(현실 세계)와 동일한 정도의 밝기로, 초목·수택水澤[20]·비조飛鳥·풍운風雲 그 밖에 외계와 동일한 자연이 있다. 궁전과 관청이 있어서 많은 지선들이 선관仙官(선인 세계의 관료)이 되거나, 도를 배우거나 하면서 지내는데, 이 전체가 동해청동군東海靑童君을 정점으로 하는 상위의 신선(진인眞人)들의 통솔하에 놓여있다. 흥미 깊게도 화양동천은 임옥산林屋山과 태산, 아미산峨眉山, 나부산羅浮山 등 멀리 떨어진 명산들의 동천과도 땅속에 맞뚫린 길에 의해 통해 있고, 동천들끼리는 상호 간에 왕래할 수 있게 되어있다고 생각하였다. 요컨대 동천의 안쪽에, 외계와는 아주 다른 별세계가 존재하였고, 게다가 그곳은 지상의 재액과도 전혀 무연한 세계로 간주되었던 것이다.

산속 깊은 곳에 외계와는 단절된 이상적인 이향異鄕[21]이 존재한다는 발상은 도연명陶淵明「도화원기桃花源記」에 묘사되어있는, 이른바 도원향桃園鄕[22]의 이야기와 맥을 같이 한다. 어느 쪽이나 마찬가지로 육조시대 중기에

---

20) 물이 고여있는 못이나 진펄.
21) 고향에서 멀리 떨어진 낯선 고장.
22) '무릉도원武陵桃源'과 같은 말로 '신선이 살았다는, 복숭아꽃이 아름답게 핀 고장'이라는 뜻에서 흔히 속세를 떠난 별천지를 가리킨다.

출현하였으며, 『수신기搜神記』를 비롯한 육조 지괴소설志怪小說[23]로 분류되는 몇몇 유사한 설화와 함께, 양자 사이에는 깊은 연관이 있는 것으로 추정된다.

동천의 관념도 마찬가지로 온갖 재액을 피할 수 있는 장소로 여겨졌던 복지福地의 관념과 결합하여 이윽고 동천복지洞天福地로 불리게 되었고, 도교의 영지靈地 또는 도사가 수행하는 장소로 인식되게 되었다. 이러한 동천복지를 정리한 서적으로는 당대의 사마승정이 지었던 『천지궁부도天地宮府圖』를 들 수 있겠다. 이 책에는 십대十大 동천·36소동천小洞天·72복지 등이 분류·정리되어 있어 각각의 명칭과 소재지 그 땅을 통괄하는 진인의 이름 등이 자세히 기재되어있다.

5. 귀의 세계

이상에서 도교의 천계설과 지상에 존재하는 선경 등에 대해 이야기해왔지만, 한편으로 귀신의 세계는 어떻게 인식되어왔던 것일까?

귀신이란 죽은 사람의 영혼을 가리키는데, 때로는 천

---

23) 위·진·육조시대에 유행했던, 기괴한 일들을 적어놓은 소설.

지산천의 정령 따위를 포함하는 경우도 있다. 불로불사의 신선이 되는 것을 이상으로 삼았던 도교에 있어 귀신은 그러한 이상을 이루지 못했던 경우라 하겠는데, 현실에서는 그 누구라도 죽음을 면할 수 없었음은 말할 필요도 없다. 1강에서 언급했듯이, 후한 말에 일어났던 오두미도는 '귀도鬼道'라고 하였으며, 그 신자들은 귀졸鬼卒·귀민鬼民·귀리鬼吏 등으로 불렸다. 이것은 도교가 그 성립 초기 단계부터 오히려 귀신 관념과 깊은 연관성이 있었음을 짐작하게 한다.

이러한 귀신의 세계로서, 전한 말기에는 사자의 영혼은 태산에 집결한다는 관념이 성립하였다. 태산에는 명부冥府〔명계冥界[24]의 관청〕가 있어서, 지상과 마찬가지로 관료 조직이 있고, 명부의 장관인 태산부군泰山府君이 명리冥吏〔명계의 관리〕와 함께 일반적인 보통의 귀신들을 다스린다고 생각하였다. 이와 같은 태산 명부의 관념은 불교가 중국에 들어옴에 따라 불교의 지옥 관념과 결부되어, 사람은 사후에 태산지옥泰山地獄에 들어가서, 태산부군〔또는 염라왕閻羅王[25]〕에게서 살아생전의 죄과에 대해 심판을 받고서 명계에서의 자신의 처우가 정해진다고 믿게끔

24) '어두운 세계'라는 뜻으로 저승이나 지옥을 가리킨다.
25) 달리 '염라대왕' '염가노자閻家老子' '염마대왕閻魔大王'이라고 한다.

되었다.

도교에서의 귀신 관념은 이런 것들을 수용하면서 생겨났다. 다시금 『진고』를 근거 자료로 해서 육조시대 도교에 있어서 귀신 세계를 어떻게 인식했는가의 문제를 살펴보고자 한다. 『진고』 「계신추」편과 「천유미闡幽微」편에는 귀신 세계에 대해 다음과 같이 기술되어있다.

귀신은 계癸의 방각, 북해北海 가운데 있는 나풍산羅酆山(풍도酆都라고도 한다)에 모여있다. 나풍산에는 (귀신이 사는) 내외內外[26]의 육천궁六天宮이 있는데, 제1궁에는 '천하 귀신의 주인'인 북태제군北太帝君이 군림하고, 제2궁의 서명공西明公, 제3궁의 동명공東明公, 제4궁의 북두군北斗君, 제5궁의 남명공南明公, 제6궁의 북명공北明公을 거느리고 있다. 망자들은 보통은 곧바로 제1궁으로 가서 판결을 받지만, 급사한 자의 경우 제2궁, 현인과 성인은 제3궁으로 가서 심사를 받은 뒤에 제1궁으로 간다. 제4궁은 제1궁에서 내린 판결을 근거로 사후의 처우를 결정한다. 제5궁과 제6궁은 고책考責[27]을 담당하는

---

26) 『진고』의 설명에는 산 위와 산 아래 동천洞天에 각각 육궁六宮이 있다고 한다. 산 위에 외궁外宮이 있고 산 아래 동천에 내궁內宮이 있는데 구조는 동일하다고 한다.
27) '독책督責'과 같은 말로 '매우 엄하게 꾸짖다'라는 뜻이다.

부서이다.[28] 북태제군, 동서남북의 네 명공明公, 북두군北斗君의 아래로는 대소 다수의 관직(鬼官)이 설치되어있으며, 각각의 관직에는 과거 역사상의 인물들이 취임해 있다.

이상의 내용이 『진고』에 실려있는, 나풍산에 있다는 귀신 세계에 관한 개략적 내용이다. 여기에서도 태산명부와 마찬가지로 귀관鬼官 조직이 존재한다고 되어있다. 앞서 보았듯이 천상계 신선들 사이에도 위계가 촘촘히 규정되어있거니와, 지선의 세계에도 선관仙官이 존재하는 것으로 되어있다.[29] 신선 세계나 사자 세계 모두에 위계와 관료 조직이 있다는 발상은 현실 세계의 제도와 조직이 투영되었던 결과임은 두말할 나위도 없다 하겠다.

---

28) 제5궁은 '종령칠비천궁宗靈七非天宮', 제6궁은 '감사연완루천궁敢司連宛屢天宮'이라고 하는데, 『진고』에는 그 역할에 대해서는 분명한 설명이 되어있지 않다.
29) 『진고』 권5, 「견명수甄命授」편에는 선관의 지위에 대해 다음처럼 설명하고 있다. "곤륜산 위에는 아홉 곳의 관부官府가 있는데, 그것이 구궁이며, 태극이 태궁이다. 무릇 선인은 모두 구궁의 관료(마땅히 '僚'자로 써야 한다)이다. 진인의 경우에는 구궁의 공·경·대부이다. 선관은 상하가 있고 각각 서열이 있다(崑崙上有九府, 是為九宮, 太極為太宮也. 諸仙人俱是九宮之官遼[謂應作僚字]耳. 至於眞人, 乃九宮之公卿大夫. 仙官有上下, 各有次秩)."

6. 선계·인계·귀계 삼부 세계관

『진고』에 기록된 지선의 세계 및 귀신 세계는 그 전체가 더욱 거대한 종교적 세계관의 바탕이 되어있다. 『진고』에 보이는 종교적 세계관은 다음과 같은 내용이다.

무릇 천지 범위 내의 사리事理(사물 현상의 도리)는 가슴 속으로만 헤아려 짐작해서는 안 된다. 이러한 유계幽界〔눈에 보이지 않는 세계〕와 현계顯界〔눈에 보이는 세계〕는 모두 삼부三部로 이루어져 있고, 서로 관련이 되어있다. 상부는 선계仙界, 중부는 인계人界, 하부는 귀계鬼界이다, 인간 중에 착한 사람은 신선이 될 수 있고, 신선 중에 죄를 지은 자는 다시 인간이 된다. 인간 중에 악인은 다시 귀신이 되고, 귀신 중에 복덕이 있는 자는 다시 인간이 된다. 귀신은 인간을 본받아 따르고, 인간은 신선을 본받아 따라서 (삼부三部 세계를) 끊임없이 왕래한다. 삼부 세계는 모두 같은 것이다. 단지 눈에 보이는가 보이지 않는가 하는 근소한 차이가 있을 뿐이다.[30]

-『진고』 권16, 도홍경 주

---

30) "夫天地間事理, 乃不可限以胸臆而尋之. 此幽顯中都是有三部, 皆相關類也. 上則仙, 中則人, 下則鬼. 人善者得為仙, 仙之謫者更為人. 人惡者更為鬼, 鬼福者復為人. 鬼法人, 人法仙, 循還往來. 觸類相同. 正是隱顯小小之隔耳."

여기에서 세계는 선계仙界〔상부〕·인계人界〔중부〕·귀계鬼界〔하부〕의 삼부三部로 구성되었다는 사실, 각각의 세계에 거주하는 이들은 고정된 것이 아니라, 행위의 선악에 따라 상부 세계로 오르거나 하부 세계로 내려가며 끊임없이 왕래하는 것임을 기술하고 있다. 인간의 눈에 보이지 않는 것도 존재한다는 전제에서 수립된 환상적 세계관이라 하겠다.

『진고』에서는 이러한 선仙·인人·귀鬼 삼부 세계관의 틀 안에서 인계에서 선계로 오르거나 귀계에서 인계·선계로 옮기는 일이 어떻게 이루어지는가에 대해서도 또한 기술하고 있다. 인계에서 선계로 오르기 위한 방법으로 복기服氣·존사存思 같은 도술, 경전 송독, 안마·이발理髮·도인 등 일상적 건강법, 사기邪氣를 막는 방법 등등 세세한 데까지 언급하는데, 그중에서도 존사 수양법이 중시되고 있다.

한편으로 귀계에서 인계·선계로 이동이 가능한 존재는 지하주자地下主者 또는 지하귀수地下鬼帥로 불리는데, 귀신과 신선의 중간자적 존재로 시해선의 한 부류로 생각하였던 듯하다. 지하주자가 될 수 있는 자는 살아생전

충효·정렴貞廉[31]하거나 음덕陰德[32]을 쌓았던 사람 등으로 사후에 오랜 기간을 거쳐 선인이 될 수 있다고 생각하였다. 지하주자는 귀계에서 인계로 다시 태어나고, 그 후에 선계로 오르는 경우와 귀계에서 곧장 선계로 올라가는 경우 등이 있다고 생각했던 것 같다. 어느 경우에도 선계로 가기 위해서는 연형鍊形[33]의 도술을 배워 신체를 변화시키고, 새로운 육체를 만드는 것이 필요했는데, 새로운 육체를 만드는 장소로서는 남궁南宮〔朱火宮〕이라는 궁전을 별도로 고안해내었던 것이다.

이상에서 보듯이 이 세상에서 불로불사의 선인이 되지는 못하고서 사자가 되어 귀계에 들어간 경우라도 다시금 선인이 될 수 있다고 생각하고, 그 방법을 설파하였던 것은 도교 혹은 신선 사상의 새로운 전개라 하겠다. 선인이 되기 위한 방법에서도 『진고』는 갈홍의 『포박자』에서와 같은 금단제일주의金丹第一主義와는 입장을 달리하면서, 존사나 송경誦經 등 보통 사람들이 손쉽게 실천할 수 있는 항목이 중심이 되어있다. 그것은 선계로 가는 길을 더욱 많은 사람에게 열어주는 것이었다고 말할 수 있다.

---

31) 마음씨가 곧고 결백함.
32) 남이 모르게 도와주는 덕행.
33) '신체를 수련修鍊한다'라는 뜻임.

5강 신격神格과 구제 사상
- 자기 구제에서 타자 구제로

측천무후 제죄간除罪簡. 측천무후가 숭산嵩山 산문에 봉납한
기원문(『당의 여제 측천무후와 그 시대 특별전』도록, NHK, 1998년에서)

1. 도교에 있어서 구제

종교에 있어서 구제救濟가 중요한 문제라는 것은 두말할 필요가 없다. 구제라는 시점에서 보았을 때 도교는 어떠한 특징이 있는 것일까?

도교에 있어서 구제는 크게 나누어보면 신격이 등장하여 사람들의 고통을 구제한다는 형태의 것과 인간이 자력으로 이상적 상태에 도달하여 구제를 받는다는 형태의 그것으로 나누어볼 수 있다.

전자의 흐름으로는 우선 도교 교단의 시초라고 할 태평도와 오두미도를 들 수 있다. 이들 교단은 질병 치료를 통해 수많은 신자를 모았는데, 그때 민중이 도교에 기대했던 바는 우선은 건강한 신체와 안정된 삶이었으며, 그것을 가능케 해주는 평화로운 치세였다고 생각할 수 있다. 따라서 그와 같은 일들이 실현되는 것이 다름 아닌 구제이며, 이것은 지극히 현세적 성격의 구제였다고 하겠다. 태평도의 장각과의 관련성이 추정되는 『태평경』을 살펴보면, 구제에 대한 이러한 사고방식의 이면에는 하늘의 신이 지상에 '태평太平의 기'를 내리쬐어서 이윽고 태평 시대를 실현시킨다라는 관념이 존재했었음을 알게 해주는 것이다.

사람들의 고통을 구제해주는 신격의 존재는 초기 도교 경전에 갖가지 형태로 등장한다. 2강의 첫머리에서 언급한 바 있지만, 노자는 도교의 교조는 아니었지만, 일찍부터 신비화 혹은 신격화되고 있다. 그리고 이렇게 신비화·신격화된 노자는 도교 경전 속에서 지상의 인간들을 고통에서 구제하는 구세주로서 등장하게 된다. 후한 말기에 성립되었다고 추정되는 『노자변화경老子變化經』이 그 좋은 예이다. 또한 육조시대 중기에 성립되었던 『신주경神呪經』(『태상동연신주경太上洞淵神呪經』)에서는, 『노자』에서 설파되었던 도라는 개념이 그대로 신격화되어 등장, 지상의 종말적 혼란상이 머잖아 강림할 진군眞君에 의해 수습되리라는 믿음을 표명하고 있다.

뒤이어 육조시대에 불교 사상이 대대적으로 수용·제작되었던 『영보경』(영보파의 경전군)에서는 원시천존〔단순히 천존天尊으로 불리기도 한다〕이라는 신격이 등장하고, 지상에 살아있는 인간뿐만 아니라 이미 죽어서 명계에 있는 이들까지도 구제한다는 교의를 설파하였다. 원시천존은 수·당 시대 이후에 도교 최고신으로 정착하였다. 전진교에서도 원시천존, 태상도군太上道君〔영보천존靈寶天尊〕, 태상노군太上老君〔도덕천존道德天尊〕의 삼존三尊이 최고신으로서 자리매김하게 되었다. 태상도군은 '도'를 신격화한 존재, 태상노군은 노자를 신격화한 존재이다. 현재에도 도교 사원인 도관에서는 옥청원시천존玉淸元始天尊, 상청영보천존上淸靈寶天尊, 태청도덕천존太淸道德天尊이라는 삼청三淸의 존상尊像을 모시는 곳이 많은 편이라 하겠다.

한편으로 후자의 경우, 곧 인간이 자력으로 이상적 상태에 도달하여 구제를 받는다는 형태의 것으로는 이미 논의한 바 있는 갈홍『포박자』의 금단제일주의 신선 사상과『진고』의 선仙·인人·귀鬼 삼부 세계관에 근거한 선계에로의 상승이라는 사고방식이 있다. 금단을 만들어서 복용하거나, 존사의 도술이나 송경誦經 등의 선도 수행이나 덕행의 실천 등, 개인의 주체적 노력에 따라 불로불사의 육체를 지닌 신선이 되거나, 천계로 오르는 것이 이상적 상태로 간주되고, 그런 상태가 곧 구제를 받는 것으로 생각하였다. 3강에서 언급했듯이 신선에 대한 동경은 이른 시기에 나타나고 있다. 신선이 됨으로써 구제를 받는다는 사고방식은 오랜 역사적 연원을 지닌 것이라고 해야 하겠지만, 결국 초현실적이고 관념적이며, 아울러 자기 구제의 사상으로서 타자에게까지 확대되는 경우는 아니라고 하겠다.

육조시대 중기 이후로 불교 대승 사상을 도교가 수용하면서, 『영보경』 가운데에 명계의 사자까지도 포함한 모든 존재를 구제한다는 관념이 채택되었고, 이어서 그를 위한 갖가지 재법의례齋法儀禮가 정비되어감에 따라서 도교 구제 사상의 주류는 이런 쪽으로 점차 무게 추가 쏠리게 되었다. 그러나 한편으로 신선 사상과 결부되었던 자기 구제의 사상이 완전히 소멸되었던 것은 아니었고, 그 후에도 신체의 내면에 관심을 쏟는 내단內丹 등의 새로운 수양론을 구축해가게 되는 것이다.

2. 죄의 축적—『태평경』 승부承負[1]의 사상

신선 사상과 결부되었던 자기 구제의 사상과 방법에 관해서는 이제까지 이미 얼마간 논의해왔거니와, 다음의 6강에서도 상세히 다룰 예정이므로 여기서는 신격이 등장하여 사람들을 고통에서 구한다는 구제의 방법을 자료에 근거하여 검토해보고자 한다.

우선 『태평경』에 대하여 살펴보기로 하자. 『태평경』에

---

[1] 도교의 선악응보론善惡應報論에 관한 개념으로 과거 조상의 선행과 악행에 대한 응보를 그 후손에게 부담한다는 뜻이다. '죄업을 계승한다'라는 뜻의 이러한 개념이 불교에서 말하는 '업業'의 영향을 받았는지에 대해서는 논의가 분분하다.

기술되어있는 내용은 다방면에 걸쳐있지만, 구제 사상과 관련해서도 주목할 만한 내용을 담고 있다. 『태평경』에 있어서는 구제를 행하는 궁극적 목적은 지상에 '태평시대'를 실현키 위함이다. 그렇다면 '태평 시대'의 실현에 이르기까지의 과정을 어떻게 설명하고 있는지, 그 논리구조에 주목하면서 개요를 설명하면 다음과 같다.

　『태평경』에 따르면 아득한 과거 시대(상고上古)는 사람들이 '원기'를 지니고 순박하여서, 누구나 '진도眞道'를 알고서 자연히 장수를 얻는 것이 가능했던 이상적 시대였다. 자연계의 기는 조화가 이루어졌고, 위로는 임금에서 아래로는 만백성에 이르기까지 모든 인간이 '천심天心'과 '지의地意'에 따라 살아서, '아무 일을 하지 않아도 천하가 저절로 잘 다스려지는' 치세가 실현되고 있었다. 하지만 그 이후로 중고에서 하고下古[2]로 시대가 바뀜에 따라 '진도'가 상실되고 순박한 마음 또한 사라진 결과 사람들의 신체에는 '사기邪氣'가 늘어나 많은 사람이 요사夭死하고, 군신 간의 도의는 사라지고, 자연계의 기 또한 어지러워져 재액이 다발하게끔 되었다. 그리하여 현재 세상은 정

---

2) 상고上古라는 관념은 본래 한대에 유행했던 것으로, 『태평경』에서 '고'는 역사적인 시간을 가리키고, '하고'는 『태평경』의 작자가 살던 시대까지를 포함하는 것으로 보아야 한다.

정 불안·천재·흉작·전란 등등 갖가지 곤란에 휩싸이고, 사람들의 고통은 극에 달했다고 주장하는 것이다.

이같이 인간과 사회의 이상적 상태가 일찍이 상고 시대에는 있었다고 하면서 시간이 지남에 따라 하강과 쇠퇴 쪽으로 악화 일로로 치달았다고 생각하는 것은 중국 고대에 있어 역사 인식으로서 그렇게 드문 경우는 아니었다.『예기禮記』「예운禮運」편에 공자의 발언으로 실려있는, '천하가 모두를 위한 공공公共의 것이 되어 대도大道가 행해졌다[3]고 하는 '대동大同' 세상은 아득한 과거 시대의 일로 인식되고 있었다. 마찬가지로『장자』「대종사」편에는 천지자연의 기와 일체화된 이상적 존재가 '옛날의 진인眞人'으로 묘사되고, 마찬가지로「마제馬蹄」편에는 인류 역사 초창기에 있었던 '지덕지세至德之世'[4]나 '혁서씨赫胥氏[5]의 시대'처럼 낙원과도 같은 세상을 표현하고 있다.『태평경』에서는 이와 같은 하강과 쇠퇴의 현상을 자연계와 인체의 '기'의 변화〔원초의 순수하고 맑은 기로부터 혼탁하고 불순한 기로의 변화〕로서 파악하는 동시에 인간들의 죄와 결부시켜서 설명하고 있다는 점에서 특색이 있다고 하겠다.

---

3) '大道之行也, 天下爲公.'
4) '지극한 덕이 실현되고 있던 시대'라는 뜻임.
5) 상고 시대 제왕을 가리킨다.

인간들의 죄에 관해서 『태평경』에서는 특별히 법에 위배된 행위를 저지르지 않은 일반의 '범인凡人'에게도 다음과 같은 여섯 가지 큰 죄가 있다고 지적하고 있다〔『태평경』 권67, 합교 241~257쪽〕.

첫째, 자기 자신은 끝없이 도를 쌓고 있으면서도 그것을 타인에게 전하려 하지 않은 것.〔도의 독점〕

둘째, 자기 자신은 끝없이 덕을 품고 있으면서도 그것을 타인에게 가르치려 하지 않은 것.〔덕의 독점〕

셋째, 억만금의 재물을 쌓아놓고서도 그것을 곤궁한 사람들을 구제키 위해 쓰지 않은 것.〔재물의 독점〕

넷째, 충분한 능력이 있음에도 참된 도를 배우지 않는 것.

다섯째, 충분한 능력이 있는데도 훌륭한 덕을 수련하지 않는 것.

여섯째, 건강한 육신을 가졌으면서도 재물을 얻기 위해 노동하지 않는 것.

이상의 여섯 가지가 어째서 큰 죄인가 하면 이런 행위들은 천·지·중화中和의 삼기三氣의 마음에 상반하여 원수가 되기 때문이다. 천天의 기는 '도'〔모든 사람이 활력 넘치게 살아가는 것]를 원하고, 지地의 기는 '덕'[모든 사람을 양육하는 것]을 원하고, 중화의 기는 '인仁'[천지간의 재물이 모든 사람에게 골고루 유통되는 것]을 원하고 있다. 그러므로 이것에 반하는 행위는 삼기三氣의 노여움을 초래하는 큰 죄가 된다고 『태평경』은 주장하고 있다. 여기서는 2강에서 언급했던 『노자』의 '도와 덕'의 사상 및 '중화의 기'의 사고방식이 사회사상으로서 생명력을 부여받은 것이라 하겠다. 구제라는 시점에서 보자면 자기 구제에 관련된 사항 [넷째·다섯째·여섯째]과 타자 구제에 관련된 사항[첫째·둘째·셋째] 양쪽에 모두 걸쳐있는 셈이다. 그리고 『태평경』에서는 인간이 천·지·중화 삼기의 마음에 상반하여 일으키는 죄는 더할 나위 없이 크기 때문에, 한 사람 또는 한 세대로는 도저히 감당할 수 없게 되어 그다음 세대에게까지 계승된다고 주장하고 있다.[6]

앞 세대가 지은 죄가 다음 세대에게 계승되는 것을 『태평경』에서는 '승부承負'라고 일컫는다. 윗대 인간들의 죄가 해소되지 않은 채로 아랫대 사람들이 그것을 '계승하고', 윗대 인간들이 아랫대 사람들에게 죄를 '떠넘긴다'라

---

6) 『태평경』에서의 응보應報 이론은 현세에 있어서 인간 행위가 수명의 증감(현세), 사후에 있어서는 고락苦樂(후세), 후대에 있어서는 화복(승부설)이라는 세 가지 방향으로 작동한다고 알려져 있다.

는 의미이다. 이러한 승부에는 개인적 차원과 사회 전체 차원에 해당하는 것이 있을 수 있다. 개인적 차원의 승부란 조상의 죄과가 그 후손에게까지 미치는 경우이다. '선한 일을 많이 한 집안에는 반드시 기쁜 일이 있고, 악한 일을 많이 한 집안에는 반드시 재앙이 있다'(『역易』곤괘坤卦「문언전文言傳」)[7]라는 말이 보여주듯이, 중국에서 인과응보因果應報는 집안을 단위로 해서 나타난다고 보는 것이 일반적인 믿음이었다. 따라서 조상이 지은 죄과가 자손에게까지 미친다고 주장하는 것은 당연한 일이다.

『태평경』승부의 설에서 더욱 중요한 측면은 사회 전체 차원에서의 그것이라 하겠다. 왜냐하면 사회 전체의 승부는 천하의 치란과도 직접 연결되는 것으로서,『태평경』에서 구제를 행하는 목적인 '태평 시대'의 실현을 위해서는 사회 전체 차원에서의 승부를 해소하는 것이 불가결한 전제가 되기 때문이다.

---

7) 원문은 '적선지가 필유여경積善之家 必有餘慶 적불선지가 필유여앙積不善之家 必有餘殃'. 줄여서 '적선여경 적선여앙(積善餘慶, 積惡餘殃)'이라고도 한다.

3. '태평의 기운' 도래에 의한 구제

『태평경』에서는 천지개벽 이래 인간들이 저지른 죄가 겹쌓여, 사회 전체 차원에서의 죄의 총량은 윗대에서 아랫대로 눈덩이 굴리듯이 커져만 가서 이제는 '승부의 극'에 도달했다고 기술하고 있다. 자연재해와 정치적 혼란, 사람들 빈곤의 심각도가 극한에 달한 것은 그 때문으로, 하늘의 분노가 폭발하여 더 이상 제왕의 노력만으로는 수복이 불가능한 상태라고 주장하는 것이다.

그러나 『태평경』은 지금은 동시에 또한 '태평의 기운'이 머지않아 도래하게 될 때이기도 하다고 지적한다. 이것은 이해하기 어려운 논리이다. 인간들이 천지의 마음에 상반되는 행위를 계속 저질러왔고, 하늘의 노여움이 폭발하려는 즈음에 하늘은 어째서 인간 세상에 '태평의 기운'[8]을 내려줌으로써 태평 시대가 도래할 기회를 주려는 것일까?

그 이유로는 다음의 두 가지가 거론되고 있다. 첫째는 '승부의 극'에 이르러 폭발하는 하늘의 노여움은 선인·악인 가릴 것 없이 모두를 파멸시키고 말 것인데, 하늘은

---

8) 『태평경』 권92 등에서는 '통극상평기洞極上平氣', 곧 '우주의 극한까지 완전히 관통하는 최상의 태평한 기운'이라는 뜻으로 표현된다.

무고한 인간들까지 죽이는 것을 몹시 걱정한다(『태평경』
권92, 합교 370쪽)고 말하듯이, 하늘이 끝끝내 인간 세상을
내버리지는 않을 것이라는, 하늘에 대한 절대적인 신뢰
감이 『태평경』의 저변에 깔려있기 때문이다.

또 다른 하나는 '태평의 기운'의 도래라는 믿음의 배후
에는 자연과학적·천문역법적 순환의 사상이 자리하고 있
다고 생각된다. 춘하추동 사계절의 변화에서 보이듯이
자연계의 기는 순환 운동을 반복하고 있고, 천지 우주 전
체도 거대한 주기로 순환 운동을 하고 있다. 『태평경』에
따르면 천지개벽 무렵에 충만해 있던, 이상적인 평형 상
태의 기라고 할 '상원上元의 영기靈氣'[9](『태평경』 권36, 합교
48쪽)는 시대가 내려감에 따라 차츰 고갈되었지만, 지금
천지 우주는 거대한 하나의 주기가 종료되고 기점으로
되돌아가 다시금 재생하려 하고 있다. 하지만 재생하기
직전에 암흑의 카오스 상태를 뚫고 나오지 않으면 안 되
는 것이다. 지금의 종말적인 대혼란 상태는 바로 그 시점
에 해당하는데, 머지않아 원초의 이상적인 상태의 기가
우주를 뒤덮게 된다는 것이다. 『태평경』에서 '승부의 극'
에 해당하는 지금의 시기가 또한 동시에 '태평의 기운'이

9) '최상의 신령스러운 기'라는 뜻으로 '원기'와 같은 말이다.

도래할 시기라고 설파되고 있는 것은 이상에서 논의한 것과 같은 사고방식과 관련된 것으로 생각할 수 있겠다.

그러나 『태평경』에서 자연의 주기적 순환 운동으로서 '태평의 기운'의 도래가 그대로 곧장 '태평 시대'의 실현으로 이어진다고 말하고 있지는 않다. '태평 시대'를 실현키 위해서는 우선 '태평의 기운'과는 이질적인 부조화의 기운을 지상에서 제거하지 않으면 안 된다는 것이다. 그러기 위해서는 백성의 원한을 풀어줄 것, 형벌을 남용하지 않을 것, 백성의 의견을 듣기 위해 투서함 같은 것을 설치하는 일 등이 필요하고, 그와 같은 일을 행함으로써 인간계의 기가 막힘없이 소통되게끔 하고, 자연계의 기도 소통이 잘 되게 해야 결과적으로 '태평의 기운'이 순조롭게 도래하여 '태평 시대'가 실현된다고 주장하고 있다.

이상이 『태평경』에서 설파되었던 구제 사상의 개요라 하겠다. 구제의 주체인 신격으로는 '하늘'〔천신天神〕을 상정하고 있는데, 하늘이 직접 지상에 출현하는 것이 아니라 하늘의 의지를 전하기 위해 천사天師가 지상에 파견된다는 형식을 취하게 된다. 이윽고 천사는 진인眞人에게 그것을 전하고, 진인은 다시금 그것을 유덕한 군주에게 전한다는 방식으로 되어있다. 이상적인 세상으로 알려진 '태평 시대'의 내용에 관해서는 7강에서 다시 한번 다룰 생각이므로, 구제 사상에 대해서만 주목할 경우에 그 주된 특징으로서 구제의 논리 구조 가운데 '기'의 관념이 지극히 중요한 의미를 지닌다는 점, 그리고 인류의 죄라는 것이 명백히 인식되면서 그것이 구제와 밀접한 관련을 맺고 있다는 점 따위를 지적할 수 있을 것이다.

4. 구세주로서의 노자—『노자변화경』

사마천이 『사기』「노자전」을 썼을 당시에는 노자라는 인물은 이미 모호하기 그지없고 도무지 정체를 알 길이 없게 되었다는 사실을 앞서 언급한 바 있는데, 그 후에도 노자의 신비화·신격화는 계속 진행되었다. 후한 시대 왕충王充[10]이 저술한『논형論衡』「허도虛道」편에 따르면, 그가 살았던 시대에는 노자가 정기를 길러서 백 살이 넘게 장수하였고, '도세度世하여 진인이 되었다'라는 설이 있었다고 소개하고 있다. 또한 후한의 환제桓帝(재위 146~167)는 '궁중에 황로와

---

10) 27~104. 후한의 문인·사상가. 지금의 절강성인 회계會稽 상우上虞 출신으로 자는 중임仲任. 청년 시절 낙양의 태학에 유학하여 반고班固의 부친인 반표班彪에게 사사하였다. 관운이 없어서 일찍 퇴관하여 저술에 힘썼다. 비합리적 참위설이나 공자·맹자의 유가 사상을 신랄하게 비판하는 등 합리적이고 자유주의적 학풍을 추구했으며 저서로는 『논형』이 있다. 노자의 불로불사설에 대해서도 비판적으로 부정하는 입장을 취했다.

부도浮屠를 위해 사당을 세웠다'라는 기록이 있다(『후한서』「양해전」). 2세기 중반 무렵에 노자는 황제黃帝와 더불어 '황로黃老'로 일컬어졌고, '부도'〔범어梵語로 '진리를 깨달은 사람'을 뜻하는 'buddha'를 한자로 음역한 말로 달리 '부도浮圖'라고 하였고 후에 불타佛陀로 바뀌었다〕와 함께 궁중에서 제사의 대상으로 받들게 되었던 것이다.

환제라는 이 군주는 신선을 좋아하여, 연희延熹 8년 (165)에는 두 차례에 걸쳐 노자의 고향으로 알려진 진국 陳國[11] 고현苦縣에 관리를 파견해 사당〔노자묘老子廟〕에서 노자에게 제사를 올리도록 하였다. 그 당시에 진국의 상 相〔대신〕이었던 변소邊韶라는 문인이 환제의 명을 받아서 썼던 「노자명老子銘」이라는 문장이 남아 전하고 있다〔『예석隸釋』[12]〕. 이 문장에는 노자가 우주를 생성한 근원의 기와 일체화된 존재로서 천체 운행까지도 관장하는 초월자인 동시에 아득한 상고 시대부터 여러 대에 걸쳐 제왕들의 스승으로 지상에 몇 번이고 다시 환생했다고 생각하는 사람들이 존재했다는 사실을 기술하고 있다. 일부에 국한된 것이지만 노자를 초월자로서 세속의 세계에 관여

11) 일설에는 노자의 고향이 진국陳國의 상읍相邑이라는 곳으로 되어있다.
12) 송대宋代의 홍괄洪适의 저술로 한漢·위魏·진晉 시대의 석각 문자를 집록하여 고 증·해석하였다.

하고, 간접적으로 지상의 인간들을 구제하는 존재로 믿고 있었다는 사실을 알 수 있게끔 해준다.

노자가 명백히 종교적 구세주로서 모습을 드러낸 것은 『노자변화경老子變化經』에서다. 『노자변화경』〔도장에는 수록되어있지 않고, 둔황 사본에만 남아 전한다. 스타인 2295〕은 후한 시대 말경에 성립된 것으로 추정되는데, 전란이 계속되는 통에 사회 불안이 점증하던 시세를 반영하는 듯한 긴박한 내용으로 이루어져 있다.

『노자변화경』에서는 「노자명」과 마찬가지로 노자는 우주의 시작과 함께 존재했던 변환이 자재한 초월자라는 사실, 복희·신농이 다스리던 아득한 옛날부터 역대 제왕의 스승으로 이름을 바꾸어 몇 차례나 환생했다는 사실을 기술하였는데, 그러한 환생은 후한 시대 후기로 접어들면서 더욱 빈번해졌다고 실제의 연호까지 명기하며 상세하게 기술되어있다. 경문經文의 마지막 대목에 이르러 노자 자신이 인간들을 향해서 다음과 같이 계시하고 있는 것이다. 문장 가운데 '아我'와 '오吾'라는 것은 노자 자신을 가리킨다.

밤낮으로 오랫동안 나를 생각하면 나는 소홀히 다루지

않겠노라〔너희를 마구 다루지 않는다〕. 꿈속에서도〔미몽昧夢〕 나를 믿는다면 내 스스로 분명히 응답하겠노라. 나는 관한官漢〔한 왕조의 관리들〕을 발동하여, 나 자신을 바꾸겠노라. 어리석은 이는 기뻐서 뛰고, 지혜로운 이는 가르침을 받을 것이다. 천지는 멸망하고 나는 스스로 운을 바꿀 것이다〔천지의 운수를 변화시킨다〕. 바로 그때를 당하여 양민良民을 선별하겠노라. (중략) 내가 있는 곳을 알고자 한다면 오천문五千文〔『노자』〕을 만 번 이상 소리 내어 읽고, 죄를 고백해 자신을 알고서, 서둘러 내게 와서 참배하거라.[13]

노자는 여기에서 오직 자신만을 생각하고 그리워하는 인간들을 구제하겠노라고 선언하고 있다. 지금 시대는 천지가 멸망하는 위기적 상황을 맞이하고 있는데, 노자 자신이 천지의 운수를 바꾸고서, 자신을 믿는 이들을 양민으로 가려 뽑아서 구제하겠다는 것이다. 그래서 구제를 받기 위해서는 『노자』를 반복해서 소리 내어 읽고, 자신의 죄를 고백하고서 자신이 있는 곳으로 오라고 계시

---

13) "畫夜念我, 吾不忽云. 昧夢想吾, 我自見信. 吾發動官漢, 令自易身. 愚者踊躍, 智者受訓. 天地事絶, 吾自移運. 當世之時, 簡澤良民. (中略) 欲知吾處, 讀五千文(誦)過萬遍, 首自知身, 急來詣我."

하는 것이다. 여기서는 명백히 노자가 종교적 구세주로서 신격화되고 있고, 그의 가르침을 기록한 『노자』는 신자들이 봉독해야 할 책으로 성전화聖典化되었던 것이다. 이러한 『노자변화경』의 성립되는 배후에 어떠한 조직이 있었는지 자세한 사정은 알 길이 없지만, 종말적인 난세의 혼란함 속에서 『노자』를 송독하며 그의 가르침을 따르고, 죄를 참회함으로써 노자에 의해 구제받기를 원했던 일군의 무리가 존재했었음을 알 수 있게 한다.

5. '도'에 의한 구제—『신주경』

노자가 설했던 사상의 중심 개념 '도'라는 말이 그대로 구원자로 등장하는 것은 『신주경神呪經』[14]의 경우이다. 현전하는 『신주경』은 총 20권으로, 그 가운데 전반부 10권은 5세기 초 무렵 동진 말기에서 유송劉宋 시대에 걸쳐 성립했던 것으로 추정된다. 전반부 열 권은 모두 '도가 말하기를'〔도언道言〕이라는 어구로 시작하는 짧은 장으로 이루어져, '도'라는 신격이 발하는 언어라는 식의 설정이 이루어졌다. 그 전체적 내용의 대략은 다음과 같다.

---

14) 본래 명칭은 『태상동연신주경太上洞淵神呪經』이다.

지금 세상은 전쟁과 질병으로 종말적 혼란의 양상을 보이고 있다. 어느 해에 어떤 재액災厄이 닥치는가는 간지干支에 의해 이미 정해져 있는데, 머지않아 겁운劫運〔겁劫의 순환에 의해 종말적인 대재앙이 일어나는 것〕의 시기가 도래해 삼재가 세상을 덮치고, 인간들이 멸종하고 말 위험성이 있다. 도는 인간들을 가련히 여겨, 삼동법사三洞法師[15]를 파견해 삼동경三洞經을 세상에 널리 퍼뜨리게 하였다. 삼동경을 받들어서 정성껏 읽으며 귀鬼〔악기惡氣〕의 이름을 큰소리로 외치면 귀신을 물리치고 병을 치료할 수 있게 된다. 겁운의 시기가 도래하면 천지가 재생하고 진군眞君이 출현케 되는데, 바로 그때에 종말의 세상에서 살아남아 진군을 뵐 수 있는 이들은 삼동경을 읽으며 믿고 받들었던 사람들뿐일 것이다.

『신주경』에서는 이처럼 최고신 '도'가 삼동법사를 지상에 파견하여 인간들을 구제한다는 형식을 취하고 있고, 삼동경을 읽으며 믿고 받듦으로써 인간들은 구제를 받는다고 되어있다. 삼동경이란 여기서는『신주경』을 포함한 도교 경전을 통틀어 일컫는 것이며, 삼동법사는 도교의

15) 달리 '동악청제진인東岳青帝眞人' 또는 '승현선생升玄先生'으로도 불린다.

포교사布教師 정도의 의미로 쓰이고 있다. 귀[악기]를 물리치고 병을 치료한다는 대목에 이르러서는 민간종교적인 색채를 띠는 것이다.

이렇듯 『신주경』에서 보이는 구제의 생각과 『태평경』에서의 그것을 비교해보면 경전을 읽으며 믿고 받들면 공덕을 입을 것이라는 점과 진군이 출현해서 선택된 인간들만이 구제를 받을 것이라는 점 등, 『태평경』에서는 보이지 않았던 요소들이 새로이 들어갔음을 알 수 있게 한다. 그러나 구제가 행해지는 커다란 틀, 요컨대 종말적인 대혼란을 거쳐서 천지가 재생하고, 바로 그때에 구제가 이루어진다는 식의 사고방식은 『태평경』과 공통되는 바라고 하겠다. 천지가 재생할 때 『태평경』에서는 '태평의 기운'이 도래한다고 이야기하는 반면에 『신주경』에서는 '태평의 기운' 대신에 '도기道炁'[道氣]가 흥한다고 말하고 있다. 다음 문장을 예로 들어보기로 하자.

대진大晉 시대에 세상이 말세가 되려 하니 인민은 순박한 기풍이 없었다. 묘윤苗胤[유씨劉氏의 먼 자손]이 일어나 천하 인민을 통솔하였다. 먼저 막심한 고통이 있었으니, 윗사람은 욕심이 많았고 아랫사람은 내쫓겨버렸다. 그

러고 난 후에 더욱 번성하였으니, 강좌江左[16] 지역에서
번성하였다. 하늘의 신들과 지상의 인간들이 합집合集
하니, 도기道炁가 흥하였고, 천운이 바뀌어 새로운 겁劫
이 가까이 다가왔도다.[17]

'도기'가 흥한다는 것은 여기에서는 동진이 멸망하고
한漢 왕조의 혈통을 잇는 유씨劉氏에 의해 유송劉宋이 일
어난다는, 왕조 교체와 연관 지어 이야기가 된다라는 점
에서 『신주경』이 현실 정치와도 깊은 관련이 있음을 보
여주고 있다. 어쨌든 종말적인 대혼란을 겪고 나서 이상
적인 '기'가 도래함으로써 새로운 천지의 주기가 시작되
는 동시에 지상의 인간들이 구제를 받는다는 사고방식에
서는 『태평경』과 『신주경』이 궤를 같이하고 있다. 『노자
변화경』에서도 노자가 '운을 바꿀 것이다'〔천지의 운수를 변
화시키다〕라는 사실이 강조되고 있다. 구제의 주체인 최고
신은 천天·노자·도道로 각각 모양을 달리하지만, 천지의
새로운 주기의 출발과 지상의 인간 구제가 한 덩어리로
다루어진다는 점에서 도교 구제 사상의 커다란 특징을

---

16) '동진東晉'의 별칭.
17) "大晉之世, 世欲末時, 人民無淳. 苗胤生起, 統領天下人民. 先有多苦, 上僥下急. 然
後轉盛, 盛在 江左. 天人合集, 道炁興焉, 天運劫近."

보여준다고 할 수 있다.

6. 원시천존에 의한 구제—천지의 재생과 구제 사상

〔개겁도인설開劫度人說〕

  천지의 새로운 주기가 시작될 때 구제가 이루어진다는 생각은 원시천존의 경우에는 더욱 분명하게 나타나고 있다. 『수서隋書』「경적지經籍志」도경道經 서문에는 육조시대 도교의 교리와 역사의 개요가 실려있는데, 그 첫머리에 원시천존에 대해 다음과 같이 언급하고 있다.

  도경道經에 이르기를, 원시천존이 있는데 태원太元보다 앞서 태어났고, 천지자연의 기를 품부받아 평안·고요하며 장중·심원한 경지에 도달해있어 어느 누구도 그 본원을 알 수 없다고 한다. 도경이 천지의 윤괴淪壞〔붕괴〕와 겁수劫數〔劫運〕로 인한 종말을 설하는 바는 대체로 불경과 같은 것이다. 생각건대 원시천존의 몸은 영원히 존재하여 불멸한데, 천지가 처음으로 열릴 때마다 혹은 옥경玉京[18]의 위에 있거나, 혹은 궁상窮桑[19]의 들판에 있으면서 비도秘道를 전수하는데, 그것을 일컬어 '개겁도인開劫度人'이라고 한다. 그러나 그러한 개겁開劫은 한 번이 아닌 까닭에 연강延康·적명赤明·용한龍漢·개황開皇이 있었으니, 이것들은 모두 그 연호이다.[20]

-『수서』「경적지」

여기서는 우선 원시천존은 '태원보다 앞서 태어났고, 천지자연의 기를 품부받았던' 존재, 곧 우주가 시작되는 시점에서 자연의 근원적 '기'를 받아서 태어난 존재라고 하고 있다. 4강에서 언급했던 삼보三寶의 신격〔천보군·영보군·신보군〕과 마찬가지로 원시천존 또한 우주의 원초적 '기'와 연관 지어 설명된다는 점은 도교에서 신격을 자리매김하는 방법의 특징으로서 주목된다고 하겠다. 그리고 원시천존은 천지의 붕괴와 겁운의 종말을 초월하여 불변하는 존재라는 점, 천지가 붕괴하여 새로운 겁이 열

---

18) 곤륜산으로 도교에서는 원시천존이 거주한다고 믿고 있다.
19) 신화에 등장하는 소호금천씨少昊金天氏가 이 곳을 도읍으로 삼아 '궁상씨窮桑氏'로 불린다.
20) "道經者, 云有元始天尊, 生於太元之先, 稟自然之氣, 沖虛凝遠, 莫知其極. 所以說天地淪壞, 劫數終盡, 略與佛經同. 以為天尊之體, 常存不滅, 每至天地初開, 或在玉京之上, 或在窮桑之野, 授以祕道, 謂之開劫度人. 然其開劫非一度矣, 故有延康·赤明·龍漢·開皇, 是其年號."

릴 때 원시천존에 의한 구제가 행해진다는 사실을 기술하고 있다.

'개겁도인'[21]이란 새로운 겁劫이 열릴 때마다 인간들을 제도濟度한다라는 의미인데, 이런 식으로 명명된 원시천존이 행하는 구제는 '겁수劫數로 인한 종말'을 포함한다는 점에서 앞의 인용문에서도 지적하듯이 명백히 불교의 영향을 받았다고 하겠다. 불교에서 천지의 일생은 괴겁壞劫〔붕괴하고 있는 시기〕·공겁空劫〔공무空無의 상태가 지속되는 시기〕·성겁成劫〔생성되고 있는 시기〕·주겁住劫〔계속 존재하는 시기〕의 네 단계로 이루어지고, 이 순서로 변화를 영원히 반복한다고 여기고 있다. 이러한 사겁四劫의 한 주기를 일대겁一大劫이라 하는데, 일대겁이 종료되는 시점에 대삼재大三災[22]가 일어나고, 주겁의 한 시점에서 소삼재小三災[23]가 일어나는 것으로 믿고 있었다.

그런데 도교에서는 겁의 명칭을 연강延康·적명赤明·용한龍漢·개황開皇 등으로 달리 부르고 있다. 그리고 원시천존에 의해 구제가 행해지는 것은 『영보경』이 세상에

---

21) '개겁'의 설은 천지의 생성과 파괴의 순환적 재생설, '도인'의 설은 『영보경』과 같은 천서天書 출현으로 인한 구제설로 각각 나누어볼 수도 있다.
22) 화재·수재·풍재風災를 가리킨다.
23) 도병재刀兵災〔서로 흉기로 살해하는 것〕·질역재疾疫災〔역병이 유행하는 것〕·기근재饑饉災〔가뭄으로 인한 기근〕를 가리킨다.

출현해 사람들 앞에 공개되는 것과 동일한 일로 간주되고 있다. 4세기 말부터 5세기에 걸쳐서 다량으로 제작되었던 『영보경』은 진위가 마구 뒤섞여 혼란스러운 상태였는데, 그것을 정리하여 목록24)을 만들었던 인물이 바로 육수정陸修靜이었다. 1강에서 다루었듯이 육수정은 도교의 통합에 진력하였고, 그 이후의 도교 전개에 커다란 영향을 끼쳤던 도사였다. 육수정이 원가元嘉 14년(437)에 지었던 「영보경목靈寶經目序」(『운급칠첨』 권4)에서는 '영보의 글은 용한龍漢에서 비롯되었다'25), '연강延康의 장겁長劫은 혼돈하여 기약이 없었으니, 도는 이에 사라져 보이지 않고 보경寶經은 나타나지 않았다'26), '적명赤明이 겁운劫運을 새롭게 하니 영문靈文이 흥하였다'27)라는 어구가 보이는데, 용한과 적명의 시기에 '영보靈寶의 문'(『영보경』)이 세상에 나왔고, 연강의 시기에는 드러나지 않았다는 설명을 보태고는 것이다.

도교 경전 중에서도 『영보경』은 불교의 여러 요소를 가장 많이 흡수하여 제작되었다고 할 수 있다. 특히 불교의

---

24) 「영보경목靈寶經目」을 가리키는데, 육수정은 이 밖에도 최초의 도장 목록 『삼동경서목록三洞經書目錄』을 만들기도 하였다.
25) "夫靈寶之文, 始於龍漢."
26) "延康長劫, 混沌無期, 道之隱淪, 寶經不彰."
27) "赤明革運, 靈文興焉."

여러 사상 가운데 일체중생의 제도를 설하는 대승 사상을 『영보경』이 채택·수용하였던 것은 도교 역사에 새로운 전개를 가져다준 획기적인 사건이었다. 원시천존은 그러한 『영보경』의 교의를 설파하는 신격으로 받들어 모셔졌다.

7. 사자 구제의 사상과 의례

원시천존이 저승의 사자死者를 포함한 일체중생을 제도하는 행위에 대한 묘사는 『영보경』 속의 여러 군데에서 보이고 있다. 예를 들면 『태상영보제천내음자연옥자太上靈寶諸天內音自然玉字』에는 다음과 같은 대목이 실려있다.

원시천존 앞에 신들이 모여들었는데, 갑자기 온 천지가 어두컴컴해지다가 하늘의 허공에 오색의 밝은 빛이 나타났다. 원시천존은 그것은 하늘이 감응하여 상서로운 징조로 나타내는 '영서팔회靈書八會'라는 신비로운 문자라고 설명해주었다. '영서팔회'는 '비현자연지기飛玄自然之氣'가 응축했던 것으로, 위로는 제천諸天의 심원한 도를 밝히고, 가운데로는 자연의 기를 다스려서 선도仙道

를 배우는 이들을 제도하고, 아래로는 지옥의 망혼을 구원해주는 힘을 지니고 있었다. 그 자리에 모인 신들은 모두 다 입을 모아 원시천존에 의한 '대승지화大乘之化'를 찬양하였다.[28]

여기서 볼 수 있듯이 실제로 일체중생을 제도하는 힘을 지니는 것은 하늘이 보이는 상서로운 징조로 자연 속에 출현했던 '기'의 응집이며, 원시천존은 그것이 의미하는 바를 이해·설명해주는 역할을 맡아 구제에 관여하고 있다. 하늘의 의지가 부서符瑞[29]의 형태를 빌어 신비로운 문자나 기호로 나타나고, 성인은 그러한 계시에 따라 행동한다는 패턴은 중국의 전통적 사고방식이다. 황하에서 나온 용마의 등과 낙수에서 나온 거북의 등에 쓰여있었다는 하도낙서河圖洛書의 사례는 잘 알려져 있다(『역』「계사

---

28) 본문이 그 내용을 축약했던 원문을 제시하면 다음과 같다.
"元始天尊時與五老上帝, 十方大聖衆, 無極至眞諸君丈人, 同於赤明世界栢陵舍, 坐香林園之中長桑之下. (中略) 俄頃之間, 天氣朗除, 冥腌豁消, 五色光明, 洞徹五方, 忽然有天書字方一丈, 自然而見空玄之上五色光中. 文采煥爛, 八角垂芒, 精光亂眼, 不可得看. 天尊普問四座大衆, 靈書八會, 字無正形, 其趣宛奧, 難可尋詳, 天既降應, 妙道宜明, 便可注筆, 解其正音, 使皇道既暢, 澤被十方. (中略) 天有飛玄自然之炁, 合和五音, 以成天中無量洞章, 上演諸天之玄奧, 讚大有之開明, 中理自然之炁, 普度學仙之人, 下度生死之命, 拔出長夜之魂, 元始妙法, 億劫長存, 其音既朗, 其道行焉. 大法開明, 諸天稱慶, 無極大聖衆至眞, 諸君丈人, 五老上帝, 十方尊神, 神仙玉女, 一時行香, 旋行三匝, 而作頌."
29) 미래의 길흉과 화복에 대해서 까다롭고 알기 힘들게 적어놓은 일종의 예언서.

전繫辭傳」상편에 '황하에서 하도가 나오고 낙수에서 낙서가 나오니
성인이 그것을 본받아 법칙으로 삼았다'[30]고 하였다). 원시천존에
의한 구제 사상 속에도 '천'과 '자연'에 대해 중요한 의미
를 부여하는 중국 종교 사상의 특질을 잘 엿볼 수 있다.

한편으로 동일한 『영보경』의 하나인 『동현영보장야지
부구유옥궤명진과洞玄靈寶長夜之府九幽玉匱明眞科』에는 원
시천존이 지옥의 망혼의 구제에 관여하는 행위에 대해
다음과 같이 묘사되어있다.

원시천존이 비천신인飛天神人들을 소집하여 『죄복연대
발도상품罪福緣對拔度上品』을 설했다. 경을 설할 때 즈음
하여 제천일월諸天日月과 성수星宿[31]가 밝게 빛을 발해
구지무극세계九地無極世界[32]와 장야지부長夜之府[33]를 환
하게 내리비추었다. 구유九幽[34]에 있던 장도長徒[35]의 아
귀餓鬼와 책역責役[36]의 망혼들이 온몸에 광명을 쬐고서
널리 명근命根을 보게 되었다. 이에 스스로 깨달아 일시

---

30) '河出圖, 洛出書, 聖人則之.'
31) 모든 별자리의 별들을 가리킨다.
32) '구지九地'는 '지하 깊은 곳'을 가리킨다. '지하 깊은 곳의 끝이 없는 세계'라는 뜻임.
33) '명부冥府'와 같은 말로 지옥을 가리킨다.
34) '가장 낮은 땅속'이라는 뜻으로, 죽은 뒤에 망혼이 돌아가는 곳을 일컫는다.
35) 옛날 형벌의 하나로 장기간의 노역형을 말한다.
36) '책벌責罰[저지른 죄에 대해 책임을 묻고 벌을 줌]'로 지옥에 갇혀있다는 뜻이다.

에 회심하여 모두들 행선行善을 생각하고 복문福門[37]으로 환거還居하기를 염원하니, 오고五苦에서 해탈하고, 삼도三途로부터 벗어나서, 숙신宿身의 죄근罪根이 풀리게 되니 지옥이 평안해졌다. [38]

-『동현영보장야지부구유옥궤명진과』

여기서는 원시천존이 『영보경』을 설할 적에 일월성수日月星宿가 발하는 빛이 지옥을 환하게 내리비추고, 이윽고 광명을 쐬고서 망혼들이 모두 개심하여, 죄책罪責에서 벗어난다는 식의 설정이 이루어지고 있다. '죄복罪福' '아귀' '삼도' '지옥' 등의 용어가 쓰였다는 점에서 불교적 색채가 강한 경우라고 하겠다. 아미타불의 광명에 따라 지옥에 있는 망혼까지도 포함해서 모든 중생이 제도濟度[39]된다고 설파했던 한역불전漢譯佛典의 영향을 떠올리게끔 하는 대목이다.

원시천존에 의해 죽은 사람이 구제된다는 사실이 『영보경』 중에서 이야기되었던 것과 때를 같이하여 살아있

---

37) '복경지문福慶之門'과 같은 말로 '행복과 경사가 있는 집안'이라는 뜻이다.
38) "天尊命飛天神人, 說罪福緣對拔度上品. 當說經時, 諸天日月, 星宿朗曜, 普照九地無極世界, 長夜之府. 九幽之中, 長徒餓鬼, 責役死魂, 身受光明, 普見命根. 於是自悟, 一時廻心, 咸使思善, 念還福門, 五苦解脫, 三塗蒙遷, 宿對披釋, 地獄寧閒.
39) '중생들을 구제하여 극락세계로 이끌어준다'라는 뜻임.

는 이들이 망자의 구제를 기원하여 행하는 재법齋法 또한
점차로 충실을 기하게 되었다. 육수정은『영보경』을 정
리하는 작업과 더불어서 영보재靈寶齋라고 불렸던 재법
을 정비하는 일에도 힘을 쏟았다. 육수정이 지었던『동
현영보오감문洞玄靈寶五感文』에는 '동현영보지재洞玄靈寶
之齋'로서 금록재金籙齋·황록재黃籙齋·명진재明眞齋·삼원
재三元齋·팔절재八節齋·자연재自然齋·동신삼황지재洞神
三皇之齋·태일지재太一之齋·지교지재指敎之齋의 아홉 종
류를 거론하고 있다. 이 가운데 사자死者 구제를 목적으
로 하는 종류는 세 가지로, 황록재는 '구조九祖[40]의 죄근
罪根을 발도拔度[41]하는 것', 명진재는 '억증만조億曾萬祖[모
든 부모와 모든 조상]'로서 구유九幽에 있는 망혼을 발도하는
것', 팔절재는 '칠현七玄 및 자신의 숙세금생宿世今生[전생
과 지금의 생]의 죄를 씻는 것'을 목적으로 삼고 있다. 그러
나 칠현七玄·구조九祖·억증만조億曾萬祖라는 용어에서도
알 수 있듯이, 사자死者를 구제한다고는 해도 죽은 사람

---

40) 자신을 기준으로 위아래 각각 9대의 가족 구성원을 통틀어 조종십팔대祖宗十八代
라고 하는데, 위로 9대를 '구조九祖'[비조鼻祖·원조遠祖·태조太祖·열조烈祖·천조天祖·고조高
祖·증조曾祖·조祖·부父]라 하고, 아래로 9대를 '구현九玄'[자子·손孫·증손曾孫·현손玄孫·내
손來孫·곤손昆孫·잉손仍孫·운손雲孫·이손耳孫]이라 일컫는다. 달리 '칠조七祖'[현조顯祖·현조
玄祖·태조太祖·고조高祖·증조曾祖·조祖·부父]라고도 한다. 일반적으로 '구현칠조九玄七祖'
또는 '칠현구조七玄九祖' 등 여러 칭호로 혼용하기도 한다.
41) 앞의 '제도濟度'와 같은 말.

162

전체를 지칭하기보다는 자기 집안 죽은 조상들의 망혼을 구제하는 것이 주된 관심사였다.

이들 조상의 망혼을 제도하는 재齋 의식의 상세한 내용에 관해서는, 『무상비요』 권48에서 권57에 걸쳐 정돈된 내용이 기술되어있고, 의식 중에 독송하는 기원문도 함께 실려있다. 예를 들면 황록재의 기원문에는 다음과 같은 내용이 있다.

아무개 집안 구조九祖 부모 악행의 대가인 죄근罪根을 대속代贖해 구제해주시고, 삼계三界 사산司算[42]과 여청女青[43] 상궁이 그 이름을 죄록罪錄에서 삭제해주시고, 의지할 데 없는 망혼을 제도하시어, 그 몸은 광명을 쬐고, 천당에 오르며 의식衣食은 자연스레 마련되어, 하루속히 복경福慶 있는 집안에서 전생轉生하기를 빕니다.[44]

-『무상비요』 권54

이상은 자손이 행하는 재齋의 공덕에 힘입어 9대조까지의 조상들이 지은 죄를 용서받고, 영혼이 구제받아, 천

---

42) 수명을 담당하는 신을 가리킨다.
43) '여청女青'은 여성의 혼백이 가는 지옥을 가리킨다.
44) "拔贖某家九祖父母惡對罪根, 三界司算女青上宮, 削除罪錄, 開度窮魂, 身入光明, 上昇天堂, 衣食自然, 早得更生福慶之門."

당에 오르고, 좋은 조건으로 인간 세상에 다시 태어날 수 있게끔 해달라고 기원하는 내용이다. 생전에 저질렀던 죄과가 신들의 수중에 있는 '죄록罪錄'[45]에 낱낱이 기록되어있다는 사실은 중국 전래의 민간신앙에서 유래한 사고방식이다. 한편 불교의 윤회전생 사상을 흡수하면서도 '복경福慶 있는 집안'에서 다시 태어나기를 기원하는 대목 등에서는 현세주의적 경향이 강했던 중국 종교 사상의 특징이 잘 나타나고 있다.

도교와 불교의 관계에 대해서는 이후 8강에서 다시 상세히 다룰 예정인데, 이같이 도교의 사자공양死者供養 및 조상 제도濟度에 대한 사상은 불교 사상과 중국적 사유의 융합이 빚어낸 현상이라고 볼 수 있다.

---

45) '죄가 기록된 문서'라는 뜻이다. 한편 망혼의 죄복이나 선악의 응보를 자세히 적은 문서는 '명진과율明眞科律'이라고 하였다.

6강 수양론
- 내단에의 길

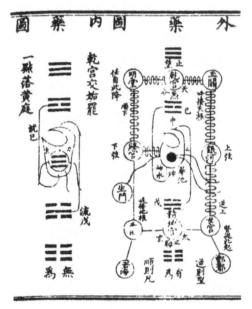

외약도外藥圖와 내약도內藥圖(정통도장본 『중화집中和集』 권2에서)

1. 혜강 「양생론」—신체와 정신이 서로 친밀해지다

앞의 강의에서는 신격에 의한 구제에 관해서 살펴보았는데, 여기에서 다시 한번 자기구제自己救濟로 되돌아와서 도교 수양론의 문제를 다루어보고자 한다. 이번 강의에서 이야기하려는 것은 주로 『좌망론』과 내단법에 관한 사항들이다.

『좌망론』은 당대에 저술되었던 문헌으로, 「신경信敬」[1]에서 시작해서 「득도得道」에 이르는 수도의 차례·절차가 일곱 단계로 나뉘어 설명되는데, 어디까지나 마음의 존재 방식에 주안점을 두었던, 진정 수양론이라고 부르기에 걸맞은 내용을 지니고 있다. 한편으로 내단內丹은 '인간의 육체 그 자체를 하나의 반응기反應器, 체내에 환류하는 기氣를 약재로 간주하여, 성태聖胎나 현태玄胎로 불리는 단약을 몸속에서 만들어내려고' 하는 행위[요시카와 다다오吉川忠夫, 『독서잡지讀書雜志—중국의 역사서와 종교를 둘러싼 12장』, 159쪽]로, 그것을 통해서 불로장생을 실현할 수 있다고 믿었던 명상법이자 신체 기법이었다. 이후에 언급하겠지만 내단에서도 정신적 요소가 중시되기는 했지만, 불로장생을 목적으로 하여 신체 자체에 많은 관심을

---

1) '믿음과 공경'이라는 뜻이다.

기울였다는 점에서 보자면, 수양修養이라는 용어보다는 양생養生이라는 용어를 사용하는 편이 더욱 적절할 수도 있겠다.

하지만 3강에서 논의했듯이 처음부터 '형形'〔신체〕과 '신神'〔정신〕은 밀접하게 연관되어있다고 보는 것이 중국 고대의 신체관·생명관이다. 수양론 또는 양생론 둘 가운데 어떤 명칭으로 일컫더라도 정신적 요소와 신체적 요소는 떼려야 뗄 수 없을 만큼 연결되어있다고 보는 것이 도교적 사유의 커다란 특징이라고 보아야 할 것이다. 예를 들어 3강에서 언급했던 죽림칠현의 한 사람인 혜강이 지은 「양생론」은 신선은 누구나 될 수 있는 존재는 아니지만, 양생을 잘 실천하게 되면 이윽고 장생을 획득하여 신선에 근접할 수 있다는 입장에서, 정신적 측면까지를 포함한 양생법을 주장하고 있다. 그중에는 다음과 같은 대목이 등장하고 있다.

이러한 까닭에 군자는 신체가 정신에 의지해야 제대로 서고 정신은 모름지기 신체에 의지해야 보존된다는 것을 알고, 또한 양생의 이치가 쉽사리 사라질 수 있음을 깊게 깨달으며, 노여움과 슬픔이 지나치면 생명을 해칠

수 있음을 확실히 알게 된다. 그러므로 본성을 닦아 정
신을 보존하고 마음을 안정시켜 신체를 온전히 유지한
다. 사랑과 미움이 정에 깃들지 않고, 근심과 기쁨이 마
음속에 머물지 않아서 담담하니〔고요하게〕 감정을 느끼
지 않으며 몸속의 기氣가 저절로 조화롭고 평안해진다.
또한 숨을 내쉬고 들이쉬며 묵은 기운을 내보내고 맑은
기운을 들이마시며, 단약을 복용하고 심신을 보양하여
신체와 정신이 서로 친밀해지고, 겉과 속〔신체와 정신〕이
모두 완전한 것이 되게끔 한다.[2]

-『문선文選』권53, 혜강「양생론」

여기서는 형形〔신체〕과 신神〔정신〕이 서로 상대에 의존해
야만 비로소 존재하는 것[3]임을 명언하고서, 성인이 '성性'
〔본성〕을 닦고 '마음'을 편안히 하여 정신을 보존하고 신체
를 온전히 하는 일, 사랑과 미움, 기쁨과 근심의 감정을
맘속에 담아두지 않고, '몸속의 기'〔體氣〕를 조화롭고 평
안한 상태로 유지하는 일 등이 기술되고 있다. 그리고 토

---

2) "是以君子知形恃神以立, 神須形以存, 悟生理之易失, 知一過之害生. 故修性以保神,
安心以全身, 愛憎不棲於情, 憂喜不留於意, 泊然無感, 而體氣和平. 又呼吸吐納, 服食
養身, 使形神相親, 表裏俱濟也."
3) 이렇듯 서로 대립하면서도 상호 의존적인 관계를 일컬어 '대대待對 관계'라고 한다.

고납신吐故納新[4]의 호흡법과 복식 등의 방법을 통해 몸을 양생함으로써 형形과 신神이 '서로 친밀해지고', 서로 분리되지 않아서 더불어 완전한 것이 된다는 사실을 말하고 있다. 이렇듯 형形과 신神이 분리되지 않는 것(신神이 몸으로부터 떠나지 않는 것)이 장생에 연결된다는 사실은 앞의 3강 『태평경』의 '수일守一'(의 양생술)을 다루었을 적에도 언급한 바 있었다.

혜강은 앞의 문장에서 '마음을 편안히 하고 신체를 온전히 유지한다'라고 말하는데, 다른 대목에서도 마찬가지로 '양생을 잘하는 사람은, ……맑고 텅 비었으며 고요하고 편안하며, 사사로움을 줄이고 욕망을 덜어낸다. ……외물이 마음을 얽어매어 자리하지 않으니, 신기神氣는 순수하고 맑음을 홀로 드러낸다. 마음이 탁 트여서 걱정이나 근심이 없고, 고요하니 생각함이 없다'[5](「양생론」)라는 등의 표현을 하고 있다. 사욕을 줄이는 한편 외물로 인해 심란해지지 않음으로써 몸속의 '신기神氣'의 순수함을 보존할 수 있게 되고, 그것이 나아가서는 장생을 획득하게 해준다고 혜강은 생각하고 있었다.

---

4) '묵은 공기를 내뱉고 맑은 공기를 들이마시다'라는 뜻이다.
5) "善養生者, (中略) 淸虛靜泰, 少私寡欲. (中略) 外物以累心不存, 神氣以醇泊獨著. 曠然無憂患, 寂然無思慮."

2. 사마승정 『좌망론』—안심좌망의 법

혜강으로부터 400년 이상의 세월이 흐른 뒤, 당의 도사 사마승정司馬承禎이 저술했던 『좌망론』은 혜강의 「양생론」과 마찬가지로 '마음을 편안히 함'으로써 단계를 밟아가면서 불로장생에 도달하는 이치를 설파한 문헌이다. 『좌망론』에 관해서는 최근에 사마승정이 작자임을 의문시하는 설[6]이 나오기도 하지만, 여기서는 그러한 문제는 다루지 않기로 하고서, 종래의 통설대로 사마승정의 작품으로 보고자 한다.

『좌망론』의 '좌망坐忘'이라는 용어는 『장자』 「대종사」편에 '손발과 신체의 기능을 다 버리고 이목의 감각 작용을 물리치며, 육체를 떠나고 심지心知를 없애서 대통大通〔만물을 낳고 소통시키는 위대한 도〕과 하나가 되었을 때, 이것을 좌망이라 합니다'라고 한 대목에서 유래한다. 자신의 신체를 잊고 심지心知를 물리치며, 모든 것을 잊고서 위대한 '도'의 변화 자체와 한 몸이 된 경지가 바로 '좌망'이다. 『좌망론』의 서문에서는 『좌망론』에서 설하는 수양법은 '안심좌망安心坐忘의 법'이라고 규정하면서, '안심'의 문제

---

6) 『좌망론』이 사마승정의 저작인지에 대해서는 송대 이후로 꾸준히 의문이 제기되어 왔다. 최근에는 일부 학자에 의해 위·진 또는 수·당 시기 도사였던 조견趙堅이 사마승정의 이름을 가탁해 지었다는 설이 새롭게 제기되었다.

와 '좌망'을 결부시키고 있다.

『좌망론』에서는 수도의 차례·절차로서 신경信敬→단연斷緣→수심收心→간사簡事→진관眞觀→태정泰定→득도得道〔도를 깨달음〕의 일곱 단계를 거론하고 있다. 그것은 요약해보자면 '도'를 믿고 공경하는 일〔信敬〕에서 출발하여 속사俗事와 단절하고〔斷緣〕, 안좌安坐하여 마음을 가라앉히려 노력하고〔收心〕, 자기 분수에 맞게끔 관여하는 일을 줄이고〔簡事〕, 마음의 안정을 통해 획득한 깊은 통찰력으로 사물을 정확한 시점에서 관찰하며〔眞觀〕, 한편으로 마음의 안정 속에서 똑똑히 나타난 '혜慧'를 함부로 쓰지 않고서 소중히 보존하고〔泰定〕, 마음에 응집된 '도'의 힘을 몸 전체에 미치게 해서 장구한 생명을 획득한다〔得道〕라는 순서로 이루어진다.

이러한 일곱 단계 가운데 가장 상세한 설명이 이루어진 절차는 세 번째 '수심' 항목이다. 『좌망론』에 따르면 마음은 '한 몸의 주인이며 온갖 신의 스승[7]'이어서, 고요하면 지혜를 낳지만 움직이면 혼미한 상태가 된다고 한다. 또한 마음의 본체는 도를 근본으로 삼고 있어서 '무

---

7) "一身之主, 百神之師" 판본에 따라 '사師'가 아니라 '수帥'로 보아 '통솔자'로 풀이하기도 한다.

방無方〔무한정이며, 무한의 가능성을 지닌다〕한 것이나, 움직여서 진애塵埃8)에 오염되어버려 마음의 본체가 가려지고 마침내 '도'와 사이가 멀어지고 마는 것이다. 따라서 도를 얻으려는 이는 육신을 고요히 보존해야만 하는 것이니, 그를 위해서 '안좌安坐'〔고요히 앉아있는 것〕하는 행위가 요구되는 것이다. '도를 배우는 초기에 반드시 편안히 앉아 있어야 한다. 마음을 수습하여 외부 대상을 떠나야 하며, 마음을 아무것도 없는 (허정虛靜한) 상태에 머물게 해야 한다. 이렇듯 아무것도 없는 상태에 머묾으로써 한 사물에도 집착하지 않으므로 저절로 허무의 경지에 들어가며 (그 마음이) 곧 도와 일치하게 된다9)라고 말하고 있듯이, 고요히 앉아 마음을 가라앉히고 그 무엇에도 집착하지 않으면, 이윽고 허무의 경지에 들어가 마음은 '도'와 합일한다는 것이다. '안좌安坐'가 유독 언급되는 것은『좌망론』이 저술되던 시대의 불교계에 있어서, 좌선의 실천·수득修得에 관한 대대적인 논의가 있던 현상과 관련이 있었던 것으로 보인다. 요컨대『좌망론』은 불교계의 좌선 논의에 자극을 받아서 저술되었던 수도론修道論이

---

8) '더러운 세상'을 가리킨다.
9) "學道之初, 要須安坐. 收心離境, 住無所有, 因住無所有, 不著一物, 自入虛無, 心乃合道."

었다고 말할 수 있다.[10]

이상에서 보듯 안좌하여 허무의 경지에 들어가는 것은 외부 세계를 향해 '도'를 추구하는 것이 아니라, 자신의 마음속에 본래 갖춰져 있던 '도'로 복귀하는 과정이다. 그러한 '도'로 복귀하는 과정에 대해서는 다음과 같이 기술되어있다.

만약 마음속의 잡념을 깨끗이 제거하여 신본神本〔大道〕으로 가는 길을 연다면,[11] 이것을 일컬어 '수도修道'〔도를 닦음〕라고 한다. 마음이 다시는 정처 없이 떠돌지 않게 되어, 도와 그윽이 합일하게 되고 도 한가운데 편안히 안주하게 되니, 이것을 일컬어 '귀근歸根'〔뿌리로 돌아감〕이라고 한다. 근본을 지키면서 조금도 떨어지려 하지 않으니, 이것을 일컬어 '정정靜定'〔고요한 안정〕[12]이라고 한다. 고요하고 안정된 날이 오래되면 병이 사라져 생명의 생기를 회복하게 되고, 생명의 생기를 회복한 후에도 계속하여 고요히 안정되게〔靜定〕 마음을 닦는다면, 자연스레

10) 불교의 좌선에 영향을 받아 도교의 좌망이나 심재心齋 같은 수행법·수도론이 나타났고, 이윽고 신유학 쪽에도 영향을 주어 정좌靜坐 이론이 등장하는 배경으로 작용한다.
11) 판본에 따라 '개식신본改識神本'과 '개석신본開釋神本'의 차이가 있으나, 저자는 후자를 따르고 있다.
12) '안정이 되어서 외물에 의해 동요되지 않는다'는 뜻임.

상常(도)을 알 수 있게 된다. 도를 알게 되면 모든 사리에 밝지(明) 않은 바가 없고, 도를 얻게 되면 영생불사하게 된다. 이렇듯 생사의 윤회에서 벗어나니 이 모든 것은 진실로 득도에서 말미암은 것이다.[13]

-『좌망론』「수심」

이 문장에서는 '귀근歸根' '정靜' '상常' '명明' 등의 용어가 등장하는데, 이것은 『노자』16장의 '무릇 만물은 무성하게 자라나 뒤엉키지만 각각 제 뿌리로 다시 돌아갈 뿐이다. 뿌리로 돌아가는 것(歸根)을 일컬어 '고요하다(靜)'라고 하고, 이것을 일컬어 '복명復命(자신의 운명으로 되돌아간다)'이라 한다. 복명을 일컬어 '상常'이라 하고, 상을 아는 것을 일컬어 '명明'이라고 한다'라는 문장을 근거로 했음을 알 수 있다. 『좌망론』의 문장에는 '병이 사라져 생명의 생기를 회복한다'와 같은 도교적·신체적 요소와, '생사의 윤회에서 벗어난다'와 같은 불교적 표현도 등장하는데, '도'에의 복귀라는 점과 관련해서는 『노자』 사상에 의거하고 있다고 말할 수 있다.

---

13) "若淨除心垢, 開釋神本, 名曰修道. 無復流浪, 與道冥合, 安在道中, 名曰歸根. 守根不離, 名曰靜定.靜定日久, 病消命復, 復而又續, 自得知常. 知則無所不明, 常則無所變滅, 出離生死, 實由於此."

3. 지관과 좌망―'형신합일'의 이상

『좌망론』은 수도의 단계에 있어 다섯 번째가 '진관眞觀',
여섯 번째가 '태정泰定'이라고 명명되었던 데서도 추측할
수 있듯이 불교의 지관止觀 영향도 받았음을 알 수 있다.
'지관'이란 용어에 대해 불교사전의 설명을 인용해보면
'마음을 외계나 망상에 동요되지 않으면서 정지시키는
śamatha[止]와, 그것을 통해 올바른 지혜를 일으켜 대상
을 관찰하는 vipaśyanā[觀]를 가리키며, 계戒·정定·혜慧
[三學]의 '정定'과 '혜慧'에 해당하는 것으로, '지止'와 '관觀'
은 서로 상대방을 성립시킴으로써 불도를 완성시키는 불
리不離의 관계에 있다'(『이와나미 불교사전』 제2판)고 되어있
다. 사마승정의 시대에 조금 앞서서, 천태지의天台智顗[14]
의 『마하지관摩訶止觀』과 『천태소지관天台小止觀』(『수습지관
좌선법요修習止觀坐禪法要』)이 출현했는데, 『좌망론』은 특히
『천태소지관』을 강하게 의식하면서 저술되었을 가능성
이 있다 하겠다.[15]

『좌망론』의 '진관' 항목에는, 모든 집착을 떨쳐버린 뒤

---

14) 538~598. 수나라 시대 승려로 천태종의 개조. 존칭으로 천태대사天台大師·지자대
사智者大師 또는 천태지자대사天台智者大師로 불린다. 『법화현의法華玄義』 『법화문구法華
文句』 『마하지관』의 '천태3대부天台三大部'를 비롯한 많은 저작을 남겼다.
15) 상당수의 학자들은 『좌망론』은 본래 천태종에서 유래한 것이라든가, 사마승정은
천태종 천태지의의 학설을 수용한 것이라는 견해를 받아들이고 있다.

에 다시금 모든 사물 세계를 되돌아보는 것('返觀')과, '외부 대상의 경계를 벗어난 마음을 가지고서 사물의 경계를 바라보는 것'(將離境之心觀境), 그리고 모든 사물 세계가 '공空'이라는 사실을 마음속에 비추어 관찰함으로써 모든 집착과 고통에서 벗어나야 한다는 등의 내용이 기술되어 있어, 불교적 색채를 강하게 보여주고 있다.

한편으로 '태정' 항목에는 『장자』 사상의 영향이 농후한 편으로, 천태지관의 영향을 받았으면서도 그것과는 성격을 달리 하는 주장이 나타나고 있다. '태정'에 대해서 우선 『좌망론』에서는 '(태정을 획득한 사람의) 형체는 바싹 마른 나무 같고, 마음은 다 타버린 재 같아서, 외부의 명리에 흔들리지 않고 또한 아무것도 추구하지 않으니, 고요하고 담담함의 최고조에 달하였다. 구태여 평정한 마음을 구하지는 않으나 도리어 마음은 언제나 고요하다'[16]라는 상태로 설명이 되어있어, 이것이 요컨대 '안심좌망安心坐忘'이 완성된 경지로 이해되고 있음을 알 수 있게 한다. '형체는 바싹 마른 나무 같고, 마음은 식어버린 재 같다'라는 표현은 『장자』 「제물론」편의 구절[17]을 근거로 한 것

---

16) "形如槁木, 心若死灰, 無感無求, 寂泊之至. 無心於定, 而無所不定."
17) 『장자』 「제물론」의 다음 어구를 가리킨다.
　　"형체는 진실로 바싹 마른 나무와 같아질 수 있으며, 마음은 진실로 식어버린 재와 같아질 수 있는 것입니까?(形固可使如槁木, 而心固可使如死灰乎)"

이고, '태정'이라는 용어 자체도『장자』「경상초庚桑楚」편의 '마음이 크게 안정되어있는 이는 안에서부터 자연의 빛이 나온다'[18]라는 어구에서 유래한다. 「경상초」편 이 부분에 대해서『좌망론』은 다음과 같이 풀이하고 있다.

> 마음은 도의 그릇이다. 마음이 텅 비고 고요함이 최고 조에 달하면 도가 마음속에 머물고 지혜가 생긴다. 지혜 는 본성으로부터 나오는 것으로, 단지 지금에 이르러서 야 가지게 된 것이 아니다. 그러므로 '자연의 빛'[天光]이 라고 한다.[19]
>
> ─『좌망론』「태정」

마음은 '도'의 그릇으로, 마음이 텅 비고 고요하면 '도'가 마음속에 존재하게 되고, 이윽고 지혜가 생겨난다. 지혜는 본성으로부터 나오는 것, 곧 인간이 본래부터 지니는 것으로 이해되고 있다. 이렇듯 지혜가 생겨나는 과정에 대해서는 '부단히 속념을 씻어내고 수련修煉[20]을 반복

---

18) "宇泰定者, 發乎天光"
19) "心爲道之器宇, 虛靜至極, 則道居而慧生. 慧出本性, 非適今有, 故曰天光."
20) 도교의 '수도修道' '연기煉氣' 등을 일컫는다.

함으로써, 순결하고 고요한 상태에 복귀하면 본진本眞[21]의 신기한 지혜(神識)가 점차 저절로 환히 드러난다. 이때에 이르러 새삼스레 또 다른 지혜를 만들어내는 것이 아니다'[22]라고 기술하고 있다. 곧 새로운 지혜가 생기는 것이 아니라, 숨겨져 있던 본래의 지혜가 모습을 드러내는 것이라고 주장하고 있다.

그렇다면 선명히 드러난 이러한 지혜(慧)를 어떻게 다루어야만 좋은 것일까?『좌망론』에서는 '지혜가 이미 생겨나면 소중히 여기며 보듬어 길러야 하니, 과다한 세속의 지혜를 추구함으로써 마음의 안정(定)을 해쳐서는 안된다'[23]라고 하면서, 지혜(慧)를 함부로 활용해서 마음의 안정(定)을 해치게 되는 것을 경계하고 있다. 이것은『장자』「선성繕性」편에 '옛날 올바르게 도를 닦았던 이들은 (외물에 동요되지 않는) 안정된 마음(恬)으로 지혜(知)를 길렀다. 지혜가 생겨나도 그 지혜를 활용하여 무엇을 해보려고 한 적이 없었다. 이것을 일컬어 지혜를 가지고 안정된 마음을 기른다고 일컫는다. 이처럼 지혜와 안정된 마음이 서로를 길러주면 이윽고 인간의 본성 속에서 화和(인

---

21) '본래부터 갖춰진 참된 것'이라는 뜻임.
22) "澡雪柔挺, 復歸純靜, 本眞神識, 稍稍自明. 非謂今時別生他慧."
23) "慧既生已, 寶而懷之, 勿以多知而傷於定."

간 사회의 조화)와 이理〔인간 사회의 질서〕가 저절로 생겨난다'
라는 대목을 근거로 해서, 『장자』에서의 '염恬'을 '정定'으
로, '지知'를 '혜慧'로 해석하고서, '지知'〔慧〕가 생겨나도 그
것을 활용하지 않고서, '염恬'〔定〕을 기르는 일이 중요함
을 강조하는 것이다.

이상에서 보듯이 지혜〔慧〕의 작용을 억제하는 동시에
(마음의) 안정〔定〕을 완전한 형태로 보존해야 한다는 『좌망
론』의 사고방식은 천태지관의 그것과는 다르다고 할 수
있다. 『천태소지관』에서는 '정定〔선정〕과 혜慧〔지혜〕를 균
등하고 고르게 하기 위해 지관을 닦는다'〔『다이쇼大正 신수
대장경新脩大藏經』[24) 46, 467하〕[25)고 하고, '만약 이 관觀〔중도
中道의 정관正觀〕에 머무른다면 바로 정定〔선정〕과 혜慧〔지
혜〕의 힘이 균등하게 되고, 밝고 확실하게 불성을 보게
된다'〔『신수대장경』 46, 472하〕[26)라고 하듯이, 천태지관에서
는 정定과 혜慧가 대등한 힘을 가지면서 상호 보완하는
측면을 중시하는 것이다. 좌망과 지관의 차이점이 바로
이러한 면에서 존재한다고 말할 수 있겠다.

『좌망론』이 지혜〔慧〕의 작용을 억제하고, (마음의) 안정

---

24) 이후에는 『신수대장경』으로 약칭한다.
25) '為均齊定慧修止觀.'
26) "若住此觀, 則定慧力等, 了了見佛性."

〔定〕을 해치지 않음을 중시하는 이유는 지혜가 작용함으로써 허정虛靜〔텅 비고 고요함〕한 마음에 존재하는 '도'의 힘이 약해지는 것을 두려워하기 때문이다. 수도의 최종단계라 할 '득도' 항목에서 다음과 같이 기술하고 있다.

허심虛心의 도[27]를 수련修煉하는 경우 수도자가 획득케 되는 도력道力에는 수준 차가 생겨난다. 도력이 깊은 사람은 자신의 형체가 더불어 불로장생하지만, 도력이 얕은 사람은 단지 정신만이 불사不死를 누리게 된다. 형체가 함께 불로장생하는 사람을 일컬어 신인神人이라고 한다. 반대로 정신만이 불사하는 사람은 단지 지혜〔慧〕와 깨달음〔覺〕만을 얻을 뿐이지 형체는 죽음을 면치 못하게 된다. 왜냐하면 지혜란 일종의 마음의 활용이므로 만일 과다하게 활용하면 형체[28]가 피로해지는 것이다. 처음에 약간의 지혜를 얻게 되면 너무나도 기뻐서 온갖 일에 말이 많아지게 된다. 그 결과 신기神氣가 새어 나가서 영기靈氣가 육체를 보호하지 못하게 되니, 마침내 너무도 빨리 죽게 되는 것이다. 정신과 육체를 함께 불로

---

27) 판본에 따라 '허무지도虛無之道'와 '허심지도虛心之道'의 차이가 나는데, 저자는 후자를 따르고 있다.
28) 판본에 따라 '심로心勞'와 '체로體勞'의 차이가 나는데, 저자는 후자를 따르고 있다.

장생하게끔 해주는 도를 수득修得하는 일은 참으로 지
난한 일이다.[29]

-『좌망론』「득도」

'도'의 힘에는 깊고 얕음의 수준 차가 있는데, 그 힘이
깊어 형形〔신체 전부〕에 미치는 경우는 신인神人이 되지
만, 얕은 경우에는 마음에만 미쳐 혜각慧覺〔지혜와 깨달음〕
을 얻을 뿐이라 하고서, 약간의 지혜를 얻고 나서 너무 기
쁜 나머지 다변이 되어버리면, 신기神氣가 누설되어 요절
해버리고 만다고 주장하고 있다. 신체의 '신기'라는 것을
문제로 삼으면서 그것이 불로장생과 관련이 있다고 생
각하는 점에서는, 앞서 논의한 혜강의 「양생론」과도 통
하는 바가 있다고 하겠다. '도'와 형形·신神이 맺는 관계
에 대해서는 마찬가지로 '득도'의 항목에서, '도에는 거대
한 힘이 있어서 인간의 형체·정신에 영향을 미치고 변화
시킨다.[30] 형체는 도를 뒤따르고 도와 상통相通하고, 정신
과 긴밀히 결합하여 하나가 된다. 이렇게 형체와 정신이

---

29) "虛心之道, 力有淺深, 深則兼被於形, 淺則唯及於心. 被形者, 神人也. 及心者, 但得
慧覺, 而身不免謝. 何耶. 慧是心用, 用多則體勞. 初得少慧, 悅而多辯, 神氣漏洩, 無靈
潤身, 遂致早終. 道故難備."
30) 판본에 따라 '서역徐易'〔점차 변화시키다〕와 '염역染易'의 차이가 있는데, 저자는 후자
를 따르고 있다.

합일된 사람을 일컬어 신인神人이라고 한다. 그들의 정신
은 허정虛靜하고 온화하며 형체는 불로장생하게 된다. 그
들의 형체는 도와 더불어 같아지니 따라서 태어나고 죽
음이 없는 것이다'³¹⁾라고 거듭 언급하고 있다. '도'의 힘에
따라 '신기'가 체내에 충만하는 '형신합일形神合一'의 이상
이 달성됨으로써 삶과 죽음마저도 초월해버리는 것, 이
것이『좌망론』이 설파하는 수도修道의 구극의 경지이다.

4. 외단과 내단

  3강의 마지막 부분에서, 갈홍의『포박자』에서는 외부
물질(外物)을 체내에 흡수함으로써 신체를 변화시키는
것, 구체적으로는 화학적 조작으로 만들어진 환단금액還
丹金液(金丹)을 복용하여 불로불사의 신선이 되는 것을 이
상으로 여겼다는 사실을 언급한 바 있었다. 이처럼 금석
과 초목을 조합하여 불로불사의 약물을 연성鍊成하는 것
을 '외단外丹'(연단술)이라 하였고, 당대 무렵에 성하게 행
해졌던 갖가지 방법들이 등장하였는데, 그중에서도 납

---

31) "道有深力, 染易形神, 形隨道通, 與神合一, 形神合一, 謂之神人. 神性虛融, 體無變
滅. 形與道同, 故無生死."

〔鉛〕과 수은〔홍汞〕을 배합하는 방법이 외단의 중심이 되었다. 하지만 외단은 재료의 확보 등에 많은 곤란에 부딪혔고, 또한 매우 위험한 방법이기도 하였다.

한편으로 '내단'은 명상법 등을 통해서, 자신의 체내의 기를 정련精鍊함으로써 신체 내부에 금단을 만들어내려고 하는 것이다. '내단'이라는 용어의 가장 이른 시기의 용례는, 남악혜사南嶽慧思[32)]가 지었던 『입서원문立誓願文』에서 보이고 있다. 혜사는 앞서 언급한 천태지의의 스승으로 알려진 승려로서, 『입서원문』은 말법末法[33)] 시대에 있어서 그 자신의 구도와 일체중생을 제도하기 위한 서원誓願을 기술한 것이다.〔『입서원문』의 작자에 관해서는 이설이 제기되기도 하지만, 여기서는 일단 혜사의 작품으로 생각하기로 한다〕그중에는 다음과 같은 내용이 있다.

저는 지금 입산하여 고행을 수습修習하며, 파계해 도를 막았던 엄중한 죄를 참회합니다. 현세의 중악衆惡과 전세前世의 죄업을 모두 참회합니다. 저는 불법을 지키

---

32) 515~577. 중국 육조 말기의 승려. 천태지의天台智顗의 스승이자 천태종天台宗의 이조二祖로 일컬어진다. 만년에 남악南嶽에 들어가 좌선과 강설에 힘썼으므로 남악대사南嶽大師로 불렸다.

33) 말법사상은 불교 역사관의 하나로 석가모니 사후, 불교가 쇠해가는 세 단계를 정법시正法時·상법시像法時·말법시末法時로 본다. 이른바 말법 시대는 도를 수행하여 깨닫는 자는 없게 되고 교법만이 잔존할 뿐인 불법의 멸망 시대라고 일컬어진다.

기 위해 장수하기를 구하는 것이지, 천도天道나 그 밖의
취趣[34]에서 태어나기를 원하지 않습니다. 바라건대 여
러 성현들이 저를 도와주셨으면 합니다. 좋은 지초芝草
와 신단神丹을 얻어서 중생의 병을 치료하고 기갈을 없
애고자 합니다. 그러기 위해 항상 경행經行[명상을 행하면
서 일정한 거리를 천천히 반복 왕래하면서 걷는 행위]하며 여러
선禪을 수행할 수 있기를 바랍니다. 원하건대 깊은 산속
적정寂靜한 거처를 구해서 신단의 약재를 충분히 얻어
저의 이러한 서원을 이루었으면 합니다. 외단外丹의 힘
을 빌어서 내단內丹을 닦고자 하는 것은, 중생을 안정시
키려면 우선 제 자신을 안정케 해야만 하기 때문입니다.
자신이 얽매인 처지에서 타인을 고통에서 풀어준다는,
그런 이치는 결코 있을 수 없습니다. [35]

-『입서원문』『신수대장경』46, 791하

여기서는 '내단'이라는 말과 더불어 '외단'이라는 말도

---

34) 불교에서는 인간이 생전에 했던 행위의 응보로 사후에 존재하는 상태를 일컬어
'취趣'라고 한다. 여러 이설이 있으나 '천도' '인간도人間道' '축생도畜生道' '아귀도餓鬼道'
'지옥도地獄道'를 오도五道 또는 오취五趣라고 한다.
35) "我今入山修習苦行, 懺悔破戒障道重罪. 今身及先身, 是罪悉懺悔. 為護法故求長
壽命, 不願生天及餘趣. 願諸賢聖佐助我. 得好芝草及神丹, 療治衆病除饑渴. 常得經行
修諸禪. 願得深山寂靜處, 足神丹藥修此願. 藉外丹力修內丹, 欲安衆生先自安. 己身有
縛能解他縛, 無有是處."

등장하고 있다. 혜사는 자신의 입산수행의 목적이 불법을 지키고 중생을 제도하기 위함이라는 점, 그러한 목적을 달성키 위해서는 자신의 수명을 늘려 오래 살 필요가 있고, 그러기 위해서 '좋은 지초芝草와 신단神丹'을 얻어 건강을 보존하고 수선修禪에 매진할 수 있기를 기원하고 있는 것이다. 그것이 '외단外丹'인데, 한편으로 '내단'은 이 문장에서 비유적인 의미로 사용되고 있으며, 혜사의 경우 실제로는 '경행'하여 수선하는 행위, 혹은 경행·수선을 지속하는 활력을 체내에 획득하는 행위를 지칭했던 것이 아니었을까 여겨진다.[36] 어쨌든 '외단'과 짝을 이뤄 사용되고 있다는 사실에서 혜사가 살던 시대에 '내단'이라는 말이 존재했고, 불교 수행자들 사이에서도 관심의 표적이었음을 알 수 있게 한다.

뒤에서 언급하겠지만, 내단에 관해 기술하는 문헌이 증가하는 현상은 송대 이후에 나타나지만, 외단이 성행했던 당대에 있어서도 훗날 내단 이론의 맹아가 될 내용이 몇몇 문헌에서 등장하게 되었다. 예를 들면 환진선생幻眞先生[37]의 『태식경주胎息經註』에서는 다음과 같은 문장

---

36) 혜사의 이러한 발언은 '내단'의 의미가 무엇인지 불분명하지만, '내단'과 '외단'을 별개로 언급한 최초의 사례로서 주목된다고 하겠다.
37) '유진선생幼眞先生'으로 표기하기도 한다.

이 보인다.

　도를 닦는 사람은 항상 그 기氣를 배꼽 밑에 머물게 하고, 그 신神을 몸속에 지키고서, 이윽고 신과 기가 서로 합하여 현태玄胎를 낳는 것이다. 현태가 맺어지고 나면 이에 몸이 자생한다. 이것이 곧 내단불사內丹不死의 도이다.[38]

-『태식경주』

　여기서는 '제하臍下〔배꼽 밑〕' '현태'[39] 등, 훗날 내단법에서 쓰이게 되는 용어가 나타나고 있고, '내단불사의 도〔內丹不死之道〕'라는 표현까지도 등장하고 있다.

　또한 당 말 오대唐末五代 무렵 사람인 최희범崔希範이 지었던『천원입약경天元入藥鏡』에서는 '무릇 내단을 기르는 사람은 몸은 솥〔정鼎〕을 본받고,[40] 정기精氣는 납·수은을 본뜨며,[41] 감리坎離는 수화水火를 본뜬다'[42]〔『수진십서修

---

38) "修道者, 常伏其氣於臍下, 守其神於身內, 神氣相合而生玄胎. 玄胎既結, 乃自生身. 即為內丹不死之道也."
39) 체내에서 완성된 금단을 지칭하는 '성태聖胎' '진태眞胎'와 같은 말이며, 자기 자신이 그로부터 새롭게 태어나는 장소를 가리킨다.
40) 내단에서 단을 만드는 몸을 천지를 본 뜬 솥〔鼎〕으로 보는 것이다.
41) 외단에서 재료인 납·수은의 역할이 내단에서는 '정기精氣'에 해당한다.
42) 일반적으로 역易에서 감坎은 물〔水〕, 이離는 불〔火〕을 상징한다. 한편 내단에서 감坎은 원기元氣로서 물, 이離는 원신元神으로서 불에 각각 해당한다.

眞十書』권21)[43]라고 하면서 솥(鼎)·납·수은 등의 외단에서 쓰이는 도구·재료의 용어를 가져다가 내단을 설명하고 있다. 아울러 '만약 마음을 어지럽히고 기를 해치며, 몸을 피로하게 하고 정신을 손상시키면, 차츰 진태眞胎를 소실하게 된다. 노자가 말한 이른바 영만盈滿을 경계하려고 만든 그릇[44]을 지닌 것과 같은 것이다. 한마음으로 안에서 찾아야 하지, 바깥에서 구하지는 말아야 한다. 해와 달은 천지의 지극한 정이고, 감리坎離는 사람 몸속의 큰 약이다. [45] 그러므로 성인은 밖으로는 비밀로 하고 안으로만 알게 하여서, 신묘한 변화의 공능을 밝힌 것이다'[46](『수진십서』, 같은 곳)라고 하는 등, 신심身心을 어지럽히지 않고 '신'과 '기'를 지켜서 '진태'를 보존해야 한다는 내단의 기본 이념을 주장하고 있다.

---

43) "夫養內丹者, 身法乎鼎, 精炁像乎鉛汞, 坎離像乎水火."
44) 『노자』 9장은 더욱 많이 채우려는 인간 욕망의 어리석음을 경계하는 내용인데, 이러한 영만지기盈滿之器의 가르침은 이후 '지만계영持滿戒盈(차면 덜어내고 가득 참을 경계하다)과 같은 성어로도 널리 쓰이게 되었다.
45) 감坎은 원기元氣, 이離는 원신元神으로 내단의 중요한 약재藥材라는 뜻이다.
46) "若亂心敗炁, 勞體傷神, 漸而耗散眞胎. 老子所謂如持盈滿之器. 一心內覺, 無令外求. 日月者天地至情, 坎離者人身大藥. 故聖人密外而內知, 以明神變之功."

5. 『오진편』과 성명쌍수―내단의 방법과 사상

송대 이후 불로장생법의 주류는 외단에서 내단 쪽으로
바뀌었고, 내단 이론을 주창하는 서적들도 상당수 출현
하였다. 그중에서도 대표격으로 꼽아야 하는 것은 북송
장백단張伯端[47]의 『오진편悟眞篇』이라 하겠다. 『오진편』은
『주역참동계』와 더불어 내단의 근본 경전으로 간주되어,
커다란 영향력을 지니게 되었다.

『오진편』의 내단법은, '금단'을 체내에 연성鍊成하는 단
계와 그것을 몸속에 순환케 하는 '금액환단金液還丹'의 단
계로 나뉘어진다. 전자에 해당하는 금단 연성의 단계란,
'신장의 부위에 느껴지는 기〔감坎==〕[48]로부터는 양기 진양
眞陽〔-〕이 생겨나고, 심장의 부위에 느껴지는 기〔이離==〕[49]
로부터는 음기 진음眞陰〔--〕이 생겨난다. 그래서 전자의
양기를 후자의 음기에 의식적으로 교합케 하면, 지양至
陽의 기라 할 금단金丹〔건乾≡〕이 단전에서 형성되는 것이
다'〔아즈마 주지吾妻重二, 「『오진편』의 내단 사상」, 616쪽〕라고 설

---

47) 987~1082. 북송의 도사로 내단과 남종의 창시자. 지금의 절강성 천태天台 사람. 자
는 평숙, 후에 용성用成으로 개명했다. 『오진편』을 지어 내단 수련의 이론을 정립했다.
그의 사상이 후세 도교에 미친 영향은 매우 지대했으며, 남송 이후에는 남종의 창시자
로 '자양진인紫陽眞人'으로 불렸다.
48) 신장을 달리 '감위坎位'라고 일컫는다.
49) 심장을 달리 '이궁離宮'이라 일컫는다.

명되어있다. 한편으로 후자의 경우인 '금액환단'의 단계란, '단전에서 생겨난 금단을 화후火候[50]를 살펴가면서 때로는 강하게, 때로는 약하게 길러가고, 몸속의 정기를 금액金液으로 변화시킨다. 이때 금액은 독맥督脈[51]과 임맥任脈,[52] 곧 이른바 소주천小周天[53]의 경로를 좇아서 환류還流하게 된다. 그리고 10개월 후에 이러한 수양은 완료되고, 이리하여 신체는 순양純陽의 구구軀로 바뀌어 신선이 된다'[같은 글, 618쪽]고 기술하는 것이다. 신체 내부에 의식을 집중하여 체내의 기를 순환시킨다는 점과 수련이 10개월 정도 지속된다는 사실에 특히 주목했으면 하는데, 당대 이전부터 도술로서 행해졌던, 체내신을 존사存思하는 방법과 행기의 방법[3강 참조] 등이 이때에 이르러 내단법의 중요한 요소로 정착되었음을 알 수 있게 한다.

『오진편』의 사상적 특색으로는 성명쌍수性命雙修를 주창한다는 점을 들 수 있다. 장백단의 주장을 요약하면 다음과 같다. '도'를 배우는 이가 '성리性理'에 통하지 않고서

---

50) 도교에서 단약을 만들 때 알맞은 불의 정도로 우리말에서는 '불땀'이라고 한다.
51) 사람의 몸에 있는 기혈이 통하는 길인 기경팔맥奇經八脈의 하나로 몸의 뒤쪽에 있다.
52) 기경팔맥의 하나로 몸 앞쪽의 중심선을 따라 분포된 경맥이다.
53) 임맥과 독맥 사이에 기를 상하로 순환시키며 반복 운행을 행하는 것을 '소주천'이라 하고, 전신에 골고루 순환시키는 것을 '대주천大周天'이라 한다. 한의학에서는 인간이 태어나기 전에는 소주천이 통해 있었으나, 태어난 뒤로는 소주천의 흐름이 서서히 단절되어간다고 보고 있다. 내단에서는 이 소주천을 다시 통하게 하면서 소주천이라는 기법을 통해 금단을 만든다고 알려져 있다.

단지 금단만을 수련하게 되면, '성명性命의 도'를 갖추지 못하게 되고 만다는 것이다. 그런 이유로 『오진편』은 '먼저 신선의 명술命術로써 수련할 것을 권유하고, 다음에 여러 부처의 오묘한 작용으로 그 신통神通을 넓히며, 마지막으로 (획득한) 진여眞如의 본성으로 환망幻妄을 없애서 지극히 높은 공적空寂의 본원으로 되돌아가는 것이다'[54] 〔「선종가송禪宗歌頌」『수진십서』 권30〕라고 기술하고 있다. 장백단은 '성명은 본래 분리되지 않고, 도석道釋〔도교와 불교〕은 본래 두 가지 이치가 아니다. ……성명겸수性命兼修[55]로써 최상승最上乘의 법으로 삼았다'[56]〔『역세진선체도통감歷世眞仙體道通鑑』 권49 「장용성張用成」〕라고 발언했다는 자료가 남아있듯이, '성性'에 중점을 두는 불교와 '명命'을 중시하는 도교는 불가분의 관계에 있으며, '성명겸수'야말로 최상의 수양법이라고 생각하였다. '성명겸수'란 마음의 수양과 몸의 수련을 함께 행한다는 것으로, 일반적으로는 '성명쌍수'로 일컬어지며 전진교全眞敎에서 중요한 개념이 되었다. 성명쌍수는 마음과 신체가 분리할 수 없게

---

54) "先以神仙命術誘其修鍊, 次以諸佛妙用廣其神通, 終以眞如覺性遺其幻妄, 而歸於究竟空寂之本源矣."
55) 달리 '내외쌍수內外雙修'라고도 하는데, 마음을 닦는 '성공性功'과 몸을 수련해 불로장생을 추구하는 '명공命功'을 어느 쪽에도 치우치지 않고서 함께 수행하는 것이다.
56) "性命本不相離, 道釋本無二致. (中略) 性命兼修, 是為最上乘法."

끔 관련되어있다고 간주하는 중국적 사유에 입각한 수양론을 상징하는 언어라고 말할 수 있다.

그 밖에도 내단법에 보이는 사상으로 주목해야 할 것은 내단 수련은 인체의 형성을 역행하는 과정이라는 사고방식이다. 이것은 『오진편』과 같은 시기에 출현하였던 『종려전도집鍾呂傳道集』『서산군선회진기西山群仙會眞記』 등과 같은 내단서에 기술되어있는 내용으로, 수행을 진행하게 되면 '형形→기氣→신神→도道'의 차례로 인체의 생성을 거슬러 올라가서, 신선의 경지에 근접한다는 설이다. 이러한 설은 최초의 '형形'이 '정精'으로 되어있는 경우도 많았는데, 백옥섬白玉蟾[57]을 비롯한 남송의 도사들에게 계승되었고, 이윽고 원대의 이도순李道純의 저술인 『중화집中和集』(6강 첫 페이지 사진)에서는 수행 과정을 '첫째 연정화기鍊精化氣' '둘째 연기화신鍊氣化神' '셋째 연신환허鍊神還虛'의 세 단계로 나누어 '정精→기氣→신神→허虛'라고 보는 새로운 설을 제기하고 있다. 이처럼 인체 형성 과정을 소급·역행해서 신선에 다가간다고 여겼던 사고방식은, 실은 당대 문헌에 이미 나타나있었고, 그것

---

57) 1194~?. 남송 시기 도사. 내단과 남종南宗의 제5대 조사로 그의 수련 이론은 연정鍊精·연기鍊氣·연신鍊神을 핵심으로 유학과 선종의 이론을 융합한 것으로 송·원 이후 도교에 많은 영향을 주었다. 사후에 '자청선생紫淸先生'으로 불렸다.

이 내단 이론으로 활용되었다는 정황을 엿볼 수 있게 한
다. 그것과 관련해서는 나중에 다루기로 한다.

6. 존사 수행과 태결해소胎結解消의 사상

송대 이후에 성행했던 내단은 그 이전부터 불로장생
기법으로 간주되어왔던 내관존사內觀存思·행기태식行氣
胎息 등의 도술을 기반으로 하고 있었다. 이러한 도술들
은 옛날부터 전해지던 것들이라 하겠는데, 전국시대『행
기옥패명』이나『태평경』에 보이는 '수일'과 오장신에 대
한 존사 수행 및『포박자』의 '수일' 등에 대해서는 3강에
서 이미 논의한 바 있다.

의식을 집중하고서, 흡사 눈앞에 존재하는 듯 나타난
신들과 교감을 하거나, '기'가 체내를 순환하는 모습을 마
음속으로 상상하는 내관존사內觀存思 방법은 육조시대에
는 상청파 도교에서 특히 중시되었다. 예를 들면 상청파
도교의 출발점이 되었던『진고』에는 일월日月〔해와 달〕의
광선〔氣〕을 흡수해 그것을 체내에 순환시킴으로써 건강

을 유지하는 '일월재심니환[58]의 도〔日月在心泥丸之道〕'[59]와, 일월의 신들을 마음속으로 상상하며 체내에 도입하고서, 그 신들과 함께 일월이 있는 곳까지 올라가는 '분이경도 奔二景道'[60]라는 도술의 명칭 등이 보이고 있다. 또한 상청파의 중요 경전『황정내경경黃庭內景經』『대동진경大洞眞經』등에는 체내신의 이름들과 있는 곳이 상세히 기록되어있는데, 그것들을 존사 수행하고 아울러 주문을 외우고 송경誦經을 실천함으로써 등선登仙의 가능성이 있음을 설파하고 있다.

내단과의 관련성에서 특히 주목되는 것은 존사 수행 과정에 있어서 '태결胎結'〔태포胎胞[61]에 생기는 '결結', 곧 맺혀서 풀기 어렵게 된 것〕을 해소하는 것에 대해 언급하고 있다는 점이다. 앞서 언급했듯이 내단법을 통해 체내에서 만들어진 금단은 성태聖胎·현태玄胎, 또는 진태眞胎라고 불렸고, 또한『오진편』에서는 10개월이 경과해야 수양이 완성된다고 말하고 있다. 요컨대 내단은 자궁 안의 태아

---

58) 니환泥丸은 상단전을 가리킨다. 프랑스 도교학자 마스페로Maspero는 도교의 '니환'과 불교의 '니원泥洹'은 모두 산스크리트어의 '니르바나Nirvana', 곧 '열반涅槃'의 음역어라고 주장한다.

59) 달리 '존일월재니환법存日月在泥丸法' '복일월망법服日月芒法'이라고도 일컬었다.

60) 달리 '이경도二景道' '이분법二奔法'이라고 했는데, 나중에는 대상을 일월성신으로 확대해 '삼경도三景道' '삼분술三奔術' '삼광법三光法'으로도 불렀다.

61) 태아를 싸고 있는 막膜과 태반胎盤을 가리킨다. 달리 혼돈피混沌皮·혼원의混元衣·자하거紫河車라고불렀다.

가 자라는 이미지와 연결되어있는 것으로, 내단이라는
사고방식은 인체 형성의 문제와 관련되어있는 것임을 짐
작하게 한다.

육조시대 도교 경전에서 인체의 형성에 대해서 어떻게
이야기되었는가 하면, 4강에서 신학적 색채가 농후했던
우주 생성론을 설파하는 경전의 사례로 다루었던『동현
영보자연구천생신장경洞玄靈寶自然九天生神章經』에서는 천
지 우주의 생성을 이야기한 다음에 인체 형성의 과정을
다음과 같이 언급하고 있다.

　사람이 생명을 수태受胎하게 되면 삼원三元의 신이 (배
태된 생명을) 양육해주고 구기九氣[62]가 육체를 만들어준
다. 그러므로 아홉 달 동안 (매달) 신들이 내려와서 기氣
가 가득 채워지고 (아기가 성장하여) 능히 소리를 내게 된
다. 소리 내는 것이 오래되면 구신九神(氣)이 완전히 갖
추어져, 마침내 구천九天이 (아이의 탄생을) 기뻐해주는 것
이다. ……사람은 누구나 태어날 적에는 누천陋賤하지
않다. 때문에 자신의 몸을 아끼고 몸속의 신들을 보호하

---

62) 도교의 우주 생성론에서는 일기一氣가 분화해 현玄·원元·시始 삼기三氣(三宮)가 생
기고, 삼기가 다시 분화하여 구기九氣(九天)가 형성된다. 이윽고 구기가 안정되면 그로
부터 일월성신과 음양오행, 그리고 인간과 만물이 생겨난다. 곧 구기는 만물을 생성하
는 근본인 것이다.

며 하늘이 주신 기를 귀히 여기고 명근命根을 단단히 한
다면, 끝내 죽지 않고서 신선이 되어 체내의 신들과 함
께 위로 삼청천三淸天으로 올라가게 된다. 이에 삼기三氣
와 합덕合德하고 구기九氣와 나란히 서게 되는 것이다.[63)]
                         - 『동현영보자연구천생신장경』

　사람이 태내에 생명을 잉태하면 삼원의 신들〔천보군天
寶君・영보군靈寶君・신보군神寶君〕이 양육해주고, 9개월이 지
나면 구기九氣가 갖춰지고, 천상의 많은 신들이 체내에
내려와서 이윽고 태어나게 된다. 인간은 '자신의 몸속에
신들의 세계의 복제모형을 지니는 신의 자식'〔무기타니 구
니오麥谷邦夫, 『육조 수당隋唐 도교 사상 연구』, 31쪽〕이며, 체내
신을 통해서 천상에 있는 지고한 신들과도 연결되어있
다.[64)] 따라서 본래 자신에게 갖춰져 있던 '신'과 '기氣'를
소중히 간직하게 되면, 죽는 일도 없이 신선이 되어 승천
할 수 있게 된다는 것이다. 그러나 실제로는 그렇게 하지
못하고서 인간은 죽음을 맞이하고 마는 것이다.

---

63) "人之受生於胞胎之中, 三元育養, 九氣結形. 故九月神布, 氣滿能聲, 聲尚神具, 九
天稱慶. (中略) 當生之時, 亦不爲陋也.所以能愛其形,保其神,貴其氣,固其根,終不死壞,
而得神仙, 骨肉同飛, 上登三淸. 是與三氣合德, 九氣齊幷也."
64) '삼부팔경신설三部八景神說'에서는 신체를 상・중・하 삼부로 나누고, 각각의 부에 팔
주八柱, 도합 이십사주二十四柱의 신들이 몸속에 있다고 주장한다.

인간이 죽음에 이르는 원인으로서, 예를 들면 육조시대 도교 경전인 『상청구단상화태정중기경上淸九丹上化胎精中記經』에서는 태포胎胞에 생겨난 '결結'이 탄생한 뒤에 체내에 뿌리를 내려서 신체 기관의 정상적 작동을 방해하고, 질병 혹은 사망의 원인이 되는 것이라고 주장한다. 그래서 장생불사를 추구하기 위해서는 이러한 '결'을 풀어야만 한다는 것이다. 그를 위해 동원되었던 것이 구천원부九天元父·구천원모九天元母 등과 같은 천상의 신들을 대상으로 존사 수행을 행하는 방법이었다. 존사 수행을 통해서 신들과 함께 '결'을 풀고, 사망으로 이어지는 포근胞根을 없애서 신선이 될 가능성을 지니는 신체로 바꾸어간다는 내용이 기술되어있다.

마찬가지 내용이 『대동진경大洞眞經』에도 실려있는데, '억조인億兆人의 몸에는 항상 죽음의 관문이 있으니, 태포에 결이 생겨 백신百神을 해친다. 백신이 태포의 결을 풀어주고 포내胞內의 뿌리를 뽑아서 흐트러트리면 칠조七祖는 신선의 거처[65]에 들고, 그 자신은 신선의 대열에 합류한다. 신선은 옥당玉堂에서 만나고 칠조七祖는 남궁南

---

65) 판본에 따라 '제일실帝一室'이라는 표현도 등장하는데, '제일帝一'은 체내의 모든 신들과 기를 혼합한 궁극적 존재로 알려져 있다.

宮에서 환생하게 된다'[66]라고 되어있다. 요컨대 존사 수행을 통해 '태결胎結'을 해소하는 행위가 그 자신의 등선으로 이어질 뿐만 아니라 죽은 조상들이 남궁[4강 참조]에서 환생해 신선의 길을 나아갈 수 있게끔 해준다고 기술되어있는 것이다.

이상에서 본 것과 같은 육조시대 도교 경전에 나타나는 신체관이나, 존사 수행을 통해 '태결'을 해소하고 등선한다는 사고방식 등은 명상 속에서 체내에 이상의 '태'를 기르는 내단의 발상법과도 이면에서 연결되는 지점이 있다고 보아도 무방할 것이다.

7. '형→기→신→허'─오균의 신선가학 사상

내단의 수련을 인체 형성에 역행하는 과정으로 여겼던 사고방식이 존재했다는 사실은 앞서 논한 바 있었다. 그러한 생각을 당대唐代에 이미 명확히 주장했던 인물이 오균吳筠이었다. 오균은 이백과도 교유가 있던 문인[67]·도

---

66) "兆身常死關, 結胎害百神. 百神解胎結, 拔散胞內根, 七祖入帝室, 一體合神仙. 神仙會玉堂, 七祖生南宮."
67) 『구당서舊唐書』「은일전隱逸傳」에서는 오균에 대해 '이백의 방탕함과 두보의 장려함을 능히 겸비한 사람은 오직 오균뿐일 것이다(李白之放蕩, 杜甫之壯麗, 能兼之者, 其唯筠乎)'라고 평하고 있다.

사로 저작으로는 천보天寶 13년(754)에 현종에게 바쳤던 도교 이론서 『현강론玄綱論』과 「신선가학론神仙可學論」 「형신가고론形神可固論」과 같은 글들이 수록된 『종현선생문집宗玄先生文集』을 남기고 있다.

오균은 인간의 신체는 '허虛→신神→기氣→형形'의 순서로 형성된다고 하면서 다음과 같이 기술하고 있다.

일체의 유형有形을 지닌 사물은 완전한 무無(상태의 도)에서 생겨나는 것이다. (도의 무한한) 허무 속에서 가능성이 축적되어 신神이 분명히 드러나고, 신의 운행이 작용하면서 기의 활동을 잉태하고, 이윽고 그러한 기가 응취되어 점차 모습을 나타내고, 그러한 과정이 거듭되어 형形이 생겨나게 된다. 이렇게 형과 신이 생겨나면 곧 (생명으로서의) 인간이 탄생하게 된다.[68]

인용문에서 '허虛'는 인간이 태어나기 이전의 완전한 무의 상태, '신神'의 경우는 '신이란 무형의 지극히 신령스러운 것이다. 신은 도道로부터 품수稟受를 받아, 지정至靜

---

[68] "塊然之有, 起自寥然之無. 積虛而生神, 神用而孕氣, 氣凝而漸著, 累著而成形. 形立神居, 乃為人矣."

하게 성性에 합일한다. 인간은 신神에게서 품부를 받아, 움직이면 정情에 합일한다'[69]〔『현강론玄綱論』「솔성응신장率性凝神章」〕[70]라거나, '무릇 나를 낳아주는 것은 도이고, 내가 품부하여 받는 것은 신이다'[71]〔『현강론』「성정장性情章」〕라고 말하듯이, 개개의 인간이 '도'로부터 품부하여 받는 무형의 지극히 신령스러운 것이라고 기술되어있다.

그리고 나서 오균은 모든 인간은 내단의 수학·수련을 통해서 '허虛→신神→기氣→형形'이라는 생성의 순서를 거꾸로 되밟아서, '신'과 계합契合하고, 나아가 '허虛'〔道〕와 합일할 수 있다고 다음과 같이 주장하고 있다.

그러므로 유형의 사물이 형성되는 방향으로 나아가면 사멸하게 되고,[72] 역으로 사물의 형성 방향과 반대로 도의 근원으로 되돌아가면 신선이 될 수 있다.[73] 따라서 도의 진원眞源을 추구하여 형체를 수련하니 형체가 맑아지

---

69) "神者, 無形之至靈者也. 神稟於道, 靜而合乎性. 人稟於神, 動而合乎情."
70) 오균의 도가 사상은 크게 '수정거조守靜去躁'와 '멸정존성滅情存性'의 입장으로 요약된다. 이 문장 뒤에 이어지는 '그러므로 성을 따르면 신이 응집되지만, 정을 따르게 되면 신은 어지럽혀지고 만다(故率性則神凝, 爲精則神擾)'라는 구절에서 보듯이 오균은 정情을 강하게 부정하는 입장을 견지하고 있다.
71) "夫生我者道, 稟我者神."
72) '허虛→신神→기氣→형形'의 방향이다. 판본에 따라서는 '故任其(神氣)流遁則死'라고 하여, 주어가 '신·기'라는 사실을 명백히 밝히는 경우도 있다.
73) 사물의 형성 순서와 반대인 '형形→기氣→신神→허虛〔道〕'의 방향을 말한다.

면 기와 합일한다. 도를 품고서 기를 수련하니 기가 맑
아지면 신과 합일한다. 형체가 도와 명합冥合하여 하나
가 되면, 그것을 득도의 경지라고 일컫는다. 도의 세계
는 본래 무한하니 신선의 경지 또한 무한하다 하겠다.[74]

생성의 과정을 역방향으로 한 단계씩 되밟아, '형形'을
순화하고, '기'를 순화하여 마침내 '도'와 명합해서 무궁무
진한 존재라 할 신선이 되었던 단계를 오균은 '형신합동
形神合同'〔『현강론』「학즉유서장學則有序章」〕이라고 표현하고
있다. 그리고 그 단계까지 도달하기 위해서는 '득성得性'
〔마음의 수양〕과 '연형鍊形'〔신체의 단련〕의 양쪽을 겸비하는
것이 필요하다고 주장하였다.〔『현강론』「이유계무장以有契
無章」〕 그리고 '연형'의 방법으로는 복기服炁·수신守神·반
정反精·태식·금단 등의 도술을 제시하였고〔「형신가고론」〕,
아울러 '득성'의 방법으로는 '습정習靜'〔정의 상태를 지속하는
것〕을 강조하고 있다〔『현강론』「회천리장會天理章」〕.
   인간 생성의 과정을 역으로 되밟는 수련을 행함으로써
신선이 될 수 있다고 생각하는 사고방식은 오균뿐만이

---

74) "故任其流遁則死, 返其宗源則仙. 所以招眞以鍊形, 形淸則合於氣. 含道以鍊氣, 氣
淸則合於神. 體與道冥, 謂之得道. 道固無極, 而仙豈有窮乎."

아니라 당시의 도교 수행자들이 대체로 공유하는 생각이었던 듯하다. 앞서 논의한 사마승정『좌망론』의 끝부분에 「좌망추익坐忘樞翼」이라는 문장이 첨부되어있다〔도장본〕. 「좌망추익」에는 『좌망론』에서는 언급하지 않았던, 수행의 진척 상황에 따라 심신에 나타난다는 조후兆候〔오시五時와 칠후七候〕[75]에 대한 내용이 언급되고 있다.

'마음의 오시'〔心有五時〕에서는 수행이 진행됨에 따라 마음속 동요〔動〕가 감소하고 평정〔靜〕이 증가하는 과정을 묘사하고 있다.[76] 한편으로 '신체의 칠후'〔身有七候〕는 다음과 같은 내용이다.

첫째 단계, 모든 행위가 때에 부합하여 용모가 인자롭고 온화하다. 둘째 단계, 과거의 질병 모두가 사라져 몸과 마음이 가볍고 상쾌하다. 셋째 단계, 신체를 보양하여 다시는 요절하거나 다치지 않아서 원기와 생기를 회복한다. 넷째 단계, 수천 년 수명을 살 수 있으니 이런 사람을 일컬어 '선인'이라고 한다. 다섯째 단계, 자신의

---

75) '오시'는 마음의 상황, '칠시'는 신체의 경우를 각각 표현한다.
76) "첫째 단계는 동요의 시간이 많고 안정의 시간이 적다. 둘째 단계는 동요와 안정이 각각 반이다. 셋째 단계는 안정의 시간이 많고 동요의 시간이 적다. 넷째는 일이 없으면 안정되다가 일이 생기면 동요한다. 다섯째 단계는 마음이 도와 융합하여 일이 생겨도 마음이 동요하지 않는다(一動多靜少. 二動靜相半. 三靜多動少. 四無事則靜. 事觸還動. 五心與道合, 觸而不動)."

형체(形)를 수련하여 기를 완성했으니 이런 사람을 일컬어 '진인'이라고 한다. 여섯째 단계, 기의 상태에서 더욱 수련하여 (무형무상無形舞象의) 정신(神)의 경지에까지 도달하니 이런 사람을 일컬어 '신인'이라고 한다. 일곱째 단계, 완성된 (형체와) 정신을 수련하여 도와 명합冥合해 하나가 되니 이런 사람을 일컬어 '지인'이라고 한다.[77]

여기에서도 연형鍊形→연기鍊氣→연신鍊神의 단계를 명기하고 있음을 확인할 수 있다. 이 같은 사실에서도 인체의 형성 과정을 역행하려는 내단의 이론은 이미 당대唐代 도교 사상 가운데 배태되어있었음을 분명하게 알 수 있는 것이다.

---

77) "一擧動順時, 容色和悅. 二夙疾普消, 身心輕爽. 三塡補夭傷. 還元服命. 四延數千歲, 名曰仙人. 五鍊形爲氣, 名曰眞人. 六鍊氣成神, 名曰神人. 七鍊神合道, 名曰至人."

7강 윤리와 사회사상
- 정치철학으로서의 도교

둔황 사본 『십계경十戒經』(오부치 닌지大淵忍爾, 『둔황 도경道經 도록편』, 후쿠타케福武서점, 1979년에서)

1. 행위의 선악과 하늘의 상벌

이제까지는 도교의 생명관·우주론·구제사상·수양론 등에 관해서 다루어왔지만, 이번 강의에서는 윤리·사회 사상의 측면에 대해서 살펴보고자 한다.

도교의 일상 윤리와 관련해서는 송대 이후에 민중 사이에 유행했던 『태상감응편太上感應篇』 등과 같은 선서善書〔권선서勸善書〕[1]와 행위의 선악을 점수화했던 공과격功過格의 사례가 잘 알려져 있다. 『태상감응편』의 첫머리에는 '화복은 출입하는 문이 따로 없으니, 다만 사람들이 화복을 불러들이는 것이다. 선악의 응보는 그림자가 몸을 따라다니는 것과 같다. 그러므로 천지간에 사과신司過神〔인간의 과실을 관리하는 신〕이 있는 것이니, 인간이 저지른 죄과의 경중에 따라 산가지[2]를 빼앗아버린다. 산가지가 줄면 줄수록 집안이 점차로 가난해지고 우환이 들끓게 된다'[3] 운운하는 문장이 수록되어있다. 지상의 인간

---

1) 대표적인 선서로는 이 책에서 다루는 『태상감응편』과 『태미선군공과격』 외에도 명대 원료범袁了凡 『음즐록陰騭錄』, 주굉袾宏 『자지록自知錄』, 그리고 『문창제군음즐문文昌帝君陰騭文』 『관성제군각세진경關聖帝君覺世眞經』 등이 유명하다. 특히 청대 중기로부터 『태상감응편』 『문창제군음즐문』 『관성제군각세진경』은 한데 묶여서 '삼성경三聖經' '삼성편三省編' 등으로 불리며 널리 읽혔다.
2) 옛날에 수효를 셈하는 데에 쓰던 막대기. 도교에서는 사람은 본래 이런 수명의 산가지를 가지고 태어나는 것으로 보았다.
3) "禍福無門, 惟人自召. 善惡之報, 如影隨形. 是以天地有司過之神, 依人所犯輕重, 以奪人算. 算減則貧耗, 多逢憂患."

204

행위를 하늘의 신이 똑똑히 보고 있다가, 그 행위의 선악에 따라 그에 대한 응보로 화복을 받게 된다는 관념이 선서와 공과격의 밑바탕에 자리하고 있음을 알 수 있다.

이렇듯 하늘의 신이 인간 행위의 선악에 따라 화복을 내린다는 관념은 고대 중국에서 일찍부터 나타나고 있다. 인간 행위의 선악과 하늘의 상관성을 언급한 사례로는『노자』의 '하늘 그물은 넓고도 넓어 성긴 듯하나 어느 무엇 하나 빠뜨리는 것이 없다'(73장)라든가, '천도는 친한 사람이 없고 언제나 착한 사람과 함께 할 뿐이다'(79장)라는 글귀 등은 잘 알려져 있거니와, 집안 단위의 인과응보를 설하였던『역』의 적선여경積善餘慶의 사상(5강 참조) 또한 아무래도 이러한 관념에 기반한 것이라고 볼 수 있다.

제자백가 중에서도 인간에 대해서 하늘의 신이 상벌을 내린다는 사실을 가장 명확히 서술한 것은 묵자墨子의 경우이다.『묵자』「천지天志」편에서는 하늘은 정의를 바라고 불의를 미워하며, 인간이 정의로운 일을 행하면 상으로 복록[생生·부富·치治 따위][4]을 내려주고, 불의를 저지르면 벌로서 화수禍崇[5][사死·빈貧·란亂 따위][6]가 주어지는 것,

---

4) '생존' '번영' '치안'의 뜻으로 이해할 수 있다.
5) '뜻밖에 생기는 손실이나 불행'을 가리킨다. 저자는 '과수過崇'로 인용하였는데, 아마도 착오인 듯하다.
6) '사별' '빈곤' '혼란'의 뜻으로 이해할 수 있다.

하늘의 뜻에 따라 사람들을 널리 공평하게 사랑하고, 인정 많고 후하게 이익을 베푸는 정치를 행했던 자는 성왕聖王으로 일컫고, 하늘의 뜻에 반하여 사람들을 해치는 정치를 행했던 자는 포왕暴王으로 불렸다는 사실 등이 기술되어있다. 『묵자』에 있어서 선과 악을 구별하는 기준은 하늘의 의지에 합치하는가 여부에 달려있다는 것이다.

『묵자』에서 이 같은 사고방식은 한대의 재이災異 사상으로 계승되었다. 재이 사상이란 자연계에서 발생하는 이상 현상[재해와 괴이]은 군주가 하늘의 의지에 반하는 행위를 했던 데 대한 하늘의 견고譴告[7]라고 주장하는 이론으로 전한 시대 동중서董仲舒[8] 등에 의해서 주창되었다. 하늘의 의지는 자연계의 '기'의 변화로 나타나며, 군주는 자연계의 법칙성에 순응하는 정치를 행할 것이 요구된다고 설파하였다. 『춘추번로』의 이러한 사상은 앞의 5강에서 다루었던 후한말의 『태평경』의 사상과 연이어지는 것이다.

---

7) '하늘이 천재지변을 일으켜 인간을 꾸짖다'는 뜻으로 달리 '견책고계譴責告誡'라고도 한다. 참고로 왕충은 『논형』 「견고편」에서 이른바 천인감응설에 입각한 이러한 재이 사상을 격렬하게 비판하고 있다.
8) B.C.176~B.C.104. 전한 시대 학자로 하북성 광천廣川 사람. 경제景帝 때 박사가 되었으며 무제 때에는 강도상江都相·교서상膠西相 등을 역임하였다. 현량 대책을 올려 유학을 존중하고 제자백가 사상을 배척할 것을 주장하여 경학의 위상을 높이는 데 큰 역할을 하였다. 저술로 『춘추번로』 『춘추결옥春秋決獄』 등이 있다.

『묵자』와 재이 사상의 경우에는 행위의 선악이라고 해도, 특히 군주의 통치 행위가 문제시되어, 결과적으로 정치사상으로서의 색채가 강하다고 하겠다. 그런데 『태평경』의 경우는 정치사상의 측면뿐만이 아니라, 평범한 인간 한 사람 한 사람 행위의 선악과 하늘의 상벌과의 연관성에 대해서도 구체적으로 논하는 것이다. 『태평경』의 승부 사상은 하늘에 대한 죄의식에서 출발하는 것이므로, 그 자체가 정치사상과 종교적 윤리 사상의 두 가지 측면을 포함하고 있다고 볼 수 있다.

2. 『태평경』의 윤리 사상

1강에서 다루었듯이, 최초의 도교 교단인 태평도와 오두미도에서는 질병을 치료하기 위해 우선 자신이 저질렀던 죄를 신들 앞에서 고백·참회하는 방법이 사용되었다. 그것은 질병은 하늘의 신이 내리는 일종의 벌이라는 관념에 근거한 것으로, 태평도에서는 '수과首過〔과실을 반성하는 것〕가 행해졌고, 오두미도에서는 '사과思過〔과실을 반성하는 것〕가 행해졌다고 한다.

자기 행위의 선악을 되돌아보며 과실을 반성한다는 윤

리적 행위는 『태평경』에 있어서는 양생술과 나란히 불로
장생을 획득키 위한 방법으로도 중요한 의미를 지니고
있었다. 『태평경』이 주창하는 양생술로 '수일守一'과 오장
신에 대한 존사 수행이 행해졌다는 사실 또한 앞서 언급
한 바 있다. 그러한 '수일'과 관련된 의식은 특별히 마련
된 집에서 행해졌는데,[9] 그것을 통해 사람들은 '선악과
과실이 도대체 어디에 있는가를 자세히 알게 되니, 그런
뒤에 도를 지킬 수 있게 된다'[10]〔『태평경』 권96, 합교 412쪽〕
고 되어있어서, '수일' 그 자체가 선악과 과실을 파악하는
일과 연관되어있음을 짐작케 한다.

또한 오장신에 대한 존사 수행과 관련해 『태평경』에서
는 오장 중에서도 특히 심心〔심장〕이 윤리와 직결되어있
다는 식으로 설명하고 있다. 심장에 깃든 신은 '심신心神'
으로 불렸는데, 이 신은 본래 천상에 소속된 신으로 '하
늘이 심신心神을 파견하여 사람의 몸속에 있으면서, 하늘
과 더불어 멀리서도 서로를 보고, 어떠한 소식이라도 상
호 간에 주고받는다'[11]〔『태평경』 권111, 합교 545쪽〕라고 하
듯이, 하늘로부터 사람의 몸속에 파견되었던 존재로 언

---

9) 원문에서는 '모옥茅屋〔茆室=茅室〕'으로 되어있다.
10) "具知善惡過失處, 然後能守道."
11) "天遺心神在人腹中, 與天遙相見, 音聲相聞."

제나 하늘과 소통하고 있었다. 그리고 '심心은 오장의 주재자니, 주재자란 곧 임금과 같다. 임금이란 올바름을 행하는 것을 책임지고 있으니, (인간에게) 과실이 발견되면 곧장 하늘에게 보고한다'[12] (『태평경초』 계부癸部, 합교 719쪽) 라고 하듯이, 인간의 정사正邪[13]를 감독하는 임무를 띠고 있는 심신心神은, 인간의 몸을 빠져나와서 그 사람이 범했던 과실을 하늘에게 보고한다고 믿었다.

행위의 선악이 수명의 장단과 깊은 연관이 있다는 언급은 『태평경』의 여러 곳에 보이는데, 그 논리적 얼거리는 다음과 같다. 사람의 생사는 신의 수중에 있는 '녹적錄籍'[14]이나 '명적命籍'[15]으로 불리는 명부에 근거해 관리되며, 신선이 될 수 있는 사람의 녹적과 죽어야 할 보통 인간의 녹적은 구별이 되어있다. 그러나 그와 같은 명부의 기재 여부가 모든 걸 결정하는 것은 아니고, 그 사람

---

12) "心者, 五藏之主, 主即王也. 王主執正, 有過乃白於天也."
13) '정당한 것과 그릇된 것'을 뜻함.
14) 예를 들면 『태평경초』 권110 경부庚部의 「대공익년서출세월계大功益年書出歲月戒」에는 다음과 같은 내용이 기재되어있다.
　　"녹적은 (하늘 법정의) 장수를 관장하는 부서에 있는 문서인데, 정해진 해와 달과 날이 되어 해당 인물이 승선昇仙할 때가 되면 그 사실을 중극中極에 통지하는데, 중극은 달리 곤륜산이라고도 한다. 그러면 곧바로 명령을 받들어 시행하는 신령은 그 사람의 성명을 보고하는데, 누락이나 착오가 있어서는 안 된다(錄籍在長壽之文, 須年月日當昇之時, 傳在中極, 中極一名崑崙. 輒部主者往錄其人姓名, 不得有脫)."
15) '명적'이란 용어는 같은 책 권114 경부의 「견계불촉악결誡見誡不觸惡訣」 등에 보이는데, 달리 '생적生籍(장생부)'이나 '사적死籍(사망부)'과 같은 말이 쓰이기도 한다.

의 행위 여하에 따라서는 수명이 증감되거나, 다른 녹적
으로 옮겨가기도 한다. 이미 나쁜 일을 저질렀다 해도 자
책·회개하면 신선의 녹적으로 옮기거나, 반대로 착한 사
람도 악행을 저지르면 다시 죽어야 할 인간 녹적으로 옮
기게 되는 것이다. 해당 인간이 어떤 행위를 했는가는 심
신이 모두 감시하므로, 선악의 응보에 있어서는 착오가
있을 수 없다는 것이다.

그렇다면 『태평경』에서는 어떤 행위가 선한 것으로 여
겨졌던 것일까? 결론을 미리 말하자면 그 판단 기준은 유
교의 윤리 규범과 전혀 다를 바가 없었다. 다음과 같은
문장을 살펴보자.

천하의 일 가운데서 효경孝敬·충정忠正[16]·성실·신용이
가장 중요하다. 그러므로 절대로 예의 없이 제멋대로 행
동해서는 안 된다. (제멋대로 행동하면 하늘이) 다시 그의 수
명을 박탈해버리기 때문에 오래 살 재간이 없다.[17]

-『태평경』권110, 합교 543쪽

---

16) '충성'과 '정직'을 뜻함.
17) "天下之事, 孝忠誠信爲大. 故勿得自放恣. 復奪人算, 不得久長."

천하의 일 가운데서 효경을 최상으로 여긴다. ……하
늘(의 법정)이 그의 (수명이 적힌) 녹적錄籍을 정하여 불사의
대열 중에 있게 한다. 이것이 효행이 있는 집안이다.[18]

-『태평경』권114, 합교 593쪽

'효孝·충忠·성誠·신信'과 같은 유교적 윤리 도덕을 지
키는 것이 다름 아닌 선이며, 그것을 위반하면 수명이 줄
어든다는 사실, 그중에서도 '효'가 최상의 선이며, 그것을
실천하면 신선의 대열에 합류할 수 있다는 점을 역설하
고 있다.

이상에서 보듯이 『태평경』에서는 선행을 쌓아서 불사
의 녹적에 들어가는 것을 이상으로 여겼는데, 그러한 선
행이란 것이 '효'를 가장 중요시하는 유교의 윤리 도덕과
마찬가지였다. 이러한 경향은 『포박자』『태상감응편』 등
에서도 그대로 계승되어갔다.

3.『포박자』의 윤리 사상

지금까지 몇 차례나 논의해왔듯이, 갈홍은 신선이 되

---

18) "天下之事, 孝為上第一. (中略) 天定其錄籍, 使在不死之中, 是孝之家也."

는 방법으로 금단제일주의金丹第一主義 이념을 주창해왔지만, 그에 못잖게 인간으로서 덕행을 쌓는 일의 중요성에 대해서도 언급을 행하고 있다. 『포박자』「대속對俗」편에 따르면 갈홍은 '선도를 수행하는 사람은 마땅히 먼저 공덕을 세워야 한다'[19]라는 견해에 찬동하면서, 『옥금경중편玉鈐經中篇』이라는 책에서 인용하는 형식을 취해서 '공을 세우는 것'〔立功〕이 최상이며, '잘못을 저지르지 않는 것'〔除過〕이 그다음으로 중요한 일이라고 하면서 다음과 같이 주장하고 있다.

선도를 추구하는 자는 충효忠孝·화순和順[20]·인신仁信[21]을 근본으로 삼아야 할 것이다. 만약 덕행을 닦지 않고서 단지 방술에만 힘을 써봤자 결코 불로장생할 수 없다.[22]

그가 강조하는 '충효忠孝·화순和順·인신仁信'은 분명히 유교에서 중시되는 인륜 도덕인 것이다.

뒤이어 행위의 선악과 수명과의 연관성에 대해서, 커

---

19) "為道者, 當先立功德."
20) '온화하고 순하다'라는 뜻.
21) '자애롭고 성실하다'라는 뜻.
22) "欲求仙者, 要當以忠孝和順仁信為本. 若德行不修, 而但務方術, 皆不得長生也."

다란 악행을 저지르면 사명司命[수명을 담당하는 신]이 본래 정해진 수명에서 '기紀'[300일]를 감하고, 경미한 과실의 경우에는 '산算'[3일]을 삭감하는 것, 지선地仙이 되려면 삼백 가지 착한 일, 천선天仙이 되려면 천이백 가지의 선행을 지속적으로 행할 필요[도중에 한 가지라도 악행을 저지르면 처음부터 다시 셈하게 된다]가 있다는 사실, 선행을 쌓는 것이 그 수를 채우지 못하면 선약을 복용해도 아무 소용이 없다는 등의 내용이 서술되어있다[『포박자』「대속」편].

　행위의 선악에 근거해 수명이 증감된다는 주장은 『포박자』「미지微旨」편에도 등장한다. 「미지」편에서는 장생의 도를 수련하려는 경우 금기[꺼려해서는 안 될 일]는 무엇인가라는 문제에 대한 문답에서 그러한 주장이 제기되었다. 근본적으로 중요한 일로서, '금기 가운데 가장 긴요한 것은 곧 (타인을) 손상損傷하지 않는 데 있을 뿐이다'[23] 라고 전제하고 나서, 갈홍은 수명의 증감에 대해 『역내계易內戒』『적송자경赤松子經』『하도기명부河圖記命符』등의 서적에서 인용한 대목들을 가지고 와서 다음과 같이 설명하고 있다. 인간의 몸속에 들어와 있는 '삼시三尸'[혼령

23) "禁忌之至急, 在不傷不損而已."

과 귀신의 부류)[24]가 경신庚申의 날[25]에 하늘에 올라가 사명신에게 해당 인물의 과실을 보고하고, 한편으로 (음력) 매달 그믐날 밤에는 부엌신(조신竈神)[26]도 하늘로 올라가 해당 인물의 죄상을 보고하는데, 그 결과로 '산算'과 '기紀'가 삭감된다는 것이다.

민간 신앙적 관념에서 유래했으리라 추정되는 이 같은 믿음에 대해, 갈홍은 '나 또한 이러한 일들이 있는지 없는지에 대해서는 자세히 알 수가 없다. 하지만 하늘의 도는 고원高遠(막원邈遠)하고 귀신의 일은 밝히기 어려운 것이다'[27]라고 하면서, 그러한 일의 유무에 관해서는 짐짓 판단을 유보하면서도, 이를 데 없이 커다란 천지에는 마땅히 '정신精神'이 존재해야 하는 것이니, 이치가 그렇다면 천지가 '선행에 상을 내리고, 악행에 벌을 준다'라고 생각하는 것은 적절한 일이라고 결론을 맺고 있다.

---

24) 갈홍은 '삼시'에 대해 '사람 몸속에 삼시가 있다고 하는데, 삼시라는 것은 형체가 없지만 실제로는 혼령과 귀신에 속한다'(言身中有三尸, 三尸之爲物, 雖無形而實魂靈鬼神之屬也)라고 설명한다. 달리 '삼팽三彭' '삼충三蟲'이라고도 한다. 또한 삼시는 세 단전에 하나씩 살고 있는데, 상단전에는 청고靑古(푸른 노인), 중단전에는 백고白姑(흰 아가씨), 하단전에는 혈시血尸(피투성이 주검)가 있어서, 이들이 단전을 공격함으로써 노쇠와 죽음의 원인을 제공한다고 믿기도 하였다.

25) 60갑자의 57번째 일진이 경신으로 삼시충은 1년에 일곱 번 하늘로 올라가는 것으로 알려져 있다.

26) 부엌을 맡아 다스린다는 신으로 '조왕신'으로 불린다. 부엌신 신앙은 중국뿐만 아니라 한국·일본·베트남에까지 널리 퍼져있다.

27) "吾亦未能審此事之有無也. 然天道邈遠, 鬼神難明."

'삼시'와 관련된 이러한 이야기는 일찍부터 일본에도 전해져서, 헤이안시대에는 귀족들 사이에서 경신날에 밤을 새우는 한편 자숙하면서, '삼시'가 몸 밖으로 빠져나가지 못하게끔 하는 '수경신守庚申'이 행해졌다고 한다.[28] 이후에 불교와 슈겐도修驗道[29] 등 일본의 여러 신앙·습속과 결합하여 경신신앙庚申信仰[30]이 출현하기에 이르렀는데, 그것은 바로 『포박자』에 수록된 이 이야기에서 유래된 것이라 하겠다.

「미지」편에서는 더 나아가 '도계道戒'〔=道誡〕, 곧 '도문道門의 계율'이라는 이름으로 규정된 선행·악행을 열거하고 있다. 우선 선행으로 거론되는 것은 다음과 같은 행위들이다.

---

28) 연구에 따르면 우리나라의 경우 고려 16대 예종睿宗 시대를 전후로 도교가 국가적 차원에서 널리 장려되면서 수경신 풍속이 민간에서도 행해졌다고 한다. 고려조에서 성행하던 수경신 습속은 조선 시대에도 계속 이어지다가 영조 시대에 이르러 폐지되었던 것으로 알려져 있다. 참고로 『동국세시기東國歲時記』 등에 경신일에 대한 기록이 전하고 있다. 이에 따르면 인가에서는 섣달그믐날 밤 집집마다 다락·마루·방·부엌 등 모든 곳에 기름 등잔을 켜놓는다. 등잔은 흰 사기 접시에 실을 여러 겹 꼬아 심지를 만든 것으로, 이것으로 외양간과 변소까지도 대낮같이 환하게 밝혀놓고 밤새도록 자지 않았다고 한다. 이를 수세守歲라고 하였는데, 이는 곧 경신일을 지키는 옛 풍속이라고 하였다.

29) 엔노교자役行者 등이 창시했다는 일본 불교의 한 유파로, 일본 고유의 산악신앙과 외래의 밀교·도교가 혼합되어있다. 슈겐도를 실천하는 산악 수행자인 야마부시山伏나 슈겐자修驗者가 인적이 없는 깊은 산속에서 초인적 수행을 쌓아 영적 힘을 체득하고, 그 힘을 빌려 종교 활동을 하는 실천적 의례 중심의 종교이다.

30) 에도시대에는 경신날 밤에 불교에서는 제석천帝釋天·청면금강靑面金剛을, 신도에서는 사루타히코猿田彦를 제사 지내고 하룻밤을 새우는 풍속으로 매우 성행했다고 한다.

선행을 쌓고 공덕을 세우며, 자애의 마음으로 만물을 대하며, 자기를 미루어[자신의 태도에서 상대를 배려하다] 남에게 미치며, 하찮은 곤충일지라도 자애롭게 대해야 한다. 타인의 기쁜 일은 자신도 기뻐하고, 남의 고통에 대해서는 가슴 아파하며, 남의 위급한 상황을 구제해주고, 곤궁에 처한 사람은 구해주어야 한다. 손으로 생명 있는 사물을 상하게 하지 않고, 분란을 부추기는 말은 삼가야 한다. 남이 성공하는 것을 보고 자신의 성공처럼 생각하고, 남의 잘못을 보면 자신의 잘못처럼 여긴다. 스스로 존귀하다 여기지 않으며, 스스로 자신을 칭찬하지 않는다. 나보다 훌륭한 사람을 시기하지 않으며, 아첨을 일삼거나 등 뒤에서 남을 음해하지 않는다.[31]

타인에 대해 배려하는 마음, 작은 생물에 이르기까지 모든 생명을 아끼는 마음가짐, 겸양의 정신 따위가 핵심으로, 이것들을 잘 실천하면 '하늘로부터 복을 받아서', 신선에로의 길이 열린다고 주장하는 것이다.

반대로 악행으로는 '착한 이를 미워하고 살생을 즐기

---

31) "積善立功, 慈心於物, 恕己及人, 仁逮昆蟲. 樂人之吉, 愍人之苦, 周人之急, 救人之窮. 手不傷生, 口不勸禍, 見人之得如己之得, 見人之失如己之失. 不自貴, 不自譽, 不嫉妒勝己, 不佞諂陰賊."

고, 겉과 속이 다르며, 마주 볼 때와 등 뒤에서 하는 말이 서로 다르고, 정직한 사람을 반대한다'[32]는 행위로부터, '간리姦利[33]를 취하려 하고, 남을 속여서 재물을 가로채고, 우물 위를 뛰어넘고 부엌에 걸터앉으며[34], 그믐날에 노래를 부르고 초하룻날에 통곡한다'[35]는 행위에 이르기까지 자세히 열거되어있고, 그 가짓수는 선행의 몇 배에 달하고 있다. 그중에는 '선성仙聖[선인과 성철聖哲]을 비방하고 선도를 닦는 도사에게 상해를 입힌다'[36]와 같이 신선적·도교적인 내용의 표현도 포함되어있지만, 사람을 다치게 하지 말라든가, 남에게 악행을 교사하지 말라든가, 남의 재물을 가로채지 말라든가, 음란하고 사악한 행위를 하지 말라 등과 같은 일상 윤리적 내용이 대부분을 차지하고 있다. '(타인을) 손상損傷하지 않는' 것이 '금기 가운데 가장 긴요한 것'이라는, 근본적인 정신을 잘 살리고 있다고 하겠다. 그리고 이들 악사惡事에 관해서도, '무릇 그러한 행위가 하나라도 있으면 그때마다 한 가지 죄

---

32) "憎善好殺, 口是心非, 背向異辭, 反戾直正."
33) '불법으로 취득한 부당한 이익'이라는 뜻임.
34) 우물이나 부엌은 신성한 장소이므로 함부로 행동하게 되면 신이 노한다는 말이다.
35) "採取奸利, 誘人取物, 越井跨竈, 晦歌朔哭." 그믐날은 달이 죽는 날이므로 노래를 금지하고, 초하룻날은 달이 생기는 경사스러운 날이므로 불길한 행위를 해서는 안 되는 것이다.
36) "謗訕仙聖, 傷殘道士."

가 된다. 저지른 죄과의 경중에 따라서 사명신이 그 사람의 산算과 기紀를 삭감한다. 그렇게 해서 산가지를 전부 삭감당하면 죽게 되는 것이다. 단지 악독한 마음을 품었지만 악행을 저지르지 않았던 자일지라도 산을 삭감당하고, 만일 악행을 저질러 다른 사람에게 손상을 입힌 자에게는 곧장 기를 삭감한다'[37]라고 언급하고 있다. 실제로 악행을 저지르지 않았으나 악독한 마음을 품었다는 이유만으로도 '산'을 삭감당하고 있다는 사실은 주목해야 할 측면이라 하겠다.

4. 『영보경』의 계

『포박자』의 '도계'에 대해서 논의해왔는데, 이 '도계'라는 말은 『태평경』이나 『노자상이주』에도 등장하고 있다. 『태평경』 권71에 「치선제사령인수도계문致善除邪令人受道戒文」(선을 부르고 사악함을 제거하여 사람들로 하여금 도계를 받도록 하는 글)이 수록되어있고, '도에는 커다란 계율이 있으니 특히 신중하지 않을 수 없다'[38]고 하는 신인神人의 말

---

37) "凡有一事, 輒是一罪. 隨事輕重, 司命奪其算紀, 算盡則死. 但有惡心而無惡跡者奪算, 若惡事而損於人者奪紀."
38) "道乃有大戒, 不可不慎之也."

이 실려있다. 또한 『노자상이주』에는 '도계道誡'〔=道戒〕를 지키지 않으면 안 된다고 거듭해서 요구하고 있다는 사실에 대해서는, 이미 2강에서 사례를 들어가며 논의한 바 있었다.

앞에서 보았듯이 도교의 계율은 본래 유교적 윤리 도덕 및 타인을 손상시키는 일이 없도록 하라는 일상 윤리를 핵심으로 한 것이었는데, 육조시대 중반 이후로 불교의 사상과 의례를 포용하면서, 도교가 종교로서의 체계를 점차 정비해감에 따라 계율에 있어서도 불교의 계로부터 받았던 영향이 나타나게 되었다. 육조시대에 불교 사상의 영향을 대폭 수용하면서 제작되었던 『영보경』에는, 도를 받드는 자가 지켜야 할 계로서 많은 종류의 계가 기술되어있다. 그것들은 대체로 불교에서 설하는 계와 중국의 일상 윤리가 융합했던 것 같은 형태로 되어있다. 예를 들면 『영보경』의 하나인 『태상동현영보지혜정지통미경太上洞玄靈寶智慧定志通微經』에 보이는 십계十戒는 다음과 같은 내용으로 되어있다.

첫째, 살생하지 말고 마땅히 중생을 위해 기도해야 한다.

둘째, 남의 부녀와 음범姪犯〔간음〕해서는 안 된다.

셋째, 정당하지 않은 방법으로 재물을 취해서는 안 된다.

넷째, 속여서 선악반론善惡反論〔선과 악을 뒤바꿔 논박하는 것〕해서는 안 된다.

다섯째, 취하지 말아야 하니 항상 정행淨行[39]을 생각해야 한다.

여섯째, 종친 간에 화목해야 하고 친족을 비난해서는 안 된다.

일곱째, 타인의 착한 일을 보거든 마음으로 돕고 (자신도 마찬가지로) 기뻐한다.

여덟째, 타인에게 근심 있는 것을 보거든 도와서 복되게 해야 한다.

아홉째, 상대방이 나에게 위해를 가하더라도 대응하지 않으려 노력한다.

열째, 아직 도를 얻지 못한 이가 있으면 나는 어떤 바람도 가지지 않는다.[40]

---

39) '청정한 수행'을 뜻함.
40) "一者不殺, 當念衆生. 二者不淫, 犯人婦女. 三者不盜, 取非義財. 四者不欺, 善惡反論. 五者不醉, 常思淨行. 六者宗親和睦, 無有非親. 七者見人善事, 心助歡喜. 八者見人有憂, 助為作福. 九者彼來加我, 志在不報. 十者一切未得道, 我不有望."

220

이러한 '십계' 중에서 첫째부터 다섯째까지는 불교의 재가 신도들이 지켜야 하는 계인 '오계五戒', 곧 '살생하지 말라〔不殺生〕' '도둑질하지 말라〔不偸盜〕' '음행하지 말라〔不邪婬〕' '거짓말하지 말라〔不妄語〕' '술을 마시지 말라〔不飮酒〕'와 동일한 내용이며, 열째는 일체중생을 제도할 것을 설하는 대승불교의 영향을 엿볼 수 있는 대목이다. 이런 내용이 불교적인 데 반하여 여섯째는 종족 사이의 화목을 중시하는 중국의 전통적 윤리관의 반영이며, 일곱째·여덟째는 불교에서도 언급되지만,『포박자』의 '도계'에도 동일한 내용이 보인다.

또한 마찬가지로『영보경』의『태상동현영보지혜죄근상품대계경太上洞玄靈寶智慧罪根上品大戒經』에는 '일십사계지신지품一十四戒持身之品'이라는 계가 등장하고 있다. 이것은 군신君臣·부자·형제·붕우·부부·사제 등 각각의 관계에서 어떻게 해야 하는가를 우선 열 개 조로 나누어 다음과 같이 설명하고 있다.

(1) 백성을 다스리는 임금은 나라에 은혜를 베풀어야 한다.
(2) 아비는 자식에게 자애로워야 한다.

(3) 남의 스승 된 자는 많은 사람을 사랑해야 한다.

(4) 형은 행실에 있어 우애가 있어야 한다.

(5) 신하는 임금에게 충성을 다해야 한다.

(6) 자식은 부모에게 효도해야 한다.

(7) 다른 사람과 친구가 된 자는 사귐에 신실해야 한다.

(8) 아내는 남편에게 정절을 지켜야 한다.

(9) 남편은 가정을 화목하게 이끌어야 한다.

(10) 제자는 공손하게 예를 지켜야 한다.

이상과 같은 열 개 조에 다시 다음과 같은 네 개 조를 추가하고 있다.

(11) 야인野人에게는 농사일에 힘쓰도록 해야 한다.

(12) 도사에게는 도를 올바르게 닦도록 해야 한다.

(13) 이국 사람들에게는 각자 자신의 영역을 지키도록 해야 한다.

(14) 노비에게는 매사에 신중하게끔 해야 한다.

이상과 같은 열네 개 조의 내용은 어느 것이나 중국 전통사회에 깊이 뿌리 내리게 되었다.

이러한 '십계'와 '일십사계지신지품'은 훗날 하나로 합쳐져서 『동현영보천존설십계경洞玄靈寶天尊說十戒經』(약칭 『십계경十戒經』)이라는 경전이 되었다. 『십계경』은 실제로 도교 조직 내에서 활용되었던 것으로 추정되는데, 수·당 시대 도교에 입문했던 사람들은 『노자』와 함께 『십계경』을 전수받는 경우가 있었다고 한다. 현재 둔황 사본 가운데 『노자』의 뒤쪽에 첨부하는 형태로 필사된 것이 몇 종류 남아 전하고 있다(7강 첫 페이지 사진, 스타인 6454).

5. 『태상감응편』과 공과격

행위의 선악과 그에 대한 응보를 수량적으로 파악하고, 장생과 등선이라는 목적 달성을 위해 선행을 쌓는 행위의 중요성을 주창하는 것은 『포박자』이래 도교의 특징이라 할 수 있다. 그러한 전통 위에서 송대 이후로 『태상감응편』을 비롯한 선서와 여러 종류의 공과격功過格이 출현하여, 널리 사람들 사이에 유포되기에 이르렀다.

『태상감응편』은 태상노군이 설했던 언어라는 설정이 되어있으며, 책의 제명에는 인간 행위의 선악에 대해서 하늘의 신이 그것을 감지하고서 응보를 내린다는 취지가 담겨져 있다 하겠다. 실제로는 남송 초기의 이석李石(자字는 창령昌齡)[41]이라는 인물이 상세한 '전傳'(해설)을 붙임으로써 세상에 널리 유포되었다고 알려져 있다.

『태상감응편』에서는 첫머리에 선악응보善惡應報의 이치를 논한 다음에(앞의 논의 참조), 인간이 행해야 할 선행과 해서는 안 될 악행에 대해 다음과 정리·요약하고 있다.

비뚤어진 길이면 딛지를 말고 어두운 암실에서라도 속이지를 말라(아무도 보지 않는 곳이라도 나쁜 일을 하지 않는다).

덕을 쌓고 공을 다지며 자애로운 마음으로 사물을 대하라.

충성과 효도와 우애와 공순恭順을 다하며 자기 자신을 올바르게 세움으로써 사람들을 감화시켜라.

환과고독鰥寡孤獨[42]을 구제하며 노인을 공경하고 어린 아이를 보살펴라.

곤충이거나 초목이거나 할 것 없이 어떠한 이유로도

41) 『태상감응편』의 성립 시기와 작자 문제에 대해서는 아직까지 학계의 논의가 분분하다. 이 책의 저자는 이석李石과 이창령李昌齡을 같은 인물로 보지만, 『낙선론樂善錄』을 지은 이석과 『태상감응편』의 최초 주석자 이창령이 동일 인물인지 여부는 현재까지도 확실치 않다. 연구자들이 대체로 동의하는 바는 『송사』「예문지」에 '이창령, 『감응편感應篇』 일권'으로 저록되었던 데서 보듯이 최초 주석자는 남송 초기의 이창령이라는 인물이고, 책의 성립 시기는 송 휘종 치세인 1101년~1117년 사이로 보고 있다는 정도이다.
42) 본래 '홀아비, 홀어미, 어리고 아비 없는 아이, 늙고 자식 없는 사람'이라는 뜻에서 '몹시 외롭고 의지할 데가 없는 처지의 사람'을 가리키게 되었다.

해치지 말아라.[43)]

이상에서 보듯 넉자바기〔四字句〕[44)] 형식으로 열거를 하다가 최후 부분에서 다음과 같이 정리·요약하고 있다.

이미 지나간 세월에 악행을 저질렀더라도

뒤에 와서 뉘우치고 잘못을 고쳐서

모든 악행을 다시는 저지르지 않고

온갖 선행을 하려고 노력하니

오래오래 지속하면 반드시 경사가 있을 것이니 이것을 일컬어 전화위복이라고 한다.

그러므로 길인吉人은 선을 말하고 선을 보며 선을 행하므로

하루에 삼선三善을 행하게 되어 삼 년을 꽉 채우면 하늘이 반드시 복을 내릴 것이다.

흉인凶人은 악을 말하고 악을 보고 악을 행하므로

하루에 삼악三惡을 행하게 되어 삼 년을 꽉 채우면 하늘에서 반드시 화를 내릴 것이다.

---

43) "不履邪徑, 不欺暗室. 積德累功, 慈心於物. 忠孝友悌, 正己化人. 矜孤恤寡, 敬老懷幼. 昆蟲草木, 猶不可傷."
44) '네 글자로 된 말마디'를 가리킨다.

어찌 노력해서 온갖 선행에 힘쓰지 않겠는가?[45]

『태상감응편』의 문장은 실은 그 과반 정도의 분량이, 앞서 언급했던 『포박자』「대속」편 및 「미지」편의 문장과 중복되고 있다. 윤리 사상의 측면에서도 『포박자』는 지대한 영향력을 미쳤다고 말해야만 하겠다.

『태상감응편』에서는 보통 사람 신변의 일상 윤리가 구체적 사례를 수반하며 알기 쉽게 설명이 되어있고, 그 내용은 도교·유교·불교의 범위를 뛰어넘어 모든 인간에게 통용되는 가르침이 되어있다. 최후의 맺음말로도 인용되고 있는 '제악막작 중선봉행〔諸惡莫作 衆善奉行〕'[46]이라는, 인구에 회자되는 불교 언어가 상징하듯이, 『태상감응편』은 악을 멈추고 선을 행하도록 사람들을 교화하는 서적으로, 오랜 세월에 걸쳐 중국 사회에 있어서 중요한 역할을 담당해왔던 것이다.

다음으로 공과격이란 어떤 행위가 '공功'〔선행〕인지 아니면 '과過'〔악행〕인지를 구체적으로 점수화〔정량화〕해서

---

45) "其有曾行惡事, 後自改悔, 諸惡莫作, 衆善奉行, 久久必獲吉慶, 此謂轉禍為福也. 故吉人語善, 視善, 行善, 一日有三善, 三年天必降之福. 兇人語惡, 視惡, 行惡, 一日有三惡, 三年天必降之禍, 胡不勉而行之."

46) 문자 그대로 '모든 악을 짓지 말고 여러 선을 받들어 행하라'라는 뜻이나, 알기 쉽게 '나쁜 짓은 하지 말고 착한 일은 힘써 행하여라' 정도의 의미로 이해할 수 있다.

보여주고[47], 그 수치를 근거로 본인의 행위를 반성하고, 도덕적 실천으로 향하도록 권유하는 서적을 통틀어 일컫는 명칭이다. 이것도 송대 이후로 유행하여서 갖가지 공과격이 제작되었다. 현존하는 가장 오래된 공과격은 금조金朝 대정大定 11년(1171)에 정명도淨明道 본거지인 남창南昌 서산西山의 옥륭만수궁玉隆萬壽宮에서, 도사 우현자又玄子에 의해서 찬술되었던 『태미선군공과격太微仙君功過格』[48]이다.

『태미선군공과격』은 선행을 열거한 '공격功格 36조'와 악행을 열거한 '과률過律 36조'로 크게 나뉘고, '공격 36조'는 다시 구제문救濟門 12조·교전문敎典門 7조·분수문焚修門 5조·용사문用事門 12조로, '과률 39조'는 불인문不仁門 15조·불선문不善門 8조·불의문不義門 10조·불궤문不軌門 6조로 각각 세분되어있다. 예를 들면 구제문에서는 부적과 의술로 위중한 환자를 한 사람 살려내는 경우에 10공(10점의 공), 경미한 질환의 경우는 5공, 환자 가족에게서 뇌물을 받은 경우에는 무공無功(0점)으로 처리한다. 불의문의 경우에는 다른 사람을 싸우도록 부추겼을 때는 1과

---

47) 참고로 '격格'이란 '표준'이라는 뜻이다.
48) 신선의 이름인 '태미선군太微仙君'은 달리 '태미천대太微天帶' '태미옥제군太微玉帝君'으로 불린다. 참고로 '태미선군'이란 신선명은 도장 전체에서 이 공과격을 제외한 다른 어느 책에도 등장하지 않고 있다.

〔1점의 과〕, 곤궁한 사람을 구제하지 않았을 경우는 1과〔1점의 과〕, 한 사람을 능욕했을 경우에는 3과, 남의 재물을 훔치거나 또는 남을 사주하여 도둑질을 시킨 경우에 액수가 백전百錢에 1과, 관전貫錢에 10과로 매겨야 한다는 등등 아주 자세히 기재되어있다.[49]

이러한 공과격을 실제로 활용했던 방법으로는 침실 머리맡에 필기도구와 '부적簿籍'〔공과부功過簿〕을 비치하고서, 취침할 때 해당 날짜에 행했던 일을 되돌아보면서, 공과격 조목에 따라 정직하게 기입하고, 월말에 점수를 계산하여 공과의 총 점수를 알아내는 것이다. 그와 같이 함으로써 '스스로 자신의 공〔선행〕과 과〔악행〕의 점수가 얼마인지 알게 되고, 하늘에 있는 진사眞司〔진인 세계의 관리役人〕가 비교·조사한 자신의 점수와도 분명히 일치하여 전혀 다름이 없다'〔『태미선군공과격』 서문〕[50]는 것을 확인한다는 것이다. 여기에는 '하늘의 신이 인간의 선악 행위에 대해, 길흉화복을 부여하는 시기의 준칙으로 현시顯示되어왔던 공과의 조건이, 인간 자신의 자주적인 도덕적 성찰을 위한 준칙으로 변질되어가는'〔아키즈키 간에이秋月觀

---

49) 시대마다 여러 차이가 있으나 동전 단위로 10전錢이 1냥兩이고, 1관貫이 100냥이므로 '관전貫錢'은 '백전百錢'의 열 배인 1,000전에 해당한다.
50) "自知功過多寡, 與上天眞司考校之數, 昭然相契, 悉無異焉."

暎,「도교와 중국의 윤리—선서에 있어서 심의주의心意主義의 전망」)
양상을 엿볼 수 있는 것이다.

『태미선군공과격』은 그 서문에서 '유교와 도교의 가르
침은 한 가지로 다를 바가 없다'[51]고 하면서, 유도일치儒
道一致의 입장을 견지하였지만, 그 내용을 살펴보면 법록
경교法籙經敎나 재초齋醮, 성상聖像의 이야기 등 대체로 도
교 신자를 대상으로 한 것이 많은 편이다. 그러나 후대에
제작되었던 공과격들은 불교적 성격이 강한 부류[52]와 유
교적 성격이 농후한 부류[53] 등 다양한 양상을 보여주지
만, 전반적으로 종교적 성격보다는 일상적 행위의 규범
이라는 측면이 중심이 되었다. 이리하여 공과격은 『태상
감응편』과 더불어 널리 사람들 사이에 유포되었고, 민중
교화의 측면에서 커다란 영향력을 발휘하였다.[54]

---

51) "儒道之敎, 一無異也."
52) 대표적 사례로 명대 4대 고승의 한 사람인 운서주굉雲棲袾宏의 『자지록自知錄』을 들
수 있다.
53) 이른바 '선서善書 운동'의 와중에서 공과격이 가장 유행했던 명 말 청 초 시기 유교
적 성격이 농후했던 일련의 공과격들은 특히 '유문공과격儒門功過格'이라고 불렸다. 이
러한 '유문공과격'의 대표적 사례는 유종주劉宗周 『인보人譜』, 진석하陳錫嘏 『휘찬공과격
彙纂功過格』 등을 꼽을 수 있다.
54) 우리나라의 경우 조선 태종 때 명에서 『선음즐서』 같은 권선서를 보냈다는 기록이
있는 것으로 보아 조선 초기에 대체로 선서가 유입된 것으로 보이나, 선서의 본격 유행
은 조선 후기에 이르러서야 비로소 나타나게 된다. 조선 후기에는 사찰·개인·왕실 등에
서 민간 교화의 목적으로 선서를 간행·보급하고 있는데, 그중에서도 특히 중인층 실학
자로 알려진 최성환崔瑆煥 같은 인물 등이 주도했던 민중 도교적 성격의 선서 간행·보급
운동은 이른바 조선 후기의 삼교통합주의의 한 흐름으로서 주목된다고 하겠다.

6. 『태평경』의 이상사회—만물의 조화와 평형

이번 강의에서는 여기까지, 도교에 있어서 개인의 일상 윤리의 문제를 이야기해왔다. 이하에서는 도교가 지향했던 이상적 사회상과 정치철학에 대해서 살펴보고자 한다.

도교가 이상으로 여겼던 사회와 관련하여, 중국학자 쑨이핑孫亦平은 '음양이 조화롭고 천하가 태평한〔陰陽和諧, 天下太平〕' 상태라고 규정하면서〔쑨이핑,『도교의 신앙과 사상』 5장〕,『태평경』의 기술에 근거해 설명을 시도하고 있다. 『태평경』에 기술되어있는 이상사회가 실제의 태평도 교단 조직 및 태평도가 일으켰던 '황건의 난'의 이념과 어느 정도 관련이 있는지, 그 실상은 잘 알 수가 없는 형편이다. 하지만 적어도『태평경』에 기술된 내용은 당시 도교가 구상하였던 이상적 사회상의 중요한 한 측면을 보여주고 있음은 분명한 사실이다.

『태평경』에서는 생명관·양생론·구제사상 등 다양한 측면에 있어서 '기'의 관념이 중요한 의미를 지녔다는 사실은 지금껏 누누이 언급해왔는데, 이상사회에 관해서도 사정은 마찬가지이다.『태평경』에서의 이상사회란 한마디로 말하면 만물의 조화가 이루어지고, 불공평이 없는 세상이라 하겠다. 다음과 같은 문장을 인용해보자.

　　원기元氣에는 세 가지 구체적 이름이 있으니, 태양太
陽·태음太陰·중화中和가 그것이다. ……중화란 만물을
조화롭게 만드는 책임을 맡은 주체이다. ……음양의 관
건은 중화〔음양이 상호 교합交合하는 것〕 속에 있다. 중화의
기가 생겨나면 만물은 번성하고 백성들은 화목하고 제
왕의 다스림은 태평 상태에 이르게 된다.[55]

　　　　　　　　　　　-『태평경초』을부, 합교 19~20쪽

　'기'가 막힘없이 소통되는 것이야말로 자연계와 인간세
계의 안정을 가져다주는 근본이라는 생각은『태평계』의
기본 입장이라고 할 수 있다. 그러한 음양의 기의 중심
고리로, 만물을 조화롭게 만드는 책임을 맡은 '중화의 기'
가 있고, 그러한 '중화의 기'가 갖추어져야 비로소 만물은
크게 번성하고, 인간 사회에 조화가 생겨나며, 태평의 정
치가 이루어지게 된다는 점을 이 문장은 서술하고 있다.
『태평경』의 다른 곳에서는 천〔陽〕의 기는 '도'〔모든 사람이

---

[55] "元氣有三名, 太陽·太陰·中和 (中略) 中和者, 主調和萬物者也. (中略) 陰陽者, 要在
中和. 中和氣得, 萬物滋生, 人民和調, 王治太平."

활력 넘치게 살아가는 것)를 원하고, 지(陰)의 기는 '덕'(모든 사람을 양육하는 것)을 원하고, 중화의 기는 '인'(천지간의 재물이 모든 사람에게 골고루 유통되는 것)을 원한다는 내용의 문장이 등장하기도 한다(5강 참조). 천지음양의 기의 혜택을 받고서 생겨나는 곡물과 온갖 재물이 어느 한곳으로만 치우쳐 소유되지 않고, 모든 사람에게 골고루 배분되도록 하는 것이 천·지·중화의 마음이며, 그러한 마음에 순응함으로써 '백성들은 화목하고 제왕의 다스림은 태평 상태에 이르게 된다(人民和調, 王治太平)'는 이상사회가 실현된다는 것이 『태평경』의 사고방식이라 하겠다. 그와 같은 생각의 바탕에는 『노자』의 '하늘의 도는 남는 것을 덜어 부족한 것에 보태준다'(77장)라는 발언도 어느 정도 의식되었을 것으로 여겨진다.

『태평경』에서는 자연계의 음·양·중화의 삼기三氣, 국가에 있어서 군君·신臣·민民, 가정에 있어서 부·모·자, 신체에 있어서 정情·신神·기氣 등등, 우주와 인간세계의 온갖 영역에 있어서 삼자三者가 협조해야 할 중요성에 대해 강조하고 있다. 또한 사회·정치사상에 관련된 군君·신臣·민民의 삼자에 대해서는 '나라를 다스리는 도는 백성을 근본으로 삼는다. 백성이 없으면 군주와 신하는 다스릴 대상이 없다'(『태평경』 권48, 합교 151쪽)[56]라고 말하듯이, 나라 정치의 근본은 백성에 있다는 전제에 입각해서 이들 삼자 사이의 협조를 논하고 있다. 백성이 근심 걱정으로 인해 곤궁에 빠져 '원결寃結'(가슴에 맺힌 원한)을 품게 되는 경우에 태평의 세상은 실현되지 않는다는 것이다(『태평경』 권54, 합교 202쪽).

『태평경』에 따르면 '태평太平'이란 '세상 만물 중에 어느 하나라도 손상되거나 상처 입은 경우가 없이, 모두 다 제 본래 자리를 얻었다(자신에게 어울리는 존재 방식·있을 장소를 얻었다)'[57](『태평경』 권93, 합교 398쪽)는 상태인 것이다. '평平'이란 글자는 군주의 다스림이 매우 공정하고 균등하여, 모든 정사가 타당하게 처리되고 더는 간악하고 사리사욕을 채우는 일이 없다는 것이다'[58](『태평경』 권48, 합교 148쪽)라는 언급도 보이고 있다. 군신·부자·부부 등 사회에서의 온갖 상하 관계의 존속을 그 자체로 전제로 깔았던 주장이기는 하나, 공평하고 치우침이 없으며 조화와 균형이 잡힌 통치에서, 모든 사람이 그 자신에게 어울리는 삶의 방식을 택하고, 상처와 고통을 받지 않고서 생

---

56) "治國之道, 乃以民爲本也. 無民, 君與臣無可治."
57) "凡事無一傷病者, 悉得其處,(故爲平也.)"
58) "平者, 乃言其治太平均, 凡事悉理, 無復奸私也."

명을 온전히 누릴 수 있는 세상이 『태평경』이 꿈꾸었던
이상사회였다.

7. 『노자』의 정치철학—'무위의 다스림'

다음으로 도교의 정치철학, 국가 통치의 이념에 대해
다루어보고자 하는데, 우선 거론해야 할 것이 『노자』의
'무위無爲의 다스림'에 관한 주제일 것이다. 『노자』에 등
장하는 이상사회에 관한 견해로는 80장의 '소국과민小國
寡民'의 묘사 내용이 잘 알려져 있다. 작은 촌락공동체 내
에서 사람들이 목숨을 소중히 여기며, 문명의 이기를 사
용하는 일도 없고, 이웃 나라를 왕래하는 경우도 없이,
자연에 몸을 맡긴 채 소박한 생활에 만족하면서, 조용히
생애를 마칠 수 있는 사회였다. 『노자』가 생각하는, 바람
직한 통치 형태란 이와 같은 이상사회를 창출해내는 정
치를 말하는 것이라 하겠다. 『노자』에 따르면 그것은 '도'
를 체득한 '성인'의 통치를 통해서만 실현되는 것이다.

『노자』에서 설파되었던 '성인의 다스림'이란 어떠한 작
위作爲도 부리지 않는 무위무욕無爲無欲의 통치이다. 그
것은 다음과 같이 기술되고 있다.

재능 있는 인물을 높이 받들지 않아 백성으로 하여금 다투지 않게 한다. 얻기 어려운 재화를 소중히 여기지 않아 백성이 도둑질하지 않게 한다. 욕심낼 만한 물건을 내보이지 않아 (백성의) 마음이 어지러워지지 않게 한다. 이렇게 함으로써 성인의 다스림은 그 마음은 비우게 하고 그 배는 채워주며, 그 뜻을 약하게 하고 그 뼈를 강하게 한다. 언제나 백성으로 하여금 무지무욕無知無欲하게끔 하고, 저 윤똑똑이들이 감히 무언가 하지 못하게 한다. 이렇게 무위를 행하면 다스리지 못할 것이 없게 될 것이다.

-『노자』 3장

그러므로 성인은 '내가 무위하면 백성이 스스로 교화되고, 내가 고요함을 좋아하면 백성이 스스로 바르게 되고, 내가 일부러 일을 벌이지 않으면 백성이 스스로 부유해지고, 내가 무욕하면 백성이 스스로 순박해진다'라고 했다.

-『노자』 57장

3장 문장 중에 '백성으로 하여금 무지무욕하게끔 한다'

라고 되어있는 것은, 이른바 우민정책 같은 것이 아니라 인간의 잔머리 굴리는 지혜와 문화·문명이 초래하였던 부정적 측면에서 백성을 지켜내고, 순박한 자연의 삶을 온존케 하려는 의도를 가리키는 것이다. 성인은 백성이 다투지 않고, 도둑질하지 않고, 마음을 어지럽히지 않고서 살게끔 해주고, 백성이 건강한 신체를 유지하도록 힘써주고, 잔머리의 지자에게는 일을 시키지 않는 것이다. 그와 같은 통치 방식이 요컨대 '무위를 행한다'라는 것이다. 57장은 성인이 무위하며, 고요함을 좋아하고, 일부러 일을 벌이지 않고, 무욕한 상태로 있는 것이, 도리어 백성이 스스로 바르게 되고, 부유해지고, 순박하게 되는 길이라고 말하고 있다.

『노자』는 또한 통치의 존재 방식을 4단계로 자리매김하여서, 최상의 군주는 '아래 백성들이 그가 있다는 것만 알 뿐'(17장)[59]인 경우라고 하고 있다. 아래 백성들은 군주가 존재한다는 사실만 알 뿐, 군주에 대해서는 어떤 감정도 품고 있지 않다. 그리고 '공이 이루어지고 일이 다 성취되어도 백성들이 모두 자기가 스스로 그렇게 했다

---

59) 저자는 '下知有之'로 해석하고 있는데, 판본에 따라서 '不知有之'(군주의 존재조차 알지 못한다)로 되어있는 경우도 있다. 참고로 초간楚簡이나 백서帛書의 경우는 모두 '下知有之'로 되어있다.

고 한다〔같은 곳〕, 곧 천하 통치의 사업이 완성되고, 대규모 사업이 성취되었으나, 그런데도 백성들은 모두 자기가 스스로 이렇게 되었다고 말을 하는, 그러한 통치야말로 최고의 통치라고 볼 수 있다는 것이『노자』의 사고방식이었다.

이와 같은『노자』의 정치철학은 지나치게 관념적이어서 현실성이 결핍되었다는 느낌을 부정할 수 없다. 앞서 언급한『태평경』의 이상사회도 그렇지만,『노자』의 '무위의 다스림'도 고대라는 시대에 가탁해 그 이상을 서술했다는 성격이 강한 것만은 틀림없는 사실이다. 하지만 '무위의 다스림'이라는 사고방식은, 다름 아니라 군주를 향해 군주 자신이 우선 자신의 몸과 마음을 바르게 하고, 무심무욕無心無欲의 상태로 백성들의 소리에 귀 기울여야 한다고 역설하는 점에서 현실적인 의의를 지닌다고도 말할 수 있겠다.

그런 점과 관련해서 일찍이 사마천의 부친 사마담司馬談이「논육가요지論六家要旨」〔음양가·유가·묵가·명가·법가·도가 여섯 학파 사상의 요점을 정리한 글〕에서 '정신이란 삶의 근본이며 육체는 삶의 도구이다. 먼저 그 정신과 육체를 안정시키지 않고 자신만이 천하를 다스릴 수 있다고 주장하니 무엇에 근거한 것인가?'[60](『사기』「태사공자서太史公自序」)라고 역설하면서, 자신의 몸과 마음(형形과 신神)을 안정시키지 못하면 천하를 다스릴 수는 없다는 바로 그 점이 도가 사상 요점의 하나임을 지적하는 것이다. 몸을 다스리는 일(治身)로부터 출발해서 나라를 다스리는 일(治國)로 나아간다는 사고방식, 또는 치신과 치국은 동일한 정신에서 출발하는 것이라는 사고방식은 다음 부분에서 논의하듯이 도교의 중요한 정치 이념이 되었던 것이다.

8. '치신'과 '치국'

중국 역사에서 당대는 왕실의 정책에 힘입어 도교가 국가와 가장 밀접한 관계를 맺었던 시대이다. 당대를 대표하던 저명한 도사 사마승정은 3대의 천자(측천무후·예종·현종)의 부름을 받아 천태산(절강성 천태현天台縣)에서 조정에 이르렀다. 경운景雲 2년(711), 예종에게서 '몸을 다스림에 무위하면 정신이 맑고 높아진다. 그러나 나라를 다스림에 무위하면 어떠하겠는가?'라는 질문을 받은 사마승정은 다음과 같이 답변했다고 전해진다.

---

60) "神者生之本也, 形者生之具也. 不先定其神形, 而曰我有以治天下, 何由哉."

나라도 몸과 마찬가지입니다. 노자에 이르기를 마음을 담담한 곳〔염담恬淡[61]의 경지〕에서 노닐고, 기를 적막 寂寞한 경지에 부합시키며 물物의 자연에 따라 사사로운 욕심을 용납하지 않으면 천하가 잘 다스려진다고 합니다〔『구당서』에서는 『노자』의 문장이라 하지만, 실제로는 『장자』 「응제왕」편에 보이는 무명인無名人의 발언임〕. 『역』〔건괘乾卦 문언전〕에서는 성인〔『역』에서는 대인大人〕은 천지와 그 덕행이 합치한다고 합니다. 이로써 하늘은 말하지 않아도 믿음이 생기며, 구태여 일을 벌이지 않아도 이루어지는 것임을 알 수 있습니다. 무위의 본뜻이 곧 나라를 다스리는 방도입니다.[62]

-『구당서』「은일전」

국가와 한 개인은 동일한 것이며, 몸을 다스리는 경우와 마찬가지로 무사無私·무위無爲의 경지에서 물의 자연에 순응하는 것이 나라를 다스리는 요체라고 사마승정은 주장하고 있다. 2강에서 언급했듯이, '치신'과 '치국'이 동일한 것임을 설파했던 것은 『노자』 주석사注釋史에서 하

---

61) '욕심이 없고 깨끗하다'라는 뜻이다.
62) "國猶身也. 老子曰, 遊心於淡, 合氣於漠, 順物自然而無私焉, 而天下理. 易曰, 聖人者, 與天地合其德. 是知天不言而信, 不爲而成. 無爲之旨, 理國之道也."

상공주가 보여준 특징이었다. 또한 『포박자』「지진」편에
도 '한 사람의 신체는 한 나라의 형상과 같다. ……그러
므로 자신의 몸을 수양하는 방법을 안다면 능히 나라도
잘 다스릴 수 있다. 무릇 백성을 아끼는 것은 그 나라를
안정시키는 방법이고, 그 기를 기르는 것은 자신의 신체
를 보전하기 위한 조치이다. 백성이 흩어지면 나라가 망
하고, 기가 고갈되면 곧 몸이 죽는다'[63]라고 기술하고 있
다. 치국과 치신을 같은 종류의 일로 간주하는 사고방식
은 도교에서는 일반적이었다고 할 수 있겠다.

　사마승정에게서 법록(도사 면허장)을 부여받고서, 일찍
이 도교에 경도하였던 현종은 그 자신이 『노자』의 주석
을 지었으며, 『노자』의 요점은 '이신리국理身理國'에 있다
고 여겼다는 사실과 관련해서는 이미 2강에서 다룬 바
있다. 또한 당말 오대 시기의 도사 두광정은 현종의 『노
자』주석에 부연하여 『도덕진경광성의道德眞經廣聖義』[64]를
저술하였는데, 그중에서 『노자』 54장의 해석으로 '치신'
과 '치국'의 문제에 대해 다음과 같이 기술하고 있다.

---

63) "一人之身, 一國之象也. (中略) 故知治身, 則能治國也. 夫愛其民所以安其國, 養其
氣所以全其身. 民散則國亡, 氣竭即身死."
64) 이 책의 내용은 현종의 『노자』주소注疏에 나타난 '성의聖義'에 근거해 두광정 자신
의 의견을 덧붙인 해설서이다. 일반적으로 한당漢唐 시대 『노자』 주석서를 집대성한
저작으로 높게 평가받고 있다.

몸을 바르게 닦아 나라를 다스리는 것은 자기를 앞세우고 남을 뒤에 두는 것이다. ……자신의 몸에 도가 있으면 집안이 또한 화목해진다. 이른바 아비는 아끼며 어미는 자애롭고 자식은 효도하며 형은 우애 있고 동생은 공순하며 지아비는 믿음직하고 지어미는 정숙하니, 위아래가 모두 화목한 것이다. ……군자가 덕행을 세우는 것은 자신을 바르게 하여 그 집안에까지 미치고, 집안을 바르게 하여 그 고장 전체에 미치는 것이다. ……그러므로 자신의 몸을 다스렸는데 나라가 어지럽다거나, 자신의 몸이 어지러운데 나라가 잘 다스려졌다는 이야기는 이제껏 들어본 적이 없는 것이다. 따라서 누구라도 안으로 몸을 바르게 닦으면 사물이 밖에서 호응하는 것이요, 덕이 가까이에서 출발하여 멀리까지 미치는 것이다. 필부 한 사람이 감응을 일으켜도 오히려 이 정도인데, 하물며 제왕의 경우에야 어떻겠는가?[65]

-『도덕진경광성의』권38

---

65) "修身理國, 先己後人. (中略) 身旣有道, 家又雍和. 所謂父愛·母慈·子孝·兄友·弟恭·夫信·婦貞, 上下和睦. (中略) 君子之立行也, 正其身以及其家, 正其家以及其鄉. (中略) 故曰未聞身理而國亂, 身亂而國理也. 所以身修於內, 物應於外, 德發乎近, 及乎遠. 一夫感應尙猶若此, 況於帝王乎."

여기서는 '치신'과 '치국'의 문제가 유교의 가족 윤리와 『예기』「대학」편에 실려있는 '수신제가치국평천하修身齊家治國平天下'의 사상과 하나로 묶여져 있는 것이다. 일개 서민일지라도 안으로 닦은 덕행이 가족에게서 시작하여 점차로 그 미치는 범위를 확대하여 수많은 사람을 감화시키는 지경까지 이를 수 있다. 하물며 천자가 '도를 음미하고 현묘함을 좋아하며, 하늘을 공경하고 땅에 순응하며, 마음을 집중하여 현묵玄黙[66]을 수행하고, 몸을 단정히 하여 무위를 행하면'(『도덕진경광성의』 권38)[67] 천하 전체가 그의 덕으로 뒤덮이는 이상적 세계가 현출되는 것이다. 『노자』 주석이라는 형식을 빌려서 표현되었던, 도교의 국가 통치의 이상적 모습이라 하겠다. 이번 강의 앞부분에서 다루었던 개인의 일상 윤리와 마찬가지로 국가 통치의 이념 또한 유교 사상과의 융합 현상이 두드러지게 나타나는 점이 새삼 주목된다고 할 수 있다.

---

66) 본래 '그윽하고 깊은 침묵' 또는 '신비한 침묵'을 뜻하나, 시문에서는 보통 '무사無事'의 뜻으로 풀이해 '쓸데없는 일을 벌이지 않는다'로 해석하기도 한다. 뒤에 나오는 '무위無爲'와 대를 이룬 것으로 보인다.

67) "味道躭玄, 敬天順地, 凝心玄黙, 端己無為."

8강 도교와 불교
- 삼교三敎 공존의 사회 속에서

태상노군상太上老君像(섬서陝西 요현耀縣 약왕산藥王山 박물관·섬서 임동臨潼시 박물관·북경 요금성원遼金城垣 박물관 편,『북조北朝 불도조 상비佛道造像碑 정선』, 천진天津 고적출판사, 1996년에서)

1. 불교 수용과 도가·신선 사상

불교가 중국에 언제 전래했는가에 관해서는, 유명한 후한 명제明帝의 감몽구법感夢求法 설화—영평永平 연간 (58~75)에 하늘을 나는 금인金人〔황금으로 빛나는 사람〕의 꿈[1]을 꾸었던 명제가, 신하를 천축天竺에 보내어 불법에 대해 알아보게 했고, 그 결과로 중국에 불교가 전해졌다는 이야기〔『고승전高僧傳』 섭마등전攝摩騰傳〕, 전한 애제哀帝의 원수元狩 원년(B.C. 2), 대월지국大月氏國에서 온 사자 이존 伊存이 박사제자博士弟子인 경로景盧에게 『부도경浮屠經』을 말로 전수했다는 기사〔『삼국지』 위서魏書·오환선비동이전烏丸 鮮卑東夷傳의 주석에 인용된 『위략魏略』 서융전西戎傳〕 등의 여러 설이 제기되고 있다. 하지만 실제로는 아마도 전한 무제 武帝 시대(재위 B.C. 141~B.C. 81)에 장건張騫의 서역 원정에 따라 서방과의 교역로가 개통되어 동서 교역이 활발해지게 된 상황을 계기로, 불교가 중국에 알려지기 시작했던 것으로 추정된다.

불교가 전래했을 무렵 중국에는 이미 고래로부터 고유한 사상 문화의 축적이 있어왔다. 불교는 최초에 그런 중국 고유의 사상 문화의 힘을 빌리는 한편 그것을 매개로

---

1) 금인이 뜰에 내려왔던 꿈을 꾸었다는 데서 '금인강정설金人降庭說'이라고도 한다.

삼아 중국의 사회·문화 속으로 융합해갔다. 중국의 전통 사상 중에 불교의 수용 과정에서 가장 커다란 역할을 맡았던 것이 도가 사상과 신선 사상이다. 그런데 도가 사상과 신선 사상은 도교를 구성하는 사상적 핵심이기도 하였다. 따라서 이후에 도교와 불교 상호 간에는 갖가지 다툼과 상호 교섭이 발생하게 되었다.

불교가 전래된 초기에는 부처는 노자 또는 신선과 동일한 존재로 간주하였다. 중국 역사에서 가장 이른 시기에 부처에 대해 제사를 지냈다는 기록이 보이는 것은 후한 시대 초왕楚王 유영劉英〔명제의 아우〕[2]이다. 초왕영은 만년에 이르러 '황로의 학을 좋아하고, 부도浮屠〔부처〕의 재계齋戒와 제사를 행하였다'〔『후한서』,「초왕영전」〕라고 한다. 그러한 초왕영의 신앙에 대하여 명제가 내렸던 칙서에는 '초왕은 황로의 미언微言[3]을 송독誦讀하고, 부도의 인사仁祠[4]를 숭상하였다'〔『후한서』, 같은 곳〕고 적시하고 있다. 또한 5강에서 『노자변화경』을 다루면서 언급했듯이 후한의 환제桓帝 또한 궁중에 '황로와 부도〔불교〕의 사당'을 세

---

2) 흔히 '초왕영楚王英'으로 불렸다. 저자는 명제의 아우라고 했는데, 실은 이복형이므로 착오인 듯하다.
3) '뜻이 깊고 미묘한 말'이라는 뜻임.
4) 불교 사찰의 별칭. 또한 '부처를 제사 지내는 곳'이라는 의미로 '부도사浮屠祠'라는 말도 쓰였다.

웠다. 이러한 사례들 어디에나 부도〔부처〕를 제사 지내는 일이 '황로'에 대한 제사와 짝을 이루며 등장하고 있다. 황제와 노자는 모두 불사장생하여 신선이 되었던 존재로 여겨져 후한 시대에는 제사의 대상이 되었다. 부처 또한 그러한 황로와 같은 부류로 간주해 부처를 제사 지내는 일과 황로의 가르침을 배우거나 황로를 제사 지내는 일이 동시에 행해졌다.

앞서 언급한 명제가 꿈속에서 보았던, 하늘을 나는 '금인'이 부처였다고 하는 것도 부처가 본래 신선과 같은 존재로 간주했다는 점을 암시해주는 것이다. 초기의 불교 이해를 보여주는 중요한 자료인 모자牟子『이혹론理惑論』〔『홍명집』권1, 후한 말부터 삼국시대 사이의 저작〕에는 다음과 같은 문장이 실려있다.

부처〔佛〕는 도덕의 원조이며 신명神明의 근원〔宗緒〕이다. 부처〔佛〕라는 말은 '깨닫다〔覺〕'는 뜻이다. 황홀하게 〔어렴풋하여 종잡을 수가 없다〕 변화하고, 자유롭게 분신分身[5]하여 여러 형태로 자신을 나타낸다. 때로는 있기도 하고 때로는 없기도 하며, 능히 작을 수도 있고 능히 클

---

5) 부처가 중생을 구제키 위해 자기 몸을 여러 곳에 나타내는 일이나 그러한 몸을 말한다.

수도 있으며, 능히 둥글기도 하고 능히 네모나기도 하며, 능히 노인도 되고 능히 젊은이도 되며, 능히 숨기도 하고 능히 환히 드러나기도 한다. 불을 밟아도 타지 않고, 칼 위를 걸어도 다치지 않으며, 더러움 속에 있어도 물들지 않고, 재난을 만나도 화를 당하지 않는다. 가고 싶으면 공중을 날아가고, 자리에 앉으면 빛을 발한다. 그래서 이름하여 부처[佛]라고 하는 것이다.[6]

-『신수대장경』52, 2상

'불佛'[범어 bouddha]이라는 말의 뜻이 '각覺'[깨닫다, 깨달은 사람]이라는 점을 엄격히 규정하고 있지만, 그 구체적 모습이란 것이 변화무쌍하고 불구덩이에 들어가도 타지를 않고, 하늘을 날고 몸에서 빛을 발한다는 식의, 초인 또는 신선의 이미지를 빌려와서 설명되고 있다. 이 같은 이미지는 5강에서 논의한 바 있던 신비화·신격화된 노자의 이미지와도 중복되고 있다.

부처를 파악하는 이러한 방식은 도상 표현 방면에서도 동일하게 나타났다. 후한에서 육조시대 전반까지의 화

---

6) "佛乃道德之元祖. 神明之宗緒. 佛之言覺也. 恍惚變化分身散體, 或存或亡, 能小能大, 能圓能方, 能老能少, 能隱能彰, 蹈火不燒, 履刃不傷, 在汚不辱, 在禍無殃. 欲行則飛, 坐則揚光. 故號為佛也."

상석·화상경畫像鏡[7], 또는 요전수搖錢樹[8]·신정호神亭壺[9] 등에는 서왕모·동왕부東王父[10] 등 중국 고래의 신선 형상과 뒤섞인 형태로 불교의 도상이 나타나게 되었다. 불교가 전래되었던 당초에 중국에서는 부처는 외래 신선의 한 명으로서 이해했던 것이다.

2. 노자화호설과 삼성파견설

중국에 불교가 들어왔을 때 노자화호설老子化胡說이라는 기묘한 주장이 생겨났다. 이것은 노자가 오랑캐 나라〔胡〕에 들어가 부도浮屠〔佛〕가 되어, 그 지역 사람들을 교화하기 위해 설했던 가르침이 불교였다는 주장이다. 실로 황당무계한 내용이지만 후한 환제 시대에 이러한 주장이 이미 존재하고 있었다〔『후한서』「양해전」〕.

---

7) 후한에서 육조시대에 걸쳐 만든 동경銅鏡 가운데 뒷면의 무늬가 후한의 화상석과 비슷한 거울.

8) 본래 '돈이 떨어지는 나무'의 뜻으로, 유약으로 구운 도기 받침대에 청동으로 만든 나무 모양의 명기明器로서 무덤 부장품으로 쓰였다.

9) 주로 강남의 절강성·강소성을 비롯한 지역의 무덤에서 출토되는 명기로 '곡창관殼倉罐'이라고도 한다. 항아리 상부에는 누각과 다양한 인물·동물 등이 새겨져 있는데, 피장자의 자손번영을 기원하는 용도로 쓰였다고 알려져 있다.

10) 중국 신화에 나오는 남신으로 서왕모에 대응한다. 서왕모가 여선女仙을 통솔하는 존재라면 동왕부는 남선을 통솔하는 존재이다. 후한 이후로 서왕모와 한 쌍으로 묘사되었는데, 달리 '동왕공東王公' '목공木公' '부상대제동황부扶桑大帝東皇父' '동제東帝' '동화제군東華帝君' '동부東父' '동군東君'이라고도 한다.

'노자화호老子化胡'라는 발상이 생겨난 이유의 하나로는 우선 사마천이 『사기』 「노자전」에 '그가 여생을 어떻게 살았는지는 아무도 모른다'라고 다소 수수께끼 같은 표현을 해놓았는데, 관문을 떠나간 뒤로 노자는 서쪽을 향했고 이후로 행방을 전혀 알 길이 없다고 했던 사정을 들 수 있다(2강 참조). 또 다른 이유로는 사상적 내용으로 보아서 불교는 『노자』 사상에 가깝다고 생각하고 있었던 점을 꼽아야 하겠다. '부도〔여기서는 부도경浮屠經, 곧 불전임〕에 실린 내용은 중국의 노자경老子經과 거의 동일하다. 아마도 생각해보니 노자가 서쪽 관문을 나가서 서역을 지나 천축에 이르러서 오랑캐를 가르쳤던 것이리라'〔앞의 책, 『위략』 서융전〕[11]고 말한 그대로였다.

실제로 불전을 한문으로 번역함에 있어서, 'nirvāṇa'〔음역어는 열반涅槃, 깨달음의 경지〕가 '무위無爲'로 옮겨지고, 'bodhi'〔음역어는 보리菩提.[12] 깨달음의 지혜〕가 '도'로 옮겨지듯이, 불교 중요 개념을 나타내는 용어의 번역어로 『노자』에 나오는 말이 많이 차용되었다.[13] 그리고 일단 불교 중

---

11) "浮屠所載, 與中國老子經相出入. 蓋以老子西出關, 過西域, 至天竺敎胡."
12) 이 경우는 '보제'로 읽지 않고, 불교 한자어로 '보리'로 읽는다.
13) 불교 수용 초기에 독자적 문화 기반을 지녔고, 전혀 다른 언어체계와 사상 유형을 지닌 중국 고전·사상과의 비교·대비를 통해 불교를 이해하려 했던 시도를 격의불교格義佛敎라고 한다.

요 어휘가 『노자』에서 유래하는 용어로 한역漢譯이 되어 버리면, 중국에 있어서 불교 해석이 불교는 『노자』 사상과 동일한 것이라고 이해하는 쪽으로 쏠리는 것은 피할 수 없는 일이었다.

노자화호설은 최초에는 중화사상·화이사상이 뿌리 깊은 중국에서 불교 수용을 용이하게 해주었다는 점에서 일정 역할을 담당했다고 평가할 수 있다. 오랑캐(夷狄)의 땅에서 태어난 불교가 알고 보니 노자가 설했던 가르침이었다고 한다면 중화사상·화이사상과 굳이 저촉될 이유가 없었다.

하지만 그 후로 불교가 중국 사회에서 차츰 세력을 키워서, 그 결과로 도교와 대립하게 되자 노자화호설은 도교 쪽에서 불교에 대한 우위성을 주장하기 위한 논거로서 차용되기에 이르렀고, 이윽고 『노자화호경』이라는 경전이 만들어지게 되었다. 서진西晉 혜제惠帝(재위 290~306) 치세에 도사 왕부王浮가 『노자화호경』을 지어서 불법을 비방했다고 되어있는 기사(『고승전高僧傳』「백원전帛遠傳」)[14]를 비롯해서, 육조시대에 이르러 몇몇 종류의 『화

---

14) 또한 『개원석교록開元釋敎錄』 권18에 보면, 『정화내외경正化內外經』 1권, 일명 『노자화호경』이라고도 한다. 전해진 목록(傳錄)에는 진晉 나라 때, 좌주제주祭酒 왕부가 지었다고 한다'라고 되어있다.

호경』(또는 '노자화호'를 설하는 『문시전文始傳』 『현묘내편玄妙內篇』 등등)이 만들어졌고, 그 내용도 노자 이외에도 윤희尹喜가 실제 교화를 담당했던 인물로 등장한다거나, 화호化胡의 장소가 계빈국罽賓國〔북인도의 카슈미르Kashmir로 추정〕또는 우전국于闐國〔신장 위구르 서남부의 호탄Khotan〕[15] 또는 그 밖의 지역으로 뒤바뀌는 등, 여러 가지 이본異本들이 나타나게 되었다.

노자화호설을 근거로 도교 쪽에서 우위성을 주장하기에 이르자, 그에 대항하여 불교 쪽에서는 '삼성파견설三聖派遣說'이라는 주장이 등장하였다. 삼성파견설은 육조시대 중기인 5세기 전반 무렵에 중국에서 만들어진 불교 경전 『청정법행경淸淨法行經』에서 제기되고 있다. 『청정법행경』은 도안道安이 천화天和 5년(570)에 저술한 『이교론二敎論』(『광홍명집』 권8) 등 몇몇 불교 관련 서적에 인용되어[16] 단편적으로 그 내용이 전해져 오다가, 근년에

---

15) 중국어 지명은 '허톈和田'이다.

16) 우선 『이교론』에 인용되어있는 부분은 아래와 같다.

　『청정법행경』에서는 '부처께서 세 사람의 제자를 보내어 진단(震旦)을 교화한다고 말하며, 유동보살儒童菩薩을 저쪽에서는 공구라 부르고, 광정보살光淨菩薩을 저쪽에서는 안연이라 부르고, 마하보살摩訶菩薩을 저쪽에서는 노자라고 부른다'라고 하였다(又淸淨法行經云, 佛遣三弟子振旦教化, 儒童菩薩, 彼稱孔丘, 光淨菩薩, 彼稱顏淵, 摩訶迦葉, 彼稱老子).'

　달리 『홍명집』에 수록된 「박고도사이화론駁顧道士夷華論」에서는 세 사람 중에 안연을 누락시킨 다음과 같은 대목이 실려있다.

　"불경에서도 '저쪽에서는 마하가섭을 노자라고 부르고, 광정동자는 공자라고 부른다'라고 한다(故經云, 摩訶葉彼稱老子, 光淨童子彼名仲尼)."

일본 나고야의 불교 사원인 나나쓰데라七寺 일체경一切經
속에서 새로이 발견되어 그 전모를 파악하게 되었다.[17]
이 나나쓰데라 판본『청정법행경』에서 삼성파견설에 해
당하는 대목을 인용해보기로 하자. 우선 부처가 제자 아
난阿難에게 '진단眞丹'[중국]은 변방에 있는 나라로서 백성
은 죄복인과罪福因果의 가르침을 알지 못하고, 강강剛强하
여 교화하기 어려우며, 지옥에 들어가는 자들이 많아서
연민의 정을 금할 수 없는 상태라고 말한[18] 뒤에 다음과
같이 설하고 있다.

　　나는 지금 먼저 제자 삼성三聖을 보내니, 이들은 모두
보살로서 훌륭한 권도權道[19]를 나타내 보이니, 마하가섭
은 저쪽[중국]에서는 노자라 부르고, 광정동자는 저쪽에
서는 중니라고 부르고, 월명유동은 저쪽에서 안연이라
고 부르니, 이들이 나의 법의 교화를 널리 떨칠 것이다.
노자의 도덕과 공자의 효경은 문장이 각각 오천이다. 공
자와 안연 이현二賢을 스승으로 삼아서 함께 서로 발기

---

17) 1990년 나나쓰데라七寺 일체경一切經 가운데에서 발견되었는데, 헤이안시대 후기
(12세기 후반)에 필사된 것으로 보이는 고일경전古逸經典에 속해있다.
18) "佛告阿難, 諸國皆易天竺. 東北眞丹偏國, 人民攏捩, 多不信罪. 知而故化, 對强難
化. 生天者少, 地獄者多. 甚可慈愍."
19) 목적을 이루기 위해 시기와 장소에 따라 임시적 방법으로 일을 처리하는 방식.

發起하여 오경을 강론하고, 시서역전·위의법칙으로써 차츰 꾀어서 교화하여, 저곳의 백성들이 두루 법력法力의 묘미에 복종토록 만들 것이다. 그러고 난 후에 불경이 마땅히 진단(중국)으로 가야 할 것이다.[20]

-『청정법행경』

여기서는 부처가 중국의 백성들을 교화하기 위해 자신의 제자 삼성三聖(마하가섭·광정동자·월명유동의 세 보살)을 중국에 파견하여, 마하가섭은 노자, 광정동자는 중니(공자), 월명유동은 안연(공자의 고제)이라고 각각 이름을 짓고서 부처의 '법화法化'(법의 교화)를 선양케 하였다는 사실, 노자의 『도덕경』도 공자의 『효경』도 오경도 모두 훗날 불경의 가르침을 잘 받아들이게끔 하려는 준비 단계로서 사람들을 꾀어내기 위한 수단이었음을 기술하고 있다. 노자화호설이 도교와 불교 양 종교 사이의 문제였음에 비해, 삼성파견설은 더 나아가 유교까지 끌어들여서 불교가 도교·유교보다도 우위에 서 있음을 주장하는 것이다.

---

20) "吾今先遣弟子三聖. 悉是菩薩, 善權示現. 摩訶迦葉, 彼稱老子. 光淨童子, 彼名仲尼, 月明儒童, 彼號顏淵. 宣吾法化. 老子道德, 孔子孝經, 文各五千. 孔顏二賢, 以爲師諮. 共相發起, 講論五經, 詩傳易禮威儀法則, 以漸誘化, 令彼人民普服法味. 然後佛經, 當往眞丹."

3. 이하 논쟁

노자화호설과 삼성파견설은 이후 불교·도교의 논쟁
장에서 거듭 활용되었다. 본래 중국에서 불교 수용을 원
활케 하는 데 기여했다고 평가받았던 노자화호설이 이제
는 반대로 도교가 불교에 대한 우위성을 입증키 위한 논
리로 변질되고 말았다. 이윽고 그에 대항키 위해 다시 불
교 쪽에서 삼성파견설이라는 대담한 주장이 제기되기까
지 사태의 이면에는 불교가 중국에 전래되고서 수백 년
간 착실히 중국 사회에 뿌리를 내렸고, 차츰 커다란 세력
을 얻기 시작했다는 역사적 배경이 있었다.

이문화였던 불교가 중국 사회에 뿌리를 내리는 과정에
서는 중국 고유의 사상·습속과 맞닥뜨리면서 수많은 대
립과 융합의 역사가 반복되었다. 그런 전후의 사정에 관
해서는 양梁의 승우僧祐[21]가 편찬한 『홍명집』과 당의 도
선道宣[22]이 편찬한 『광홍명집』에 수록된 여러 문장과 마
찬가지로 도선이 편했던 『집고금불도논형集古今佛道論衡』

---

21) 445~518. 남북조 시대의 학승. 건업建業 출생으로 율학律學의 대가인 법헌法顯에게
수학하였다. 양 무제의 신임을 받아 승려에 관한 일을 관장하기도 하였으며, 불교의
역사적 연구에 뜻을 두어 경전 목록 『출삼장기집出三藏記集』과 논쟁 자료집인 『홍명집』
등을 편찬하였다.
22) 596~667. 당대 초기 율종의 승려로 계율종戒律宗 남산파南山派의 개조. 현장이 인
도에서 가져온 경전 번역 사업에도 참여하였다. 도교에 대해 불교를 선양한 『집고금
불도논형』 이외에 『속고승전續高僧傳』 『석가씨보釋迦氏譜』 등의 역사서를 저술하였다.

등이 당대 초기까지의 상황을 기록하고 있다. 여기에는 출가와 효의 문제, 영혼 불멸 여부의 문제, 사문〔출가승〕은 세속의 왕자에게 예를 갖추어야 하는가 여부[23]의 문제 등등, 중국의 전통 사상과 사회구조의 근간에 연관되는 심각한 문제들을 포함하며, 진지하게 논의되었던 양상을 전해주는 것이다.

5세기 유송의 태시 3년(467)에 도사 고환顧歡이 「이하론夷夏論」을 발표했던 일이 발단되어 벌어졌던, 이른바 이하夷夏 논쟁은 당시에 불교가 이미 중국 고유의 사상 문화와 맞겨룰 정도의 세력을 지니게 되었던 시대적 배경에서 일어난 사건이다. 「이하론」은 불교와 도교가 상호간 비난하고 있는 정황을 조정한다는 명목을 내세우며 다음과 같이 논의를 전개하였다.

그러나 두 경전〔불전과 도교 경전〕이 말하는 내용은 부계符契를 합친 듯 꼭 들어맞는다. 도는 바로 불이고, 불은

---

23) 동진 승려 여산혜원은 당시 권력자였던 환현桓玄에 맞서 지은 「사문불경왕자론沙門不敬王者論」에서, 불교 출가인 사문은 세속을 떠났으므로, 부모나 세속의 지배자인 국왕에게 예경禮敬할 필요가 없다고 주장하였다.

바로 도이다.[24) 그 성인聖人[25)]임은 부합하지만 그 교화
의 형태는 상반된 것이다. ……그 사람이 같지 않으면
그 방법도 반드시 달라지는 것이다. 각자가 그 본성을
완성시키고, 그 일을 변경하지는 않는 것이다. ……또한
이치에 있어 가장 귀한 바는 도이다. 일에 있어서 가장
무시하는 것은 풍속(풍토)이다. 지금 중화의 것을 버리
고 이적(인도)을 본받는다면 어디서 (올바른) 도리를 찾을
것인가? 혹은 이것은 도 때문인가? 그 이유라면 도는 본
래 부합하는 것이다. 그렇지 않다면 풍속 때문인가? 그
이유라면 풍속은 본래 크게 다른 것이다.[26)]

　　-『남제서南齊書』「고일전高逸傳」에 인용된「이하론」

　「이하론」에서 고환이 주장하는 바는, 불교와 도교는 그
근원적 진리('聖' '道')는 합치하는 것으로, 그 어느 쪽이나
사람들의 본성을 완성시키고자 하는 교화의 목적은 동
일하지만, 구체적 교화의 형태('跡')는 대상에 따라 각각

---

24)「이하론」을 쓰는 고환의 기본 입장은 노자화호설에 기반한 것으로, 어디까지나 노
자가 인도로 가서 불교를 창시했다는 것이다. 따라서 불전과 도교 경전도 모두 노자의
설을 담고 있다는 것이다. 도는 바로 불이고 불은 바로 도라는 말은 이런 맥락에서 그
의도하는 바를 잘 살펴야 한다.

25) 여기서의 '성인'도 노자 한 사람을 가리킨다.

26) "然二經所說, 如合符契. 道則佛也, 佛則道也. 其聖則符, 其跡則反. (中略) 其人不同,
其爲必異. 各成其性, 不易其事. (中略) 且理之可貴者, 道也. 事之可賤者, 俗也. 捨華效
夷, 義將安取. 若以道邪. 道固符合矣. 若以俗邪. 俗則大乖矣."

다르다는 사실, 그리고 중국('夏' '華')과 인도('夷')는 풍속이 본래 다르므로, 중국에서는 '화華'의 풍속에 적합한 가르침인 도교 쪽이 어울리고, '이夷'를 위한 가르침인 불교는 필요치 않다고 하는 것이다. 그의 주장은 사실은 불교와 도교의 가르침은 본질적으로 동일하다는 점을 근거로 해서, '속俗'(풍속)에 적합한가 여부 관점에 입각해 도교를 옹호하고 불교를 배척하려 했다. 하지만 정작 불교와 도교의 가르침이 동일하다는 점에 대한 설명은 거의 이루어지지 않은 데 반해 '풍속俗'의 상이점에 대해서는, 중화의 풍속은 선미善美하나 이적의 풍속은 열악하다는 식의 일방적 가치관 위에서 상세히 열거하고 있다. 이처럼 억지스러운 강변의 느낌마저 주는 주장이 제기되었던 사정은, 역으로 당시에 불교가 중국 사회 전체로 얼마나 폭넓게 침투하였고, 도교는 반대로 열세의 처지에 놓여있었는가를 여실히 보여주는 것이라 하겠다.

이러한 「이하론」은 당연히 불교 쪽의 강한 반발을 초래하였고, 사진지謝鎭之의 반론(『홍명집』 권6), 명승소明僧紹[27]

---

27) ?~483. 남북조시대 남제의 승려. 강남삼론종江南三論宗의 개조로 남경의 명찰 서하사棲霞寺는 그가 살던 집을 후대에 사찰로 만든 것이다.

의「정이교론正二教論」(같은 책, 같은 곳), 원찬袁粲[28]의 반박론(『남제서』「고일전」) 외에 많은 글이 발표되었고, 수많은 사람이 참여하는 논쟁으로 발전해갔다.

4. 『영보경』의 불교 수용

고환과 거의 같은 시대를 살면서, 불교의 우세에 짓눌려 있던 도교를 다시 융성케 하고자 진력했던 인물이 바로 도사 육수정이었다. 육수정에 대해서는 이미 1강과 5강에서 다룬 바 있다. 육수정이 구축했던, 삼동三洞 가운데 동현영보洞玄靈寶를 실질적인 중심에 배치하는 식의 도교의 형태는 이후 수·당 시대 도교의 주류가 되었고, 그 후에도 오래도록 중국 사회와 민중 속에 깊숙이 스며들게 되었다.

도교는 다양한 방면에 걸쳐 불교로부터 많은 것을 수용하는 한편 종교로서의 체제를 정비해갔는데, 그중에서도 『영보경』은 특히 한역불전의 영향이 강했던 편이라하겠다. 흡사 고환이 「이하론」에서 했던 '두 경전이 말하

---

28) 420~477. 남조 유송의 관료·정치가. 후폐제後廢帝를 후원하여 실권을 장악했으나, 소도성蕭道成에게 패하여 몰락하였다.

는 내용은 부계를 합친 듯 꼭 들어맞는다. '도는 바로 불이고, 불은 바로 도이다'라는 말을 증명이라도 하려는 듯이, 아니면 그러한 주장에 북돋움을 받았던 것처럼, 한역불전의 여러 요소를 대담하게 수용하며 제작되었던 것이 『영보경』이다.

『영보경』의 불교 수용에 관해, 불교의 중국 전래 및 육조·수·당 시대의 불교·도교 교섭 양상에 대한 연구로 커다란 업적을 남겼던 에릭 쥐르허Erik Zürcher는 육조시대 『영보경』은 'Buddho-Taoist hybrids'[29]로 지칭해도 좋을 만큼 한역불전의 어휘·문체·개념의 차용이 현저하게 보인다고 하면서, 불교의 우주론·대승사상·인과응보 사상·계율 등이 『영보경』 속에 채택되었다는 사실을 지적하고 있다("Buddhist Influence on Early Taoism: A Survey of Spiriual Evidence"). 이같이 불교 사상의 영향을 받았던 우주론(겁劫의 사상)이나 대승사상·인과응보 사상(및 그것과 안팎의 관계에 있는 윤회전생 사상)의 항목에 대해서는 5강에서 다루었고, 계율에 대해서도 7강에서 논의한 바 있다. 불교에서 수용되었던 이런 수많은 요소가, 『영보경』 교리의 근간에 해당하는 중요한 위치를 차지하고 있다.

---

29) '불교와 도교의 혼성물'이라는 뜻이다.

『영보경』의 흐름을 계승하면서 수대에서 당대에 걸쳐 제작되었던 도교 경전에도 불교의 영향이 농후하게 나타나고 있다. 그 대표적인 사례가 『태현진일본제경太玄眞一本際經』(약칭 『본제경』)과 『태상일승해공지장경太上一乘海空智藏經』(약칭 『해공지장경』)이다. 이들 경전에 대해서는 1강에서도 약간 언급했지만, 『본제경』은 수대隋代 도사 유진희劉進喜가 5권 본을 만들고, 뒤이어서 도사 이중경李仲卿이 10권 본을 만들었다는 경전으로, 당대에 현종이 전국의 모든 도관에 전독轉讀할[30] 것을 명할 정도로 널리 유포되었다고 한다. 현재 둔황 사본 도경道經 가운데에서 가장 많은 수량인 140여 점 정도가 전해지고 있다. 그 내용은 불성佛性(중생이 본래 갖추고 있는 부처의 본성)의 관념을 받아들인 '도성道性' 사상과 삼론학三論學을 흡수한 '중현重玄' 사상 등 불교 사상의 영향이 현저하게 나타나는 편이다.

한편으로 『해공지장경』 10권은 도교와 불교 양 진영 사이에 논쟁이 성했던 당대 고종高宗 현경顯慶·용삭龍朔 연간(656~663)에 여흥黎興과 방장方長이라는 도사 두 명이 제작한 것으로, 『열반경涅槃經』에서 번안한 부분이 많고, 『유마경』 『섭대승론攝大乘論』 등의 불전 및 6세기 말엽까

---

30) 경전을 전체적으로 띄엄띄엄 독송하는 것을 가리킨다.

지 중국에서 찬술되었던 불전『상법결의경像法決疑經』(『신수대장경』 85) 등에 근거해 쓰였던 대목도 나타난다.『본제경』『해공지장경』과 같이 한역불전과의 관계가 밀접한 도교 경전은 불교 진영으로부터 통렬한 비판의 대상이 되기도 하였다.

5. 효의 사상—조상 제사와 영보재

앞서 언급한 에릭 쥐르허의 논문은『영보경』에 대한 한역불전의 압도적인 영향력을 지적하는 한편으로 도교의 관념 중에는 불교에 의한 영향을 받지 않는 '단단한 핵'이 존재한다고 하면서, '기' 개념, 육체의 불사, 경전의 신성시 등이 그에 해당한다고 밝히고 있다. '기' 관념과 육체의 불사를 믿는 사상이 도교 가운데 단단히 뿌리를 내리고 있다는 사실은 이 책에서도 매번 강의 때마다 반복해서 언급해왔던 바이기도 하다. 에릭 쥐르허의 논문이 지적하고 있는 사항 이외에도 '효' 사상과 '자연' 개념도 불교와의 접촉으로 그 내용이 재점검되면서도, 도교 사상의 '단단한 핵'으로서 흔들림 없이 굳건히 유지되고 있다는 사실을 거론할 수 있겠다.

우선 효 사상부터 살펴보기로 하자. 효는 말할 것도 없이 유교에서 가장 중시되는 도덕이다. 효 사상은 조상 제사 문제와 연결되어있다. 『영보경』 중에서 불교로부터 흡수했던 윤회전생·삼세인과설三世因果說을 효─조상 제사 문제와 엮어서 심도 있는 논의를 전개하고 있는 것은 『태상동현영보삼원품계공덕경중경太上洞玄靈寶三元品戒功德輕重經』이다. 인과응보라는 것은 자신의 행위의 과보를 자기 자신이 받아야 하는 데도, 자손이 공덕을 쌓으면 조상의 죄가 용서된다고 말하는 것은 어째서인가라는 질문에 대해서 천존〔원시천존〕은 다음과 같은 내용의 답변을 하고 있다.

인간은 '허무자연虛無自然으로부터 오거나, 인연에 의해 기태수화寄胎受化[31]하여 태어나는' 것이며, 이러한 '허무자연'이야말로 '진부모眞父母'〔'始生父母'〕이다. '신신병일身神並一'[32]이 되면 '진신眞身'이 되어, '진부모'에게 되돌아가서 '성도成道'하는 것이 이상적이지만, 죄연罪緣〔죄의 인연〕이 다 없어지지 않아서 '진부모'에게 돌아갈 수 없을

---

31) '태중胎中에 들어와 변화를 거친다'라는 뜻임.
32) '몸과 정신이 융합하여 하나가 된다'라는 뜻으로 '형신합동形神合同'과 같은 말이다.

때는 다시 환생하여 '기태부모寄胎父母'('所生父母')의 양
육의 은혜를 받게 된다. 본래 자기 한 몸의 문제여야 할
인과응보의 고리 속에, 조상—자손이라는 요인이 개입
하게 된 것은 용한龍漢이라는 태고의 이상적 시대로부
터 시간이 경과함에 따라, '인심이 파괴'되어 수많은 죄
를 저질렀고, 혼자서는 그 죄를 감당할 수 없게 되었기
때문인데, 그것은 본래의 올바른 존재 방식은 아니다.
그러나 한편으로 경전에서 '자신을 구제하려면 먼저 타
인을 구제해야 한다'라고 말하고 있듯이 대자大慈의 마
음이야말로 귀중한 것이니, 하물며 양육의 은혜를 입은
'기태부모'와 핏줄로 이어지는 '칠조부모七祖父母'의 경우
에는 더 말할 것도 없는 것이니, 조상 제사를 행하면 망
자를 생각하는 정성스러운 마음이 하늘을 감동시켜서,
명계의 혼에게까지 과보가 미치게 되는 것이다. [33]

---

33) 본문이 그 내용을 축약했던 원문 전문을 제시하면 다음과 같다.
"我所以得生者, 從虛無自然中來, 因緣寄胎, 受化而生也. 我受胎父母, 亦非我始生
父母也, 我眞父母不在此也. 父母雖重, 尊高無上. 今所生父母, 是我寄附因緣, 稟受育
養之恩, 故以禮報, 而稱為父母焉. (中略) 身神並一, 則為眞身, 歸於始生父母, 而成道也,
無復患也, 終不死也. 縱使滅度, 則神往而形不灰也. 終身歸其本, 終不去也. 歸於
寄胎父母. 罪緣未盡, 不得歸於眞父母也. (中略) 而得更生, 還為人也. 形神相隨, 終不相
去也. 如此善惡, 身各有對, 豈可咎於先亡及後子孫乎. 龍漢之前, 逮至赤明, (中略) 赤明
以後, 逮及上皇, 人心破壞, 男女不純, 嫉妒爭競, 更相殘傷, 心不自固, 上引祖父, 下引
子孫, 以為證質, 質告神明, 竟不自信, 負違誓言, 致三官結簿, 身沒鬼官, 上誤先亡, 下
流子孫, 致有殃逮, 大小相牽, 終天無解, 禍及一宗. (中略) 經云, 夫欲度身, 當先度人. 衆
人不得度, 終不度我身. 大慈廣遠, 惠逮無窮, 天人所仰, 況在七祖父母乎. 罪福可不相
加, 至於功德, 故有因緣之恩, 精誠自責, 天為廻度, 一志之感, 人神同開, 況於寄胎稟氣,
而生受其育養生成者哉. 慈愛既濃, 豈可不為重建功德, 以相開度, 施報窮魂乎."

여기서는 윤회전생의 고리에서 해탈하는 길은 '진부모'〔=허무자연=도〕에게 되돌아가는 것이라고 결론짓고 있는데, 다른 한편으로 윤회전생에 대해서는 다시 환생하여 '기태부모'〔'소생부모', 낳아준 부모〕에게서 양육의 은혜를 받는 것과 결부지어서 각각 설명하고 있다. 또한 자손의 행위가 과보로서 조상에게까지 미치는 것은 하늘과 인간 사이에 일어나는 감응의 현상으로 설명하고 있다. 『노자』의 도 사상, 이상향으로서 '고古'에 대한 관념, 하늘과 인간 사이의 감응 등, 수많은 중국 고유의 관념을 끌어대어서 불교에서 수용한 윤회전생·삼세인과를 설명하고, 효—조상 제사 문제를 양립시키려는 시도를 엿볼 수 있는 것이다.

효에 대한 중시는 영보재靈寶齋에서도 드러나고 있다. 영보재는 앞서 언급했듯이 육수정이 진력하여 정비하였고, 후세에 이르기까지 오랫동안 시행되어왔던 의례이다. 육수정은 5강에서도 다루었던 『동현영보오감문』에서 부모의 크나큰 은혜를 생각하는 마음이 재齋의 근본이라는 점을 강조하며, 집안 조상을 공양하기 위한 재로부터 국가의 안녕을 기원하기 위한 재에 이르기까지, 동현영보 재의 구체적인 차례와 절차를 설명하고 있다. 효를 출발점으로 삼아 집안·국가 질서의 구축을 꾀했던 유교 사상과 마찬가지로, 육수정은 집안·국가의 안녕을 기원하는 도교 의식으로『영보경』의 사상에 기반한 영보재를 구상했다. 당대에 있어서 도교가 왕실의 보호를 받으면서 커다란 세력을 지니게 되었던 상황은 이같이 효를 그 중심에 두고서 영보재 의례를 정비했던 일에 힘입은 바가 크다고 해야 하겠다.

6. 자연과 인과(인연)

다음으로 자연의 개념에 대해서인데, 자연이라는 말은 말할 나위도 없이 무위와 함께 도가 사상을 대표하는 말로서, 불교가 중국에 들어오자 한역불전에서 많이 쓰이게 되었다. 특히 구마라십鳩摩羅什[34] 이전의 오랜 한역불전에는 자연이라는 말이 자주 등장하고 있다. 예를 들면 위魏 강승개康僧鎧가 옮긴『무량수경無量壽經』에는 아미타불阿彌陀佛 정토淨土와 관련해서, '그 부처님 국토에는 자

---

34) 344~413. 불교 승려·경전 번역가. 서역의 구자국龜茲國 출신으로 구마라습 또는 구마라기파鳩摩羅耆婆로도 불리며, 중국 이름은 동수童壽이다. 대승·소승불교 모두에 정통했던 그는 환속하여 불교 경전 번역에 힘썼는데, 그가 번역한 경전은『삼장경론三藏經論』74부部, 384권에 달하는데 후세 불교에 커다란 영향을 끼쳤다.

연自然의 칠보七寶가 있다'[35] (『신수대장경』 12, 270상), '그 부처님 국토는 무위無爲이고 자연自然이어서 모두가 여러 착한 업을 지은이뿐이요, 털끝만치의 악도 없었다'[36] (같은 책, 277하) 등으로 표현되어있고, 또한 '무위자연無爲自然하여 니원泥洹의 도에 버금간다'[37] (같은 책, 275하)라는 어구도 있어서, 자연이라는 말이 니원(열반)에 가까운 상태를 나타내는 긍정적 의미로 쓰이고 있었다.

그런데 육조시대 후반기 도교와 불교 양 진영 사이에 논쟁이 일어나자, 도교는 자연을 설하는 가르침인 데 반하여 불교는 인과(인연·연기)를 설하는 가르침이라는 주장이 제기되었다. 북주北周 천화天和 5년(570), 도교와 불교 두 종교의 우열에 관해서 논하라는 칙명을 받고서 견란甄鸞이 지었던 『소도론笑道論』 (『광명홍집』 권9)은 도교의 가소로운 측면들을 조목조목 열거·비판하고 있는 책으로 그 서문에서 다음과 같이 지적하고 있다.

신이 가만히 생각하건대, 불교는 도교와 그 자취가 같지 않습니다. ……일단 대체로 비교해보자면 불교는 인

---

35) "其佛國土, 自然七寶."
36) "彼佛國土, 無為自然, 皆積衆善, 無毛髮之惡."
37) "次于無為泥洹之道."

연을 종지宗旨로 하고, 도교는 자연을 근본의로 합니다. '자연'이란 무위無爲로써 이루어지는 것이고, '인연'이란 공덕을 쌓아 증득證得하는 것입니다.[38]

-『신수대장경』 52, 143하

여기에서 견란은 불교는 인연을 종지로 삼고, 도교는 자연을 근본의根本義로 삼는 가르침이라고 명언하면서, 자연이란 아무런 작위도 없이 결과를 이루는 것이고, 인연이란 반대로 수행을 거듭하여 회득會得[39]하는 것이라고 기술하고 있다.

견란이 인연설의 입장에서 도교의 자연설을 비판한 것은 신격의 성격을 어떻게 규정할 것인가의 문제와 연관되어 있다고 하겠다. 4강의 신학적 생성론을 다루는 대목에서 언급했듯이, 도교의 신격은 우주 생성이라는 자연의 거대한 움직임 속에서 그 자신이 '기'로부터 화생化生했던 존재로 규정되어 있다. 또한 마찬가지로 5강에서 원시천존에 의한 구제를 다뤘던 부분에서 언급한 것처럼,『영보경』의 최고신 원시천존은 우주 창생 무렵에 원시의 기가

---

38) "臣竊以佛之與道教跡不同. (中略) 且一往相對, 佛者以因緣為宗. 道以自然為義. 自然者無爲而成. 因緣者積行乃證."
39) 마음속으로 깨달아 알아차린다는 뜻임.

저절로 응고·출현하였던 신격으로 규정되어왔다. 하지만 『영보경』에서는 다른 한편으로 불교 인과응보설을 수용하여, 선행을 쌓음으로써 득도할 수 있다고 주장하고 있다. 불교에서는 오랫동안 수행을 쌓은 결과 득도에 이르렀던 부처가 사람들에게 인연의 가르침을 설하며 선행을 권장하므로 논리적 정합성을 담보하고 있는 편이다. 그러나 도교의 경우 신들 자신은 정작 수행을 거치지 않고 '우주청원宇宙淸元의 기가 맺어져' 화생했던 존재이면서도 사람들에게는 선행을 쌓으면 득도할 수 있다고 설하는 모양새이므로, 그렇게 되면 모순이 생기지 않는가 하고 견란은 지적하는 것이다〔『소도론』, 『신수대장경』 52, 145중〕.

불교 쪽에서의 이러한 비판을 미리 내다보았던 것일까, 『영보경』에서는 부처 본생담本生譚[40]의 하나인 수다나Sudana[41] 태자 이야기를 모방한 원시천존의 전생담도 만들어져서, 원시천존 또한 전생에는 선행을 쌓고 윤회전생하여 득도하게 된 것이라고 설하는 경전도 나타나게 되었다. 7강의 '십계'를 다룬 대목에서 다루었던 『태상동현영보지혜정지통미경』이 바로 그것이다. 하지만 원시

---

40) 산스크리트어로 '자타카jātaka'라 하며, 부처의 전생을 동물·조류·신화·전설을 빌려 이야기로 풀어낸 것이다. B.C. 4세기 무렵 본생담 547개를 하나로 엮은 『본생경本生經』이 만들어졌다.
41) 한자로는 '須大拏'로 표기한다.

천존의 인연담因緣譚[전생담]은 결국 도교 쪽의 자가당착으로서, 불교 쪽으로부터 더욱더 강한 비판을 초래하게 되었다[법림法琳, 『변정론辯正論』 권8, 『신수대장경』 52, 546상]

이상에서 보듯이 도교의 신격은 자연인가 인연인가, 또는 만물의 제사상諸事象[42]은 자연에서 발생하는가 아니면 인연에 의해 생겨나는가 등의 문제는 도교와 불교 사이에 커다란 논쟁거리가 되었다. 결국 도교에서는 자연과 인연은 대립하는 것이 아니라, 자연 속에 인연이 있고, 인연 가운데 자연이 있는 것으로서, 양자는 일체불가분·상즉불리相卽不離[43]라는 설로 귀착되어간다. 그러나 원시천존 자체의 성격으로 보자면 아무래도 자연 쪽이 본질적 요소라는 생각이 지배적이었고, 그것은 경전의 신성성의 근거와도 연결되어있었다.

경전의 신성성의 근거에 관하여 『영보경』에서는 경전은 본래 누가 만들지도 않았고, 우주창생 무렵 근원의 '기'가 자연히 응고하여 태공 가운데 출현했던 신비한 문자의 집합에서 유래하였기 때문에 신성한 것이라는 관념이 나타난다. 원시천존이 설했던 가르침이므로 경전은 존귀하다는 논리가 아니라, 원시천존 자신도 우주창생

---

42) 불교에서 '우주에 있는 유형·무형의 모든 사물'을 가리키며 '제법諸法'과 같은 말이다.
43) '혼연일체'·'표리일체'와 같은 뜻이다.

무렵에 자연의 기를 품부 받아 태어난 존재이며, 따라서 '원시元始'라는 시간의 구현자이기 때문에 경전이 의미하는 바를 이해하고 있고, 그것을 인간들에게 해설한다고 규정하는 것이다.

요컨대 신격도 경전도, 그것이 신성할 수 있는 근거는 결국 우주 시원始原의 시기에서 유래했다는 점과 시원의 시간에 잠복해있는, 인간의 지식을 초월한 자연의 힘 자체에 있다고 생각하였던 것이다. 여기에는 근원의 '기'로부터 만물의 생성이 시작되었다고 생각하는 우주생성론·만물생성론의 사상(4강 참조)과 함께, 인간계의 질서·안녕의 근원을 인간의 지식을 초월한 자연의 이법 속에서 찾으려 했던 중국 전통사상〔특히 도가 사상〕이 확고하게 자리 잡고 있었다. 이처럼 자연이라는 관념은 불교의 영향에 의해서도 동요되지 않았던 하나의 핵으로서 도교 사상 가운데 지속적으로 존재해갔던 것이다.

7. 도불 병존의 조상

도교와 불교 사이에서는 자연과 인과〔인연〕문제와 같이 논쟁이 벌어졌던 일도 있었다. 그렇지만 결국 이 문제에 관해서 도교 쪽에서는 앞서 보았듯이, 자연과 인연을 일체불가분·상즉불리로 보려는 방향으로 귀착되었거니와, 불교 쪽에서도 여산 혜원이 '죄와 복〔상벌〕이 감응하는 것은 오직 (사람의 마음이 어떻게) 작용하는가에 달려있으니, 그러한 인간 마음의 작용에 따라서 죄와 복이 생겨난다. 그것을 자연自然이라고 한다'[44]〔『홍명집』권5「명응보론明應報論」,『신수대장경』52, 33하〕고 말하는 데서 보듯이, 인과응보가 일어나는 것 자체가 자연이라고 보는 견해[45]도 나타남으로써, 자연이라는 중국 관념과 인연이라는 불교 관념이 서로에게 조금씩 다가서는 모습을 보여준다.

원래 불교가 중국에 전래되고 나서 중국 전통사상의 영향으로 변용이 생겨났고, 한역불전 속에 본래 원전에는 없던 요소의 교직交織이 이루어짐으로써, 중국의 사상·습속에 부합하는 불경이 새롭게 제작되는 일도 벌어졌다. 그와 같은 한역불전과 중국찬술경전中國撰述經典[46]의 바탕 위에서 한층 더 중국적 요소를 가미해서 만들어

---

44) "罪福之應, 唯其所感. 感之而然, 故謂之自然."
45) 여산 혜원이 말하는 '자연'은 자기 행위의 결과로서, 외부에 있는 주재신主宰神의 작용에 의한 것이 아니라는 점에서 '필연' '당연'의 의미로 이해할 수도 있다. 그의 이러한 인과응보론을 '자연과보론自然果報論'이라고도 한다.
46) '위경僞經' '의경疑經'으로 불리는 중국찬술경전은 대략 400종에 달하는 것으로 알려져 있는데, 대장경 속에 입장入藏이 허용되지는 않았다. 한국·일본에서 만들어진 '위경'도 다수 현존하고 있다.

진 것이 『영보경』 및 그 흐름을 계승하는 도교 경전이었다는 측면도 있었다. 중국 불교와 도교는 상극하는 모습도 보였지만, 유사점·공통점도 많은 편이었고, 상호 간에 영향을 미치면서 양자가 융합된 형태로 중국 종교 사상으로 전개되어갔던 것이다.

불교·도교 전문가는 아니었던 일반 민중에게는 불교와 도교의 교리·사상 우열이나 세세한 차이점 등이 문제시되지는 않았고, 오히려 작은 차이를 넘어선 양자의 공통성·연속성과 같은 측면이 더욱 중요한 문제로 비쳤을 것이다. 민중들이 불교와 도교를 동일한 것으로 보았다는 사실을 입증해주는 상징적 예가, 불상과 도교의 상을 같은 석상(像碑)[47]에 새겼던 도불 병존의 조상造像[48]이었다. 도상 표현에 관해서는 이번 강의 첫 부분에서도 다루었지만, 불상 도상과 도교의 그것은 애초부터 밀접한 관계에 놓여있었다. 노군상老君像이나 원시천존상 등의 도교상은 5세기 이후 불교 쪽의 조상이 성행하던 영향을 받아 생겨났던 것으로, 조상 형상 양식이나 명문銘文(造像記)도 불교의 그것과 매우 흡사하였다.

---

47) 비석의 형식과 불상 조각이 결합된 비석형의 불상. '불비佛碑' '불감비佛龕碑' '비상碑像'이라고도 한다.
48) 불상이나 부처의 화상을 만든다는 뜻임.

도불 병존의 상[像碑]은 수대隋代에 접어들면 감소하는 추세였지만, 6세기 북조北朝에서는 다량으로 제작되었다. 한 가지 사례를 들자면 북주北周 보정保定 2년(562)에 이담신李曇信 형제가 만들었던 석가태상노군제보살상비 釋迦太上老君諸菩薩像碑[섬서성陝西省 요현耀縣 약왕산藥王山 박물관 소장]는 사면상비四面像碑 형태로, 삼면은 불·보살상으로 되어있고, 비음碑陰[49]에는 관을 쓰고 수염을 늘어뜨렸으며 손에 깃털 부채를 든 태상노군상이 새겨져 있다 (8강 첫 페이지 사진). 이와 같은 도불 병존의 상비를 만들었던 사람들의 의식 속에는 도교와 불교의 경계는 매우 희박했던 것이라고 해야만 할 것이다. 도교·불교가 융합하여 혼연일체가 된 형태로서의 신앙은 넓은 범위에 걸쳐서 현재에 이르기까지 지속되고 있다고 보아도 좋을 것이다.

8. 유불도 '삼교귀일'의 사조

도교와 불교 상호 간의 교섭과 융합 양상에 관해서는 이번 강의뿐만이 아니라 이 책의 여러 곳에서 논의해왔

---

49) 비석의 뒷면을 가리킨다.

다. 우주론 가운데 천계설(4강), 원시천존에 의한 구제와 관련해서 등장하는 겁의 관념(5강), 사자死者 구제와 관련한 지옥 관념(5강), 수양론에 관해서『좌망론』에 나타나는 지관 사상 및『오진편』에 보이는 선사상(6강), 윤리 사상에 관해서는『영보경』에 채택되었던 불교의 계(7강), 또한 『영보경』및 그 흐름을 계승하여 수대로부터 당대 초기까지 제작되었던 도교 경전에 나타나는 대승사상·공사상·불성사상 및 도불 병존의 조상(8강) 등등, 그러한 사례들은 다방면에 걸쳐있다고 하겠다.

한편으로 도교·불교 상호 간의 교섭·융합은 윤리 사상의 측면에서도 나타나고 있다.『영보경』을 비롯『태평경』『포박자』『태상감응편』등에서는 어느 경우에나 모두 유교의 윤리 도덕이 바탕을 이루고 있고(7강), 유교 윤리 중에서도 가장 중심을 차지하고 있는 효의 덕행은 앞서 언급했듯이 영보재의 근본이념을 형성하고 있다.

또한 원대의 정명도淨明道에서는 충효의 내면 윤리를 중시해서, '충효忠孝는 대도의 근본이다. 그러므로 군자는 근본에 힘쓰니, 근본이 세워져야 도가 생겨난다. 효제孝悌는 그러한 인을 행하는 근본일 것이다'라고,『논어』「학이」편의 문장을 거론하고 난 뒤에, '근본에 힘쓰지 않고서 수련修鍊하는 사람'은 아무런 결과도 얻지 못한다고 지적하고 있다(『정명충효전서淨明忠孝全書』권2)[50].

게다가 유·불·도 삼교 일치를 주장하는 설도 많이 등장하게 된다. 이것은 송대 이후로 도교에 내단법의 실천이 성행하게 되자 유교 사대부 가운데 수양론적 관심에서 내단에 접근하는 이들이 많이 생겼고, 이들을 중심으로 유불도 삼교의 관계를 논하는 경우가 많아졌다는 점과도 관련이 있다고 하겠다.

그런데 도교 쪽에서 유불도 삼교의 귀착점은 동일하다—이것을 '삼교귀일三敎歸一'이라고 한다—고 주장했던 것이 장백단의 『오진편』이다. 6강에서 논의했듯이 내단법에 커다란 영향력을 지녔던 『오진편』은 '성性'(心)에 중점을 두는 불교, '명命'(氣, 신체)에 중점을 두는 도교는 불가분의 관계라고 생각하면서, 마음의 수양을 몸의 수련과 겸하여 행하는 '성명겸수性命兼修'야말로, 내단 최상의 수행법이라고 주장하였다. 유불도 삼교의 관계에 관해서는 『오진편』의 서문에서 도교와 불교는 어느 쪽이나 '성명性命의 학'을 통해 깨달음을 얻으려는 점에서는 동일

---

50) "忠孝, 大道之本也. 是以君子務本, 本立而道生. 孝弟也者, 其為仁之本與."

　　앞의 문장에 이어서 '근본에 힘쓰지 않고 수련하는 자가 있으니, 그것은 마치 뛰어난 장인이 재료가 없는 것과 같으니 설령 재주가 뛰어나도 무엇을 이루겠는가?(有不務本而脩鍊者, 若太匠無材, 縱巧何成)라고 덧붙이고 있다.

하다고 하면서, 나아가『역』『논어』의 문장을 인용한 뒤
에 다음과 같이 기술하고 있다.

이것은 또한 공자가 성명의 오의奧義에 매우 정통했다
는 것이다. 하지만 그 말이 항상 너무 간략하고 자세하
지 않은 것은 어째서인가? 그것은 공자가 아마도 인륜
을 바로 잡고 인의예악〔유위〕의 가르침을 베풀고자 했기
때문에 무위의 도에 대해서는 일찍이 드러내놓고 이야
기하지 않았다. ……가르침이 비록 세 가지로 나뉘지만,
어찌 그 도가 하나가 아니겠는가?[51]

-『오진편』서

여기서 장백단은 공자는 '성명'이라는 것에 대해서 자세
히 말하지는 않았지만, 그 심오한 뜻에는 정통했다고 하면
서, 유불도는 '하나로 합쳐진다'〔歸一〕라고 명언하고 있다.
이처럼 삼교귀일의 설은 내단법이 퍼져감에 따라 점차

---

51) "此又仲尼極臻乎性命之奧也. 然其言之常略, 而不至於詳者何也. 蓋欲序正人倫,
施仁義禮樂之教, 故於無為之道, 未嘗顯言. (中略) 豈非教雖分三, 道乃歸一." 저자는 이
문장을 인용하면서 '인의예악·유위의 가르침'이라고 풀이했으나, 현재 확인할 수 있는
판본에서는 '유위有為'라는 어구는 확인되지 않는다. 아마도 바로 뒤에 나오는 '무위지
도'에 짝하여 '인의예악(유위)의 가르침'이라고 풀이한 문장의 오식으로 보인다.

확산되어갔다. 원대의 이도순李道純[52]은『중화집中和集』의 첫머리에서『역』의 태극 개념을 근간으로 한 유불도 삼교의 융합을 주장하고 있다.[53] 전진교全眞教의 경우에도 다음과 같은 입장을 표명하고 있다.

무릇 삼교에는 각각 지극히 중요한 말과 묘한 이치가 있다. 석교[불교]에서 부처의 마음을 얻은 이는 달마고, 그 가르침은 이름하여 선이라 한다. 유교에서 공자의 가학을 전한 이는 자사이니, 그 책을 이름하여 중용이라 한다. 도교에서 오천언 지리至理에 통해, 말하지 않아도 전해지고 가지 않아도 도달하며, 마치 태상노자太上老子의 무위진상無爲眞常의 도와 같은 이는 중양자 왕진인이니, 그 가르침은 이름하여 전진이라 한다.[54]

-『감수선원록甘水仙源錄』권1

---

52) 1219~1296. 송 말 원 초의 도사. 지금의 호남성 도량都梁 사람. 백옥섬의 재전 제자로 그의 내단설은 대부분 남종을 주로 하면서 북종을 겸하고 있다. 유불도 삼교의 융합·일치를 내세웠던 그의 이론은 후세에는 송원 내단파의 '중파中派'로도 불렸다. 『중화집』외에『전진집현비요全眞集玄秘要』『청정경주淸靜經注』등의 저작이 전한다.

53) "또한 도가의 유물혼성, 유가의 중화육물, 불가의 지심견성이 모두 같은 이치를 표현만 달리 한 것으로, 모두 태극에서 나왔다는 사실을 알게 되었다"(抑以見道之有物混成, 儒之中和育物, 釋之指心見性, 此皆同工異曲, 咸自太極中來).

54) "夫三教各有至言妙理, 釋教得佛之心者, 達麼也. 其教名之曰禪. 儒教傳孔子之家學者, 子思也, 其書名之曰中庸. 道教通五千言之至理, 不言而傳, 不行而至, 若太上老子無為眞常之道者, 重陽子王眞人也, 其教名之曰全眞."

여기서는 전진교의 왕철王喆[호는 중양重陽]을 불교의 달마, 유교의 자사와 나란히 견주면서, 삼교일치를 표방하고 있다.

또한 정명도淨明道의 경우에도 '진실의 법은 하나뿐이다. 무엇을 하나라고 하는가? 태상노군의 정명淨明의 가르침, 공자의 충서의 가르침, 구담瞿曇[석가]의 대승사상은 모두 이러한 하나이다'[55][『정명충효전서淨明忠孝全書』권5]라고 하면서, 삼교귀일의 생각을 나타내고 있다.[56]

내단에 대한 유교 사대부의 견해는 비판적인 것부터 긍정적인 것까지 다양한 편이라 하겠다. 내단이 지향하는 구극의 경지인 '허虛'[道·無]가 유교적 수양이 달성코자 하는 목표인 '천天'[理·道]과 같은가의 여부를 둘러싸고, 수많은 논의가 벌어졌는데, 이윽고 명대에 이르러 왕수인王守仁[57]의 양명학이 등장한 이후에는, 삼교귀일의 사조가 크게 고양되었다. 왕수인은 유불도의 관계에 대

---

55) "實法者, 一而已矣. 何謂一. 太上之淨明, 夫子之忠恕, 瞿曇之大乘, 同此一也."
56) 정명충효도의 경전은 충효는 신에 대해 행하는 것이라고 가르치는 점에서 유교와는 차이를 보인다. 한편으로 '정명'이란 말은 달리 『대학』에 등장하는 '정심성의正心誠意'와 같은 의미로 볼 수 있어 정명충효도가 송대 유학과 밀접한 연관을 지녔음을 보여주고 있다. 아울러 명대라는 시대적 영향으로 인해 정명충효도에는 불교적 요소도 강하게 나타나는 편이다.
57) 1472~1528. 명대 중기의 유학자·정치가. 자는 백안伯安, 호는 양명陽明으로 보통왕양명으로 불렸다. 주자학을 비판하고 독자적인 양지심학良知心學을 수립했는데, 그의 사상의 흐름을 잇는 학통을 후대에 양명학陽明學이라고 일컫게 되었다. 왕수인은 여러 곳에서 자신은 30년이나 도문道門을 드나들었다고 술회하고 있다.

해서 다음과 같이 이야기하고 있다.

　　선가(도교)에서는 허虛를 말하는데, 유교의 성인이 어
찌 허에 한 터럭의 실實이라도 첨가할 수 있겠는가? 불
씨(불교)는 무無를 말하는데, 유교의 성인이 어찌 무에
한 터럭의 유라도 첨가할 수 있겠는가? 다만 선가가 허
를 말하는 것은 양생에서 비롯된 것이며, 불씨가 무를
말하는 것은 생사고해에서 벗어나려는 데에서 시작된
것이다. 이것은 도리어 본체에 이러한 (양생이나 생사고해
에서 벗어나려는) 의도를 얼마간 첨가하고 만 것이니, (본체
의) '허'하고 '무'한 본모습이 아니게 되었고, 본체에 있어
장애가 생긴 것이다. 유교의 성인은 단지 그 양지良知의
본래 모습으로 되돌아갈 뿐이지, 다시 약간이라도 의도
적인 그 무엇을 보태거나 하지는 않는다.[58]

　　왕수인은 여기서 그 자신이 주장한 '양지良知'를 최고의
것으로 여기고, 삼교 가운데 유교를 상위에 놓으면서도,
구극의 경지 그 자체는 본래 유불도 삼교 모두 차이가 없

---

58) "仙家說到虛, 聖人豈能虛上加得一毫實. 佛氏說到無, 聖人豈能無上加得一毫有. 但
仙家說虛, 從養生上來, 佛氏說無從出離生死苦海上來, 卻於本體上加卻這些子意思在,
便不是他虛無的本色了, 便於本體有障礙. 聖人只是還他良知的本色更不著些子意在."

는 것으로 이야기하고 있다. 왕수인의 이러한 사고방식은 그의 제자들을 비롯해서, 명대의 수많은 사상가에게도 계승되어갔다.

이상에서 살펴보았듯이 유불도 삼교귀일의 사조는 단지 도교 쪽뿐만이 아니라 유교 지식인들에 이르기까지 넓은 범위에 걸쳐 퍼지는 융성기를 맞이하게 되었다.

왕희지 필적 「황정경黃庭經」(오른쪽)과 안진경 필적 「마고선단
비麻姑仙壇碑」(간다 기이치로神田喜一郎, 『중국서도사』, 이와나미 서점,
1985년에서)

1. 육조 문학과 도교—『진고』의 문학

신선이라는 현실 초월적 존재를 이상으로 내걸었던 도교는 상상력의 세계와 관여한다는 점에서 본질적으로 문학과 긴밀한 유대 관계를 맺고 있다. 유선시遊仙詩〔속세를 떠나 선계에서 노니는 모습을 노래한 시〕·지괴소설志怪小說·선전류仙傳類〔신선과 진인眞人의 전기〕·보허사步虛詞〔신선이 되어 허공을 노니는 모습을 노래한 시〕·변문變文〔당대부터 오대 시기까지 유행했던, 포교를 위해 그림을 보여주면서 행했던 강창講唱 화본話本〕·보권寶卷〔명·청 시대에 유행했던 포교를 위한 이야깃거리나 문학 작품〕 등을 비롯해 도교와 연관이 있는 문학은 시대와 갈래 모두에서 다방면에 걸쳐있지만, 이번 강의에서는『진고眞誥』와 상청파 도교를 축으로 해서, 관계되는 사항들을 거론하면서 도교와 문학의 관계에 대해 살펴보고자 한다.

1강에서 얘기했듯이『진고』는 동진의 흥녕·태화 연간(363~371)에 영매 양희라는 도사에게 강림했던 신들의 언어를 5세기 말 도홍경이 편찬했던 내용으로 상청파 도교의 출발점이 되었던 문헌이다. 도교 문헌 중에서는 특히 문학적 색채가 농후해서, 뒤에서 다루겠지만 후세의 시인·문인들에게도 많은 영향을 주고 있는 편이다.

『진고』에 실려있는 동천 세계에 관한 기술 내용이 육조 지괴소설에 등장하는 도원향의 이야기와 매우 흡사하다 는 사실은 4강에서 이미 언급하였다. 또한『진고』에 보이 는 귀신 세계에 관한 기술도 지괴소설과 겹치는 부분이 많은 편이다.『수신기』『유명록幽明錄』[1] 등의 지괴소설에 는 명계의 관리가 망자를 맞이하러 오는 이야기나, 망자 가 살아 돌아와서 저승 사정을 말한다는 이야기 등, 명계 와 귀신에 관련된 이야기가 다수 수록되었는데,『진고』 에도 명계의 관료 조직이나 귀관鬼官에 취임한 사람의 이 름 등에 대한 상세한 기술이 수록되어있다. 지괴소설은 괴이한 이야기에 대한 호기심과 미지의 세계에 대한 지 대한 관심이 만들어낸 산물로 보여지는데,『진고』의 귀 신 세계를 구상했던 사람들도 그러한 호기심과 관심을 공유했었던 것으로 보인다.『진고』에서 귀관에 취임한 사람들의 이름을 열거하는 것은 인물 평가를 사후 세계 에까지 연장했다고 볼 수 있는 것으로, 이것은 후한 말부 터 육조시대까지의 저명한 사람의 일화·인물 비평을 수

---

1)『세설신어』의 저자로 알려진 유의경이 편찬했다는 지괴소설집으로 당대 전기소설 에 많은 영향을 주었던 것으로 평가받는다. 하지만 실제로는 당대까지는 지괴는 문학 서가 아닌 역사서로 보는 경향이 더욱 강했다고 할 수 있다.

록하였던『세설신어世說新語』[2] 같은 소설과의 관련성도
생각하게끔 하는 것이다.

『진고』에는 영매인 도사 양희에게 강림했던 진인들이
지었다는 수십 편의 시 작품들이 실려있는데, 이것도 문
학의 영역과 밀접하게 관련이 되어있다. 진인이란 본래
『장자』에 보이는 이상적인 초월자를 지칭하는 말이다(3
강 참조).『진고』「운제상運題象」편〔권1~권4〕에는 천상과 동
쪽 바닷가 저편에 있는 진인들 세계의 멋진 경관, 또 바
람과 빛을 타고서 이동하는 진인들의 유행遊行, 유쾌한
잔치, 난데없이 울려 퍼지는 묘한 음악 등, 아름답고 자
유로운 진인의 세계가 오언시五言詩를 통해 표현되어있
다. 이들 시작품에는 전국시대 후기 초楚나라 가요 및 그
작풍을 모방해 후대에 지어졌던 작품들을 모아놓은『초
사』에 나오는 어휘가 다수 사용되는 것으로 보아,『초사』
의 종교문학 및 그것에 연결되는 양한 시대 이후의 유선
시의 흐름 위에 있는 것으로 생각해볼 수 있다.

『진고』진인들의 시작품에는 철학적 내용도 포함되어
있는데,『장자』에 등장하는 '유대有待' '무대無待'〔'유대'는 의

---

2)『세설신어』는 육조시대 유송의 왕족·문학자였던 유의경의 저술로 알려져 있으나,
그의 휘하에 당대 최고 문인이었던 포조鮑照 등이 있었던 사실로 미루어보아 실제로
는 휘하의 문학자들이 지었을 가능성이 크다고 보아야 하겠다.

존하는 대상이 있는 것, '무대'는 무엇에도 의존하지 않는 것)[3]라는 어휘·개념을 차용하여, 진인이란 어떤 존재인가 하는 문제에 대해 열 명 정도의 진인들이 시의 응수를 통해 논의하고 있다. 그 내용은 '무대無待'를 높게 평가하는 쪽으로 의견이 기울면서도, 최종적으로는 유대·무대의 대립을 초월한 만물제동萬物齊同의 입장을 좋다고 하는 쪽으로 귀착되고 있다. 예를 들면 유대·무대 논쟁을 끝맺는 남극자원부인南極紫元夫人〔여성 진인의 한 사람〕의 시 한 구절은 다음과 같이 표현하고 있다.

무를 체득하면 능히 잘 죽을 수 있고,

體無則能死

유를 체득하면 양생하여 육신의 영생을 얻을 수 있다네.

體有則攝生

동악東嶽에서 오신 손님[4] 함께 만나 큰소리로 노래 부

---

3) 『장자』 본문에 '유대有待'와 유사한 개념으로 '유소대有所待' '오호대惡乎待' '소대所待' 등의 용례는 확인되나, '무대無待'의 용례는 보이지 않는다. 연구에 따르면 '무대'의 개념을 처음으로 사용한 것은 곽상의 『장자』 주석에서였다고 한다.
4) 『운급칠첨』 권97에 '동빈은 동악상경대모군이다(東賓, 東嶽上卿大茅君也)'라고 되어있다. 곧 모산파 조사인 모영茅盈으로 달리 동악상경사명진군東嶽上卿司命眞君이라고도 하였다.

르니,

東賓會高唱

(유대와 무대의) 이대二待는 아무것도 다툴 필요가 없다네.

二待奚足爭

무의 체득은 죽음까지도 받아들이는, 생사를 초월한 경지로 나아가고, 유의 체득은 양생하여 육신의 영생을 얻는 쪽으로 연결되므로, 두 가지 모두 그 가치를 인정하면서, 유대·무대는 서로 다툴 이유가 없는 것이라고 결론을 짓고 있다. 오언시라는 형식을 통해『장자』의 만물제동의 철학을 표현하였던 것이다. 사상사적으로는 곽상郭象[5]의『장자』주석 등 위진현학魏晉玄學 사상의 흐름을 계승하였고, 문학사의 측면에서는 현언시玄言詩가 유행했던 동진 시대의 풍조를 반영한 것으로 간주할 수 있겠다.

『진고』에 수록된 오언시의 작자가 누군지는 불분명하지만, 아마도 영매인 도사 양희 및 그 주변 인사들에 의해 지어졌던 것으로 보는 쪽이 자연스럽다.『진고』에 종

---

5) ?~312년경. 서진西晉 사상가·정치가. 노장사상에 정통하여『장자』주석을 지었고, 그 밖에『논어체략論語體略』이 있었으나 전하지 않는다.

종 등장하는 중요한 여성 진인 남악부인南嶽夫人 위화존魏華存[6]은 본래 실존했던 인물로,『진서晉書』권41에 전이 있는 위서魏舒[7]의 딸이며, 남양南陽의 유문劉文에게 시집갔다. 위화존에게는 두 아들이 있었는데,『진고』에 따르면 장남 유박劉璞은 도사 양희에게 영보오부靈寶五符를 전수했다고 한다. 이 유박의 장녀 유미자劉媚子가 왕희지의 조카뻘인 왕팽지王彭之의 아들 왕건지王建之의 아내였다는 사실이, 근년 남경에서 출토된 묘지 연구에 의해서 분명하게 밝혀졌다.[8] 또한『세설신어』「품조品藻」편의 주석에 따르면, 위화존의 차남 유하劉遐의 아들 유창劉暢은 왕희지의 딸을 아내로 맞았다고 한다. 게다가 왕희지 본인의 이름도『진고』에서는 진인의 발언 속에 등장하고 있다.[9] 또한 왕희지 자신은 도교의 열렬한 신자[10]였던 듯

6) 253~334. 진대의 여도사. 지금의 산동 임성任城 사람. 사도司徒 위서의 딸로 남양 유문에게 시집가서 유박·유하 두 아들을 두었다. 도를 닦은 이후로 청허진인淸虛眞人 왕포 등이 강림하여「신령스럽고 참된 도〔神眞之道〕를 전수했고, 경림진인景林眞人이 그녀에게『황정내경경』을 전수했다고 한다. 도교 경전에서는 그녀가 여러 차례 모산에 내려와 큰아들 유박에게『상청진경上淸眞經』을 주고 회계 지방의 도사 양희에게 전수하게 했다고 서술하고 있다. 후대에 상청파 1대 조사로 존숭되었으며, '자허원군상진사명남악부인紫虛元君上眞司命南嶽夫人'으로 일컬어졌다.

7) 209~290. 위진魏晉 시기 정치가. 서진西晉이 건립되고서 사도司徒에 임명되었는데, 명신으로 알려져 있다.

8) 1998년 남경시 박물관이 남경 시내 북쪽의 상산象山 고분을 발굴하는 도중 동진 낭야琅琊 왕씨의 가족묘를 발굴하였다고 한다.

9)『진고』권16,「천유미」제이第二에 등장하고 있다.

10) 왕희지 일가는 천사도天師道를 믿었다고 하고, 회계내사會稽內史를 지냈던 차남 왕응지王凝之는 특히 독실한 신자였다고 알려져 있다(『진서晉書』「왕응지전」).

한데, 『황정(외경)경黃庭(外景)經』을 필사해서 남기고 있다 (9강 첫 페이지 사진). 『황정외경경』은 상청파에서 중시되었던 『황정내경경黃庭內景經』의 바탕이 되었던 경전이다. 이런 여러 사정을 고려하면, 『진고』 오언시의 작자는 왕희지 같은 동진 귀족문화를 대표하는 인사들과도 긴밀한 관련을 맺었던 장소에 있었던 인물일 가능성을 유추해볼 수 있다.

2. 진인의 내전

『진고』에 등장하는 진인들에 관해서는 그 수행 과정과 회득會得했던 도술 따위에 대해서 기록하는 전기가 만들어졌다. 위화존의 전기 『남악부인내전南嶽夫人內傳』(『위부인내전魏夫人內傳』이라고도 한다)·왕포王褒의 전기 『청허진인왕군내전淸虛眞人王君內傳』·주의산周義山의 전기 『자양진인내전紫陽眞人內傳』(『자양진인주군내전紫陽眞人周君內傳』) 등 다수의 작품이 전하는데, 대부분 '내전內傳'이라는 제명이 붙어있다. 『열선전』 『신선전』 등과 마찬가지인 선전류의 일종으로 이들 내전은 공통된 특징을 지니고 있다. 고미나미 이치로小南一郞의 『중국의 신화와 전설』에서는 이들

내전류 작품은 홍녕 연간의 상청파 형성기에 만들어졌고, 단순히 진인들의 수행 과정을 기록한 전기라는 것에서 그치지 않고, 그 책 자체로 하나의 도교 수행의 지침이라는 의미를 지니게 되었다고 지적하고 있다.

내전류의 내용과 관련해서는 진인이 수행 과정 중에 방문하는 신화적인 산들과 천상 세계에 관한 묘사 및 신들이 베푸는 향연에 대한 묘사 등, 문학적 향기가 짙고 서사성이 풍부한 그 문체는 수사적인 미문조美文調 대목들이 곳곳에 등장한다. 예를 들면 『청허진인왕군내전』 가운데 왕군王君(왕포)를 위해 베풀어진 연회 자리 장면은 다음과 같이 묘사되고 있다.

태상장인太上丈人은 곧 주방을 차려 눈 깜박할 사이에 잔칫상을 차려 내왔다. 온갖 신령스러운 안주에 선주仙酒가 흘러넘쳤고, 고기 굽는 연기 전단향 식탁에 자욱하고 비절지飛節芝의 향기가 그윽하였다.[11] 이어서 천상의 선악仙樂[12]을 울리게 하여 칠망산七芒山에서 금오金鰲를

---

11) '비절현향飛節玄香'은 의미가 분명치 않으나 후각과 관련되어 쓰이는 표현으로 보인다. 『포박자』 「선약」편에 '비절지飛節芝'가 나오고, 『한무내전漢武內傳』에 천제가 복용하는 선약으로 '칠원비절七元飛節'이 등장한다.
12) '균천釣天'은 '균천광악釣天廣樂'의 준말로 본래 궁중에서 연주되는 음악을 뜻하나 여기서는 천상에서 연주되는 선악仙樂을 가리킨다.

연주하였다. 이윽고 공동산崆峒山[13]에서 음악 소리가 울려 퍼져 그 울림이 높은 하늘에까지 이르렀다. 이에 (거대하고 미묘한 음악이 울려 퍼지자) 구름 낀 벼랑에서 용이 날아오르고, 춤추듯 나는 봉황은 큰 소리로 울어대며, 높다란 산에는 큰 고래가 뛰어오르고 거센 파도가 치솟아 올랐다. 구름은 태허太虛의 지경에서 피어오르고 바람은 넓디넓은 벌판에 몰아쳤다. 아홉 진인眞人이 태공 가운데에서 신령스러운 노래를 불렀다.[14]

-『청허진인왕군내전』

　여기서는 넉자바기[四字句]를 기조로 하는 대구로 이루어진 문체가 쓰이고 있는데, 광대한 우주 공간에서 펼쳐지는, 선도仙都 부저府邸의 연회 광경이 환상적이면서도 화려하게 묘사되어있다. 이 같은 내전류 문체의 장식성은 곧이어 다루겠지만『상청경』에서도 그대로 계승되어가고 있다.[15]

---

13) 『장자』「재유」편에는 황제가 공동산에 가서 광성자廣成子에게 도를 물었다고 되어 있다.

14) "丈人乃設廚膳, 呼吸立具. 靈肴千種, 丹醴湛溢. 燔煙震檀, 飛節玄香. 陳鈞天之大樂, 擊金璈於七芒. 崆峒啟音, 徹朗天丘. 於是龍騰雲崖, 飛鳳鳴嘯, 山阜洪鯨, 湧波凌濤. 雲起太虛, 風生廣遼, 靈歌九眞, 雅吟空無."

15) 연구에 따르면 이와 같은 묘사 수법은 이후 백거이白居易『비파기』에서 조설근曹雪芹『홍루몽』까지, 또 현대에는 바진巴金『집家』과 진용金庸의 무협소설에도 많은 영향을 끼친 것으로 평가받고 있다.

3. 『상청경』의 문체

　『상청경』은 동진 중기에서 육조시대 말까지의 기간에 만들어진 경전군으로, 제작 시기는 『영보경』과 거의 겹치는 편이나 문체의 측면에서 보자면 전혀 다른 특징을 보여주고 있다. 『영보경』 문체는 대체로 한역불전 문체를 모방하여서 꾸밈새가 거의 없는 데에 반해서 『상청경』의 경우는 오언시와 네 글자·여섯 글자의 수사적 대구를 기조로 하는 변려문騈儷文을 활용하는 등, 다분히 수사를 의도한 문체가 두드러진다고 하겠다. 예를 들면 『동진태상신호옥경洞眞太上神虎玉經』 중에서, 태미천제군太微天帝君이 부符[16]를 차고서 상청천上淸天을 비행하는 장면의 한 대목은 다음과 같이 묘사하고 있다.

　　태진지관[17]의 경관을 맑게 하고,

澄景太眞之館

　　옥제궁 계단에 발길을 멈추노라.

止足玉帝之階

---

16) '신호지부神虎之符'를 말한다. 『진고』 권5에 '군君이 말하기를 선도에 신호지부神虎之符가 있는데, 그것을 가지면 육천六天을 위협할 수 있다고 하였다(君曰, 仙道有神虎之符, 以威六天)'고 되어있다.

17) "신호은문에 이르기를 태진지관은 태미천제군이 소마지혜신호금부를 받았던 곳이라고 하였다(神虎隱文云, 太眞之館, 太微天帝君受消魔智慧神虎金符處也)."

조용히 하면 천지와 뜻을 일치시키고,

静與天地合契

움직이면 칠경[18]과 빛을 나란히 하도다.

動與七景齊暉

아득하니 높디높은 하늘에서[19]

匡落九玄

손아귀에 영기를 쥐었도다.

握節靈機

만도萬度를 거느려 총괄하니

領括萬度

억률億律[20]이 모두 그에게로 돌아갔도다.

億律總歸

인용문에서 보듯이 상청파 변려문은 엄밀한 의미에서 변려문의 요소를 갖추지는 못하고 있다. 평측 면에서는 말할 것도 없고, 전고 사용이라든가 세련된 어휘 구사 같은 측면에서도, 『문선』수록된 작품들과 비교해보아도

---

18) 해와 달, 그리고 금·목·수·화·토 다섯 개의 별을 가리킨다.
19) '광락匡落'의 뜻은 불분명하나 '확락廓落'과 같은 의미로 쓰인 듯하다. '구현九玄'은 시문에서는 보통 도교의 신선을 뜻하나, 여기서는 '구천九天'의 뜻으로 풀이하였다.
20) 저자는 '억진億津'으로 풀이하고 있으나 '만도萬度'와 대구를 이룬다는 점에서 '억률億律'로 보아야 한다.

매우 불충분하고 모자란 편이다. 그러나 미문을 지으려는 의욕만은 감지하고도 남음이 있다 하겠다.

구래의 도교를 뛰어넘어, 새로운 신들〔진인들〕과 독자의 종교적 세계를 구상하고, 성선成仙하기 위한 방법으로 존사 수행을 중시하는 참신한 종교를 모색했던 상청파는 그에 걸맞은 경전의 내용과 문체를 추구하였다. 그 같은 흐름 속에서 출현했던 것이 『상청경』이 보여준 수사적 문체였다고 말할 수 있다.

4. 이백과 상청파 도교

『진고』와 『상청경』에 대해서는 후세의 시인·문인들도 관심을 보였다. 예를 들면 백거이白居易는 「도를 음미하다味道」라는 제목의 시에서 '일곱 편 『진고』에서는 신선 이야기 펼쳐지고, 한 권 『단경壇經』[21]에서는 부처 마음 이야기 설파하도다'〔『백거이집』 권23〕[22]라는 구절을 읊었다는 데서, 그가 『진고』를 읽었다는 사실을 가늠해볼 수 있다. 이백·두보杜甫, 그리고 위응물韋應物·이상은李商隱의 시

---

21) 중국 선종의 6대 조사 혜능惠能의 사상을 기록한 『육조단경六祖壇經』을 말한다.
22) "七篇眞誥論仙事, 一卷檀經說佛心."

작품에도 『진고』의 영향이 엿보이고, 또한 왕희지도 필사하였던 『황정경』은 구양수歐陽修·육유陸游 등 송대 문인들 사이에서도 널리 읽혔다. 그중에서도 상청파 도교와의 관련이 특히 깊었다는 점에서 주목받았던 인물이 이백이다.

이백[23]은 젊은 시절, 사마승정을 만났고[24] 그에게서 '신선의 풍채와 도사의 골격(仙風道骨)이 있다'라는 말을 들었다고 스스로 술회하고 있다(이백 「대붕부병서大鵬賦并序」).[25] 사마승정은 여태까지 몇 차례나 이름이 거론되었던 당대의 도사로(1강·4강·6강 참조), 현종에게 법록을 부여하였고, 현종 칙명으로 『노자』 텍스트의 교감을 행하는 등의 활약을 벌였고, 『좌망론』을 비롯한 많은 저작을 남긴 바 있다. 사마승정은 『영보경』·영보재가 성행하였던 당대 시기에, 도교의 또 하나의 흐름인 상청파 정신으로 복귀하여, 그 전통을 지키려는 활동도 하고 있었다.

23) 701~762. 당대 시인. 자는 태백太白, 호는 청련거사青蓮居士. 두보와 함께 '이두李杜'로 병칭되며, 중국을 대표하는 시인으로 흔히 시선詩仙으로 불린다.
24) 당시 이백은 스물다섯 살이었고, 도사 사마승정은 일흔아홉 살이었다고 한다.
25) "내가 예전에 (형주荆州) 강릉江陵에서 천태도사 사마자미(사마승정)를 만났는데, 내게는 선풍도골이 있어, 함께 온 세상 밖에서 정신의 여행을 할 수 있겠다고 말해주어서, 이에 「대붕우희유조부」를 지어 스스로 위안을 삼았다(余昔於江陵見天台司馬子微, 謂余有仙風道骨, 可與神遊八極之表, 因著大鵬遇希有鳥賦以自廣)." 여기서 보듯이 당대 최고 도사에게서 격려를 받았던 젊은 이백은 기뻐서 『장자』에 나오는 대붕大鵬과 『신이경神異經』에 나오는 희유조稀有鳥를 빌어서 자신들 두 사람의 만남이 가지는 의의를 비유적으로 표현하였다. 이후에 작품을 다시 고치면서 「대붕부大鵬賦」로 작품명을 고쳤다고 한다.

개원 9년(731)에 현종에게 오악에 상청진인上淸眞人을 제사 지내는 사묘를 세울 것을 건의한다든가, 상청과 진인의 한 사람인 동백진인桐柏眞人에 관한 『상청시제신동백진인진도찬上淸侍帝晨桐柏眞人眞圖讚』을 저술했던 활동이 바로 그것에 해당한다고 하겠다.

신선 세계를 노래한 작품을 다수 지었고, 시선詩仙·적선인謫仙人[26]으로도 불렸던 이백은 도사들과 교유하고, 도교 지식도 나름 체득하고 있었다. 이백의 작품을 살펴보면 상청파 도교와 연관되는 도사들과의 관계가 꽤나 깊었음을 짐작하게 한다. 우선 「숭산의 초련사에게 주다〔贈嵩山焦鍊師〕」라는 제목의 시작품에서, 이백은 세진世塵[27]을 벗어나 깊은 산속에서 태식·절곡絶穀[28]을 수행했다는 초련사에게 깊은 관심을 보였는데, 이 초련사라는 인물은 상청파 계보를 기록한 이발李渤의 「진계眞系」〔『운급칠첨』 권5〕에 사마승정의 제자로 이름이 올라있는 여성 도사 초정진焦靜眞으로 추정된다. 「진계」에는 '선생〔사마승정〕의 제자는 매우 많았으나, 오직 이함광李含光·초정진

---

26) '하늘에서 죄를 짓고 인간세계에 귀양 온 신선'이라는 뜻임.
27) 본래 '세상의 먼지'라는 뜻에서 '세상에서 벌어지는 이러저러한 잡다한 일'을 가리킨다.
28) 달리 '벽곡辟穀'이라고도 하는데, 곡식을 먹지 않고 솔잎·대추·밤 같은 것을 날것 그대로 조금씩 먹는 수행법을 가리킨다.

(두 사람)만 선생의 도를 얻었다'[29]라고 기록하고 있어, 초정진은 이함광[30]과 견줄 만한, 사마승정의 양대 제자의 한 사람으로 꼽고 있는 것이다. 초정진은 당시 저명한 여성 도사였던 것으로 보이는데, 옥진공주玉眞公主〔현종의 누이)[31]에게서도 존숭되었다고 한다.

또한 이백에게는 너무나 유명한 「장진주將進酒」라는 작품을 비롯해, 그의 작품 속에 빈번히 등장하는 친구 원단구元丹丘가 있었다. [32] '원단구는 신선을 좋아한다. 아침에는 영천[33]의 맑은 물을 마시고, 저녁에는 숭산의 자줏빛 안개로 되돌아온다. ……나는 안다네, 그대의 노닐고자 하는 마음이 끝이 없음을'[34]〔이백 「원단구가元丹丘歌」)이라고 묘사되는 인물이기도 하다. 이백은 이 원단구라는 친구를 통해 호자양胡紫陽이라는 도사와 알게 되고, 그에게

<hr/>

29) "先生門徒甚衆, 唯李含光焦靜眞得其道焉."
30) 683~769. 당대의 도사. 현재의 강소 강도江都 출신. 사마승정과 둘도 없는 친구였는데, 그가 죽자 현종의 부름을 받아 궁중에 가서 양태관陽台觀에서 사마승정의 뒤를 이었다. 만년에는 모산에 들어가『상청경』법에 관한 책을 편찬하였다. 저술로는『주역의략周易義略』『노장학기老壯學記』『삼현이동론三玄異同論』등이 있다.
31) 691~762. 예종의 딸이자 현종의 동복누이로, 712년에 동생 금선공주金仙公主와 함께 출가하여 도사가 되었다. 일찍이 원단구와 함께 이백을 천거하여 한림공봉翰林供奉이 되도록 힘썼고, 숭산 태실산太室山에 은거하던 초정진을 찾아가 도교 의식을 행한 적도 있었다.
32) 연구에 따르면 원단구의 이름이 등장하는 시 작품만 13수에 이른다고 한다.
33) 숭산 소실산少室山에서 발원하며, 허유許由가 그 물에 귀를 씻었다는 전설로도 유명하다.
34) "元丹丘, 愛神仙. 朝飮潁川之淸流, 暮還嵩岑之紫煙. (中略) 我知爾遊心無窮."

서 도술을 배우게 되었다(「겨울밤 수주35) 자양선생의 손하루에서 선성산으로 은거하러 가는 연자 원연을 보내며 지은 서문(冬夜於隨州紫陽先生餐霞樓送烟子元演隱仙城山序)」).36) 이백은 그 호 자양이 죽었을 때 비명碑銘의 문장 「한동 자양선생 비명〔漢東紫陽先生碑銘〕」(『모산지茅山志』 권24)을 쓴 적이 있는데, 그 문장 가운데 다음과 같은 대목이 나온다.

듣건대 금릉지허에서 도는 처음에 세 모씨茅氏37)로부터 성대해져서 네 허씨에게 전파되었다. 화양 (일곱 글자가 빠져있다) 도은거陶隱居38)가 승현자昇玄子에게 전했고 승현자는 체현體玄에게 전했으며, 체현은 정일선생貞一先生에게 전했고 정일선생은 천사天師 이함광에게 전했으며, 이함광은 자양선생과 의기투합하였다. 39)

-이백 「한동 자양선생 비명」

35) 지금의 호북성湖北省에 해당하는 '수주隨州'를 달리 '한동군漢東郡'이라고도 하였다.
36) 안진경의 「원전선생이군비元靜先生李君碑」에 따르면 '이백의 연배는 대체로 자양과 비슷하였다. 원단구가 비록 이백과는 친구였으나 자양에 대해서는 제자의 열에 있었다(李白年輩約與紫陽相當. 元丹丘雖與李白為友, 而於紫陽則在弟子之列)'라고 되어있다.
37) 한대에 모영茅盈·모고茅固·모충茅衷 삼 형제가 모두 구곡산句曲山(모산)에서 수행하여 신선의 도를 얻고서, 각각 사명진군司命眞君·정록진군定錄眞君·보생진군保生眞君이 되었다.
38) 도홍경은 모산에 은거하면서 스스로 '화양은거華陽隱居'라 칭했다.
39) "聞金陵之墟, 道始盛於三茅, 波乎四許. 華陽 (闕七字) 陶隱居傳昇玄子, 昇玄子傳體玄, 體玄傳貞一先生, 貞一先生傳天師李含光, 李含光合契乎紫陽."

여기서는 모산에서 일어났던 상청파의 가르침이 삼모 三茅〔대모군大茅君·중모군中茅君·소모군小茅君〕→사허四許〔허밀·허련許聯·허홰·허황민許黃民〕→도은거〔도홍경〕→승현자〔왕원지王遠知〕[40]→체현〔반사정潘師正〕[41]→정일선생〔사마승정〕→이함광의 순으로 전해졌다는 사실, 또 이함광과 부신符信을 맞추듯 의기투합했던 인물이 호자양이었다는 사실이 기술되어있다.

마찬가지로 「한동 자양선생 비명」에는 호자양이 진인들에게서 '적단양정석경수모赤丹陽精石景水母'의 법을 전해 받아서, 항상 '비근을 마시고 일혼을 삼킨다'〔吸飛根, 吞日魂〕라는 도술을 은밀하게 수행했다고 기록되어있다. 이것은 『진고』 권9에 '일중오제자日中五帝字에 「일혼주경日魂珠景, 소도록영昭韜綠映, 회하적동迴霞赤童, 현염표상玄炎飇象」이라고 되어있다. 모두 열여섯 글자로 이것은 금궐성군金闕聖君의 채복비근採服飛根의 법으로, 옛날 태미천제군이 전수하였다. 일명 「적단금정석경수모옥포지경赤丹金精石景水母玉胞之經」이다'[42]라는 기술과 관련이 있어

---

40) 당대의 도사로 모산에서 도를 닦았으며 도홍경의 제자이다. 고종 때 승진선생昇眞先生의 시호를 받았고, 측천무후 때 시호를 승원선생昇元先生으로 바꿨다.
41) 당대의 도사로 모산에서 도를 닦았으며 왕원지의 제자이다. 고종 때 체원선생體元先生의 시호를 받았다.
42) "日中五帝字曰, 日魂珠景, 昭韜綠映, 迴霞赤童, 玄炎飇象. 凡十六字, 此是金闕聖君採服飛根之道. 昔受之於太微天帝君. 一名赤丹金精石景水母玉胞之經."

보인다.[43] 태양광선〔氣〕을 몸속에 흡입하고 주문을 외면서 몸속에 깃들은 태양의 신들의 모습을 선명하게 상상해보며, 그 신들과 함께 자신이 천상 세계로 승천하는 이미지를 머릿속에 떠올리는 존사 방법인 것이다. 상청파에서 중시되었던 존사 수행법의 대표적인 예로 6강에서 언급했던 '분이경도奔二景道'〔'이경二景'은 태양과 달〕라는 도술 일부라 하겠다. 호자양이 이러한 도술을 실천했다고 이백은 기술하고 있다.

「수주 자양 선생의 벽에 쓰다〔題隨州紫陽先生壁〕」라는 작품에서도 이백은 '호흡을 하며 오묘한 기운을 들여 마시고, 허공을 걸어 다니며 신선의 소리를 읊조리네. 도는 옛 신선과 합치되고 마음은 자연의 이치와 나란하다네'[44]라고 노래하고 있다. 복기와 보허를 수행하고, 명상 속에서 천상 세계를 거닐며, 도와 일체화하는 호자양의 모습을 묘사했던 구절인데, 이는 그에게서 도술을 배웠

---

43) 『진고』에서는 이러한 내용에 대해 다음과 같이 기술하였고, 도홍경은 문장이 의미하는 바를 잘 알 수 없다고 주석을 달고 있다.
　　"우영 부인이 말하기를, 구슬(珠) 같은 둥그런 옥은 광채를 모으고 녹색(綠) 광선을 숨겨(韜) 단단해지며, 해(日)에 비친 노을(霞)은 밝게 빛나며, 적동(赤童)은 영묘한 빛을 뭉뚱그려 취하며, 검은(玄) 불꽃(炎)의 신은 광선을 흩트리며, 회오리바람(颶)의 형상(象)이 맑은 하늘을 가득 채우고 있으니, 이것은 해의 힘이고 신의 위력이라고 했다. 〈여기에서 말하는 것은 『자문紫文』에 따르면 일혼日魂에 관련된 것인데, 의미는 정확하게 알 수가 없다〉(右英云, 珠圓會暉韜綠凝, 日霞煥明, 赤童秉靈, 玄炎散光, 颶象鬱淸, 此日之勢也, 神之威也.〈此說按紫文日日魂事, 義旨不正可領〉)."
44) "喘息飡妙氣, 步虛吟眞聲. 道與古仙合, 心將元化幷."

던 이백 자신이 꿈꾸는 이상적 모습이기도 하였을 것이다. 이상에서 살펴보았듯이 이백의 인생과 작품은 상청파 도교와 깊게 연관되었다.

5. 도교와 서예 예술─왕희지·도홍경·안진경

중국 서예 예술을 대표하는 인물로 왕희지·안진경 두 사람을 꼽는 데 대해서는 누구라도 수긍할 것이다. 그런데 이 두 사람은 실은 모두 도교, 그중에서도 상청파와 깊은 관련을 맺고 있다. 앞에서 언급했듯이 왕희지는 동진 흥녕 연간, 모산에 중진衆眞〔수많은 진인들〕이 강림하여 상청파가 융성했던 시기에, 그에 관여했던 인사들과도 친근한 존재였다.

『진고』를 편찬했던 도홍경은 도사인 동시에 서예에 관해서도 강한 애착을 지녔던 인물이다. 양 무제와 나누었던, 서예에 관한 왕복 서한이 『법서요록法書要錄』에 수록되어있는데, 그 편지에 의하면 도홍경은 비부祕府[45]에 소장된 법첩法帖[46]을 열람할 기회를 얻었고, 왕희지 필적에

---

45) 옛날 중요한 문서 따위를 보관하던 궁정의 창고를 가리킨다.
46) 글씨체의 본보기로 삼을 만한, 잘 쓴 글씨첩을 가리킨다.

대해서도 상당한 감식안을 갖추고 있었던 듯하다. 그러한 도홍경이 모산에서 중진이 강림·전수했던 언어를 필사했던 양희 및 허밀·허홰 부자의 글씨와 왕희지 글씨를 비교하면서 다음과 같이 평하고 있다.

삼군三君[양희·허밀·허홰]의 필적 가운데 양희의 글씨가 가장 뛰어나다. 금체도 아니면서 고체도 아니고, 큰 글씨와 작은 글씨에 모두 능하다. 대체로 치초郗超[4세기의 서예가]의 필법을 본받았으나 필세나 짜임새에 있어 이왕二王[왕희지·왕헌지王獻之]에 필적한다. 그런데도 이름이 나지 않은 것은 아마도 가문이 한미하고 게다가 이왕에게 억눌렸던 탓이라고 보아야 하겠다.[47]

-『진고』권19

여기서 도홍경은 삼군三君 가운데에서 가장 뛰어난 양희의 글씨는 왕희지·왕헌지 부자의 수준에도 못지않다고 높게 평가하고, 그런데도 그들의 명성이 높지 않았던 것은 양희가 왕희지 같은 명문 귀족 출신이 아니었기 때

---

47) "三君手迹, 楊君書最工. 不今不古, 能大能細. 大較雖祖效郗法, 筆力規矩並於二王. 而名不顯者, 當以地微, 兼為二王所抑故也."

문이라고 명언하고 있다. 요시카와 다다오吉川忠夫『서書
와 도교의 주변』에서는, 도홍경이 모산에 강림한 중진의
언어가 기재된 종잇조각들을 수집하는 일에 그토록 강한
열의를 가지고 몰두했던 것은 종교적 열정뿐만이 아니라
그들의 필적 자체에도 깊이 매료되었기 때문이라고 추측
하고 있다. 글씨와 상청파 도교는 그 출발 시점에서부터
밀접히 연관되어있었다.

안진경顔眞卿[48]은 안사安史의 난에 당 왕조를 위해 의병
을 일으켜 싸웠고, 관리로서는 거듭되는 좌천을 겪으면
서, 최후에는 반신 이희열李希烈을 설득하기 위해 사자로
파견되었다 붙잡혀 죽임을 당하는 파란만장한 인생을 살
았던 인물이다. 그의 생애 가운데 유일하게 평온한 시절
을 보냈다고 할 수 있는 무주자사撫州刺史와 호주자사湖州
刺史 재임 시절(768~777)에 안진경은 도교와 관련이 있는
작품들을 남기고 있다.

「마고선단기麻姑仙壇記」(9강 첫 페이지 사진)와 「위부인선
단비魏夫人仙壇碑」「화고선단비華姑仙壇碑」의 세 작품은 모

---

48) 709~785. 당대의 충신·서예가. 지금 산동성 임기臨沂 출생. 북제北齊 학자로 유명한
안지추顔之推의 5대손으로 자는 청신淸臣. 해서체의 대가로 그의 서풍書風은 남조南朝 이
래 지배적이었던 왕희지의 우아하고 아름다운 글씨체와는 달리 남성적 강기剛氣가 넘쳤
으며, 당대 이후의 서예사에 지대한 영향을 끼쳤다. 후세에 안노공顔魯公으로 불렸다.

두 무주와 연고가 있던 여성 선인·도사와 관련된 경우이다. 「마고선단기」에서는 『신선전』에 근거한 마고의 전기와 안진경 부임 당시의 선단관仙壇觀의 모습을 기록하였고, 「위부인선단비」에서는 남악부인 위화존의 생애와 그녀의 수행·득선에 관한 일들을 기록한 뒤에 당의 여도사 황령미黃令微가 남악부인 유적을 발견했던 경위 및 그 유적지에 있던 도관을 안진경이 수복하였던 절차 등을 기록하고 있다. 「화고선단비」는 「위부인선단비」 후반부와 내용이 많이 겹치고, 화고華姑 황령미의 행적을 기록한 뒤에 그 여제자 여경선黎瓊仙에 대해 언급하면서, 무주 지역에 여선의 전통이 맥맥히 이어져 오고 있다는 사실을 기술하고 있다. 이들 작품은 안진경이 도교, 특히 위화존에서 유래하는 상청파 도교에 지대한 관심을 가졌고, 그 전통을 지키기 위해 적극적으로 행동했다는 사실을 전해주고 있다.

한편으로 안진경은 사마승정의 후계자였던 이함광을 위해 「모산현정선생광릉이군비茅山玄靖先生廣陵李君碑」(「이함광비」)를 쓰고 있다. 황폐해진 모산 상청파 유적의 복구를 위해 진력하였던 이함광의 고매한 인덕을 안진경이 맘속 깊이 존숭하였다는 점, 이함광의 제자인 은숙殷

淑·위거모韋渠牟와 함께 안진경이 '채진지유采眞之游'〔참된
도를 채취하는 놀이)[49]를 행했다는 사실 따위가 비문 안에
기록되어있다.

6. 서론과 도교—'자연의 묘유'

왕희지·안진경 같은 서예의 대가들이 도교와 깊은 연
관을 지니게 된 사정의 배경으로는 여러 요인이 있겠지
만, 문자와 도교는 실은 본질에 있어서 공통성을 지녔다
고 볼 수 있다. 이 점에 관한 생각의 실마리도 역시『진
고』에서 찾아볼 수 있다. 그것은 진인의 언어로 이야기
되는데, 문자란 본래 천지개벽의 시초에 하늘의 허공
에 저절로 나타난 문양에서 유래하는데, '삼원팔회三元八
會[50]·군방비천群方飛天의 서書' 등으로 불리는, 천상 세계
의 진인들이 사용하는 '진서眞書'에서 점차 글씨체가 분화
되어서 인간세계에서 사용되는 문자에까지 이르게 되었
다는 식의 이야기이다(『진고』권1).[51] 이것은 도교의 문자

49)『장자』「천운天運」편에 노자가 공자에게 '채진지유采眞之游'를 말하는 대목이 나오
는데, '채진采眞'은 '참된 도를 채취하다'라는 뜻으로 볼 수 있다.
50) '삼원三元'은 해·달·별을 가리키고, 삼원에 목·화·토·금·수 오행을 더하면 '팔회八
會'가 된다.
51) 도교의 문자·언어에 대한 견해는『진고』이외에도『운급칠첨』권7「삼동경교부三洞
經教部」 등에서 32항목에 걸쳐서 자세히 기술되어있다.

기원설로 여타 문헌에서도 종종 인용되고 있다. 이러한 기원설에 따르면 문자는 본래 우주 공간의 기가 자연히 응집하여 생겨나는 것으로, 따라서 문자는 그 웅숭깊은 속 바닥에 조화의 비밀 같은 그 무엇을 감추고 있다는 것이다.

본래 문자라는 것이 조화의 비밀과 관련되어있다는 식의 관념은 중국에서는 이른 시기부터 나타나고 있다. 『회남자』「본경훈本經訓」에 황제의 사관 창힐蒼頡이 날짐승·길짐승의 발자국을 보고서 문자를 처음 만들었을 적에,[52] 하늘에서 곡식이 비처럼 내렸고 귀신이 밤새 통곡했다는 이야기가 실려있다. [53] 인간이 문자를 창조했던 일은 하늘의 신들이나 귀신을 분노케 하고 한탄하게끔 만든, 조심스럽고도 두려운 사건이었다. 『진고』에 보이는 문자기원설도 문자 발생을 천지자연, 조화의 신비와 결부 지어서 파악한다는 점에서 이러한 전통과 공통된다고 하겠다.

5강에서 원시천존에 의한 구제의 문제를 설명했던 부분에서, 실제로 중생을 구제하는 힘을 지닌 것은, 하늘의

---

52) "황제의 사관 창힐이 날짐승·길짐승의 발자국 자취를 보고서 그 문양에 따라 각각 구별할 수 있다는 사실을 알고서 처음으로 문자를 만들었다(黃帝之史官蒼頡, 見鳥獸蹄迒之迹, 知分理之可相別異也, 初造書契)."(허신, 『설문해자』「설문해자서」).
53) "昔者蒼頡作書, 而天雨粟, 鬼夜哭."

상서로운 징조(瑞應)로 자연히 나타났던 기의 응집인 것
이며, 원시천존은 그러한 하늘의 의지를 이해·설명하는
역할을 맡고 있다는 사실을 논했던 대목이 있었다. 또 원
시천존 자신도 우주창생의 시점에서 자연의 기를 받아
화생하였던 존재였다. 이처럼 도교에서는 신격도 교설
도 모두 본래는 기의 형태로 자연히 나타났던 것으로 생
각하였다. 이것은 도교 이전의 하도낙서河圖洛書와도 연
결되는 관념이며, 그것은 동시에 문자에 대한 관념과도
연결되는 것이라 하겠다.

　문자를 천지자연, 조화의 신비와 결부 짓는 사고방식
은 서예 예술에 대해 논한 서론書論에서도 뚜렷하게 나타
나고 있다. 당대 서론의 이론서로 잘 알려진 손과정孫過
庭[54]의 『서보書譜』는 초서에 뛰어났던 저자가 수공垂拱 3
년(687)에 손수 썼던 진적眞跡 자필본이 타이베이臺北 국
립고궁박물원에 소장되어있다. 그 책에서는 고인의 필
적에서 보이는 현침懸針·수로垂露[55]·분뢰奔雷·추석墜石[56]

---

54) 648?~703?. 당대 서예가·서론가. 지금의 하남성 진류陳留 사람으로 자는 건례虔禮.
왕희지의 서법을 배워 초서를 잘 썼다. 저서 『서보』는 왕희지를 중심으로 하는 전인적
서법을 근본으로 글씨를 공부하는 방법을 논한 것으로, 특히 저자의 자필본으로도 유
명하다.
55) 소전체에서 세로로 곧게 내린 획을 쓸 때 사용하는 두 가지 필법을 가리킨다.
56) 소전체에서 점획을 나타낼 때 구조는 긴밀하게 하며 용필은 신속하고 힘 있게 하
라는 뜻이다.

등의 여러 필법, 또는 기러기가 날아오르거나 길짐승이 어지럽게 날뛰거나, 또는 난새가 공중에서 춤추고 뱀이 놀라 달아나는 듯한 모습을 연상케 하는 글씨의 형상 등을 예로 든 뒤에, 다음과 같이 기술하고 있다.

자연[57]의 묘유妙有[58]와 다를 바 없으니, 아무래도 사람의 힘으로 능히 이룰 수 있는 것이 아니다. 확실히 이는 지혜와 기교가 뛰어나게 하나로 합쳐진 것이니, 마음과 손이 짝을 이루어 통한 것[59]이다.[60]

-손과정, 『서보』

뛰어난 글씨체는 '자연의 묘유', 요컨대 조화가 저절로 이루어진, 지극히 묘하게 만들어진 형상으로, 그것은 인간의 작위를 초월한 것이며, 뛰어난 영지英知와 기법을

---

57) 본래 도가 사상에서 유래된 미학적 개념으로 '천연天然'과 같은 의미로 쓴다. 저자는 천지·자연계를 가리키는 '조화造化'의 의미로 풀이하는데 창작 과정 중에 자연에 근본하고 천지를 본받는다는 정도의 의미로 이해할 수 있다.

58) '묘妙'는 『노자』, 『장자』 등에서 중요한 개념으로 등장했는데, 한대 이후에 작가와 작품에 대한 평가의 미학적 범주가 되었다. 연구에 따르면 '묘'는 유한한 물상을 초월하고, 언어로 파악할 수 없는 경지를 지칭한다고 한다. 따라서 '묘'는 보기 좋고 아름답고 기이하고 화려하다는 등의 차원을 뛰어넘어, 도道·무無·자연 등과 밀접하게 연관되는 미학적 경지로 이해되는 것이다.

59) 마음과 손이 하나가 되는 뛰어난 예술적 경지를 가리키는 말로, 『서보』에서는 '무간심수無間心手' '심수회귀心手會歸' '심오수종心悟手從' 등의 여러 표현으로 쓰인다.

60) "同自然之妙有, 非力運之能成. 信可謂智巧兼優, 心手雙暢."

겸비하고, 마음과 손이 일체가 되어 맘껏 자유롭게 움직이는 데에서 나오게 된다고 손과정은 말하고 있다.

7. 화론과 도교
―'자연의 조화를 남김없이 다 표현하다'

중국에서는 '서화동원書畵同源'이라는 관념이 있다. 장언원張彦遠이 당대 대중大中 원년(847)에 저술했던 『역대명화기歷代名畵記』는 「그림의 흥기와 쇠퇴를 서술하다〔敍畵之興廢〕」 「그림의 여섯 가지 법칙을 논하다〔論畵六法〕」 등의 총론 부분과 고대 전설 시대로부터 장언원의 동시대까지의 회화사·화가평전의 부분 등으로 이루어져 있다. 책의 첫머리 「그림의 근원을 서술하다〔論畵之源流〕」 대목에서는 그림이란 교화를 돕는 중요한 역할을 지녔고, '천연스럽게 발생해야 한다〔發於天然〕'라는 점을 설명하고서, 뒤이어 하도낙서와 창힐의 문자 창조를 언급한 뒤에 다음과 같이 기술하고 있다.

이때 글씨와 그림은 한 몸이었으며 아직 나뉘지 않았다. 형상을 묘사하는 방법〔象制〕이 처음으로 창안되었지만, 여전히 간략하였다. (이것으로는) 뜻을 전달할 수 없었기 때문에 글자가 나타났고, 형태를 볼 수 없었기 때문에 그림이 나타났다. (이렇게 그림과 글자가 분화된 것은) 천지와 성인의 뜻이다.[61]

-『역대명화기』「그림의 근원을 서술하다」

글씨와 그림은 그 원류를 더듬어가면 하나이며, 의미를 전달하는 글씨와 형태를 나타내는 그림은 모두 천지·성인의 의지를 나타내는 것으로서 생겨났다는 것이다. 문자(書)의 경우와 마찬가지로 회화도 본래 천지자연의 의지와 연관되어있다는 논지이다.

『역대명화기』보다도 앞 시대에 쓰인 화론으로 유송의 종병宗炳[62]의 「화산수서畵山水序」라는 문장이 있다. 독실한 불교 신자로 서화에 뛰어났고 산수를 좋아하며 명산을 두루 돌아다녔던 종병은 「화산수서」에서 '산수는 형상으로써 도를 아름답게 표현하고, 어진 이가 이를 즐기니, 또한 도에 가깝지 않은가?'[63]라고 기술하고 있다. 『논어』

---

61) "是時也, 書畵同體而未分, 象制肇創而猶略, 無以傳其意, 故有書. 無以見其形, 故有畵. 天地聖人之意也."
62) 375~443. 남북조시대 유송의 화가. 자는 소문少文이며, 하남성 남양南陽 출신. 자신이 유람했던 산수를 벽에 그려놓고 즐긴 '와유臥遊'의 일화로 유명한 그는 최초로 노장사상의 도 개념을 회화 이론에 적용한 인물로 평가를 받고 있다.
63) "山水以形媚道, 而仁者樂. 不亦幾乎."

「옹야」편의 '지혜로운 자는 물을 좋아하고, 어진 자는 산을 좋아한다'[64]라는 공자의 말에 따르면서, 산수라는 것은 만물의 근원이며 자연의 이법이기도 한 '도'의 미적 형상화며, '도'에 근접한 것이라고 명언하고 있다. 따라서 화가가 눈으로 산수를 보고 마음으로 이해하고, 영묘한 정신으로 진리를 감득해서, 그것을 그림 속에 표현하면 거기에 (비길 데 없이 가장 높은) 지상의 경지가 실현된다는 것이다. 그리고 그것을 감상하는 이도 '창신暢神'〔정신을 펼쳐내다)[65]이 가능하게 된다는 것이다.

당대 현종 치세의 오도현吳道玄은 산수화뿐만 아니라 모든 장르의 그림에 뛰어났던 화가였는데, 장언원은 이러한 오도현을 '화성畵聖'으로 평하고서, 다음과 같은 말로 절찬하고 있다.

오직 오도현의 작품을 보면 여섯 가지 법칙이 다 구비되었다고 말할 수 있다. 온갖 형상을 다 표현하고 있으며, 마치 신이 오도현의 손을 빌려 자연의 조화를 남김

---

64) "知者樂水, 仁者樂山." '요산요수樂山樂水'로 줄여서 '산수의 경치를 좋아한다'라는 뜻으로 쓰인다.
65) '정신을 유쾌하게 하다'는 뜻임.

없이 다 표현한 듯하다.[66]

-『역대명화기』「그림의 여섯 가지 법칙을 논하다」

역대 화가 중에서 오도현만이 그림의 여섯 가지 법칙〔기운생동氣韻生動[67]·골법용필骨法用筆[68]·응물상형應物象形[69]·부류부채隨類賦彩[70]·경영위치經營位置[71]·전모이사傳模移寫[72]〕을 완벽히 갖췄고, 온갖 형상을 모두 다 그려냈다는 것이다. 그것은 마치 신이 그의 손을 빌려서 자연의 조화를 남김없이 다 표현한 것과 같은 모습이라고 평가하고 있다. 그림의 이상이 '조화를 남김없이 다 표현한다'〔窮極造化〕는 점에 있다는 점을 명언했다는 사실은 주목할 만하다.

중국의 서화론은 이상에서 보았듯이, 글씨나 그림은 모두 인위를 초월한 영역에 있는 천지자연, 조화의 비밀에 가닿는 것이라는 인식을 바탕으로 한다는 데 특징이

---

66) "唯觀吳道玄之跡, 可謂六法俱全, 萬象畢盡, 神人假手, 窮極造化也."
67) '기운'은 예술 작품이 지닌 생생한 정취 또는 강력한 생명감을 말한다. '생동'은 넘치고 요동한다는 말로, 기운이 갖춰져 있다는 뜻이다.
68) 붓을 사용하는 방법에 골骨의 힘이 강력하게 나타나는 것을 뜻한다.
69) 사물의 형에 대응하여 사실적으로 그리는 것을 뜻한다.
70) 종류에 따라 채색을 한다는 뜻이다.
71) '경영'은 집을 지을 때 토지를 측량하여 터를 잡는 것을 가리킨다. 여기서는 화면을 구성하는 것을 말하고, '위치'는 자리를 정하여 설정한다는 것으로 역시 구도를 잡는 것을 가리킨다.
72) '전이모사傳移模寫'라고도 하는데, 옛사람의 뛰어난 그림을 모사하거나 기술을 습득함을 가리킨다.

있는데, 그것은 존재의 근원에 있는 '도'라는 것을 깨닫고, '도'로 되돌아갈 것을 설파했던 『노자』 사상을 배경으로 하는 예술론이라고 할 수 있겠다. 도교는 마찬가지로 『노자』 사상에 기반하여, '도'에 복귀함으로써 영원한 생명을 추구하려 했던 것이니, 그러한 점에서 서화와 도교는 서로 관련이 있는 것이다.

10강
도교와 일본 문화

구와즈桑津 유적에서 출토된 주부呪符 목간(사진 제공: 일반재단
법인 오사카시 문화재 협회)

1. 도교의 여러 요소와 일본 문화

『노자』의 '도' 사상에서 시작하여 지금까지 도교 사상에 관하여 다양한 측면에서 논의를 해왔다. 이제 마지막으로 도교가 일본 문화에 어떤 영향을 주었는가 하는 문제에 대해 살펴보고자 한다.

도교는 유교·불교와 더불어 삼교의 하나로 간주되었는데, 일본 역사를 통해 유교가 국가 체제에 관한 정치사상·윤리 도덕으로, 불교 또한 학문·종교·문학·미술 등의 여러 영역에 걸친 종합적인 문화대계로, 지대한 영향을 끼쳐왔던 데 비해서 도교는 표면상으로는 일본 문화와의 연관성은 크지 않았던 것처럼 보인다.

실제로 도교는 불교처럼 조직화된 형태로 일본에 전래되지는 않았다. 일본이 도교를 받아들이는 것에 부정적이었다는 기록도 남아있다. 호키寶龜 10년(779) 오미노 미후네淡海三船가 지은 『도다이와조토세덴唐大和上東征傳』을 보면, 당의 천보天寶 연간(742~756)에 불교의 계를 일본에 전하기 위해 감진鑑眞[1]을 초빙하고 싶다고, 일본의 견당사遣唐使가 당의 현종에게 주문奏聞했을 때 벌어

---

[1] 688~763. 당의 승려로 일본 나라 시대인 753년에 일본으로 건너가 천황의 보호를 받으며 율종을 전파하고 일본 남산종을 개종하였다. 불교뿐만 아니라 중국의 건축·미술·의약 등도 전해준 것으로 알려져 있다.

진 일로서, '주상〔현종〕은 도사도 함께 데리고 갈 것을 요구하였다. 우리는 일본의 군왕은 앞서 도사의 법을 숭상하지 않는다고 말하고서, 곧 다시 아뢰어서 슌토겐春桃原 등 네 사람을 당에 머물게 해서 도사의 법을 배우게 하는 것으로 하였다'[2]라고 기록하고 있다. 현종이 도사를 일본에 함께 데리고 돌아가라고 한 요구에 대해 일본에서는 도사의 법을 존중치 않는다는 이유를 들어 견당사가 그 요구를 거부했다는 내용이다. 그 당시 견당사의 부사副使였던 기비노 마키비吉備眞備[3]는 당에 18년 동안 머물렀고, 중국의 많은 전적을 일본에 가지고 왔던 인물이었는데, 후손들에 대한 훈계의 목적으로 지은 교훈서『시쿄루이주私教類聚』에서 '선도는 쓸모없는 일'〔仙道不用事〕이라고 하면서, 유교·불교를 중시하고 도교를 배척할 것을 당부하고 있다.

이처럼 일본에는 도사가 정식으로 도래했던 일도 없고, 도교 전체가 그대로 일본에 유입된 일도 없었다고 하

---

2) "主上要令將道士去. 日本君王先不崇道士法, 便奏留春桃原等四人, 令住學道士法."
3) 695~775. 나라 시대 학자·정치가. 젊어서 견당유학생이 되어 717~735년에 걸쳐 중국에 유학하였고 귀국할 때 많은 서적을 가지고 왔던 일로 유명하다. 관리가 된 후에 출세를 거듭해 752년 견당부사로 중국에 갔다가 753년에 감진과 함께 귀국하였다. 만년에 대신의 지위에까지 올랐는데, 일본사의 근세 이전 시기에 학자로 입신해 대신의 자리에까지 올랐던 인물은 그와 스가와라노 미치자네菅原道眞 두 사람뿐이었다고 한다.

겠다. 그러나 1강에서 얘기했듯이 도교는 갖가지 요소들이 다층적으로 겹쌓여서 생겨난 것이다. 이 책에서는 지금까지 언급하지는 않았지만, 신선술·양생 사상과 밀접히 관계되는 의학·약학 사상도 도교의 구성 요소로 볼 수 있을 것이다. 도교를 구성하는 이런 여러 요소는 제각기 이른 시기에 일본에 들어와 일본 문화의 한 부분이 되어서, 일본 문화의 전개에 영향을 끼쳐왔던 것이다.

고대 일본에서 도교 관계 서적 중에 어떤 종류가 일본에 전래되었는가에 관해서는, 헤이안시대 간표寬平 연간(889~898)에 후지와라노 스케요藤原佐世[4]가 저술한 칙찬勅撰 한적 목록『니혼코쿠겐자이쇼모쿠로쿠日本國見在書目錄』[5]는『수서』「경적지」의 분류에 따라 역가易家로부터 총집總集까지 40가家로 전적을 분류했는데, 도교 관계 서적은 잡전가雜傳家·토지가土地家·도가·천문가·오행가·의

---

4) 847~898. 헤이안 전기 시대의 문인·학자로 후지와라노 스가오藤原菅雄의 아들이며 스가와라노미치자네菅原道眞의 사위이다. 다이가쿠료大學寮에서 공부할 적에 스가와라노 미치자네의 아버지 스가와라노 고레요시菅原是善를 사사하였다. 874년 후지와라 씨로서는 처음 대책對策에 급제하여 대학두大學頭를 비롯한 여러 벼슬을 역임하였다. 887년 관백關白 임명을 둘러싸고 벌어진 유명한 아형阿衡 사건으로 인해 이윽고 무쓰노카미陸奧守로 좌천되었다가 897년 임기를 마치고 교토로 되돌아오는 도중에 사망하였다.
5) 후지와라 스케요가 891년경에 편찬했다고 전해지는 일본에서 가장 오랜 한적 목록이다. 분량은 한 권으로 당시 일본에 있었던 한적 16,790권을 1,579부로 나누어 서명·권수·저자명을 기록해놓았는데, 비슷한 시기에 나왔던 중국의『수서』『구당서』「경적지」나『신당서新唐書』「예문지」에도 저록되지 않은 전적이 언급되어있어 자료로서의 가치를 중국에서도 높이 평가받고 있다. 수록된 한적의 상당수는 현존하지 않는다. '見在書'는 '당시 일본에 존재했던 서적'이라는 뜻으로 우리말로 읽을 경우에는 '일본국현재서목록'으로 읽는다. 이후에는『일본국현재서목록』으로 인용한다.

방가醫方家 등으로 분산·저록著錄[6]하고 있다. 잡전가에는 『신선전』 『열선전』 등 신선의 전기에 관한 서적, 토지가에는 『산해경』 『신이경神異經』 『십주기十洲記』 등 도교적 우주관에 관련된 서적의 이름이 보인다.

다음으로 도가에는 『노자』 하상공주·왕필주·현종어주玄宗御注, 『장자』 곽상주, 『열자』 『문자』 『포박자 내편』 이외에 『노자화호경』 『본제경』 『태상영보경』 『소마보진안지경消魔寶眞安志經』의 서명도 보인다. 『노자』 『장자』 『포박자 내편』이 일본 고대의 지식인들에게 널리 읽혔다는 것은 여러 자료로 미루어보아 분명한 사실이지만, 『노자화호경』 등의 서적이 전래했다는 사실은 주목할 만하다. 『노자화호경』은 8강, 『본제경』은 1강·8강에서 언급한 바있다. 『태상영보경』 『소마보진안지경』은 『영보경』에 속하는 경전이다. 육조·수·당 시대 도교의 상황을 반영하는 것으로 보이는 이들 서적이 견당사를 통해서 일본에 전래되었다는 사실을 새삼 확인해볼 수 있다.

또한 천문가에는 『천문재이잡점天文災異雜占』 『천지서상도天地瑞祥志』 『점성도占星圖』 『일월참도日月讖圖』 등 천문·점술에 관한 서적, 오행가에는 『삼갑신부경三甲神符

6) '이름과 그밖에 필요한 사항을 명단에 적는다'라는 뜻임.

經』『삼오대금주금결三五大禁呪禁決』『대도로군육갑비부大道老君六甲秘符』『안씨역점顔氏易占』『둔갑遁甲』『태당음양서太唐陰陽書』『적송자옥력赤松子玉曆』『옥녀반폐玉女返閉』등, 부符·주금呪禁·역점·둔갑〔점성술의 일종〕등에 관련된 서적명이 기재되어있다. 이들 서적은 일본 독자의 발전을 이루게 되는 온묘도陰陽道[7]와 관련을 맺게 되는 것이다.

『일본국현재서목록』에 기록된 도교 관련 서적 분류 중에, 가장 많은 권수를 차지하는 것은 의방가이다. 의방가에는 『황제소문黃帝素問』『황제갑을경黃帝甲乙經』『태청금액단경太淸金液丹經』『신선복약식방경神仙服藥食方經』『오악선약방五嶽仙藥方』『갈씨주후방葛氏肘後方』『천금방千金方』『조기도인방調氣道引方』『신수본초新修本草』『신농본초神農本草』『신선지초도神仙芝草圖』『황제침구방黃帝針灸經』『병원론病源論』등, 의약·침구에서부터 복식·양생에 이르기까지 1,309권의 서적명이 열거되어있다. 일본 고대의 의술은 이들 서적에 보이는 도교적 의술과 깊은 관련을 지니고 있었다.

---

7) '온묘도'란 본래 율령제 하에서 점복·천문·역서曆書 편찬을 담당하던 기관 온요료陰陽寮에서 가르치던 기술의 하나였다. 고대 중국의 자연철학 사상·음양오행설 등을 기원으로 했으나, 이후 도교·불교·신토 등의 영향을 받으면서 일본의 독자적인 주술·점술 기술 체계로 발전하였다. 온묘도에 관여하는 사람을 온묘지陰陽師라고 불렀는데, 헤이안시대의 아베노 하루아키安倍晴明는 대표적인 인물로 널리 알려져 있다.

2. 신선 사상의 수용

신선이라는 관념은 일찍부터 일본에 들어온 편이었다. 고분시대古墳時代 전기(3세기 중엽~4세기)의 기나이畿內 지역을 중심으로 하는 고분들에서는, 삼각연신수경三角緣神獸鏡[8]으로 불리는 동경銅鏡이 대량 출토되었는데, 그 거울 뒷면에는 서왕모·동왕부 등의 신선 형상이 새겨져 있고, 불로장수·부귀영달·자손번영 등을 기원하는 명문이 쓰여있었다. 서왕모·동왕부는 중국 고대신화에서 유래하는 신선들로 도교 경전에서는 도교 신들로 규정되어있다. 일본에서는 불교 전래보다도 앞선 시기에 신선 사상이 알려져 있었던 것이다.

신선 사상은 일본 고래의 도코요노쿠니常世國 관념과도 연관이 되어있다. '도코요노쿠니'란 바다 저편 아득히 먼 곳에 있다고 믿었던 상상의 나라로 현실 세계의 유한성을 초월한 장소였는데, 신선 사상이 일본에 유입되자 불로불사의 선인이 사는 이상향으로 인식되게 되었다. 그러한 사정을 잘 알 수 있는 것이 일본인이라면 누구나 알고 있는 우라시마 타로浦島太郎 이야기이다. 우라시마

---

8) 일본 열도에서만 출토되는 유물로, 거울의 가장자리 부위의 단면이 삼각형 모양을 이루고 거울 중앙에 신神과 짐승(獸) 문양이 표현되어있는 점에 착안하여 이름이 붙여진 거울이다.

타로의 가장 오랜 전승을 기록한 『니혼쇼키日本書紀』에는 유랴쿠雄略 천황 22년(478)조 기사에 다음과 같은 내용이 실려있다.

가을 7월에 타니하노쿠니丹派國 요사노코호리餘土郡 쓰쓰가와管川 사람인 미즈노에우라시마노코瑞江浦島子가 배를 타고 낚시를 하고 있었다. 이때 큰 거북이를 얻었는데, 갑자기 변하여 여자가 되었다. 이에 우라시마노코浦島子가 반해서 부인으로 삼았고 뒤따라서 함께 바다로 들어갔다. 그리고 도코요노쿠니蓬萊山에 이르러 두루 히지리(仙衆)를 만났다.

-『니혼쇼키』 권4

여기서는 우라시마노코浦島子가 도달했던 바다 가운데 장소는 '봉래산蓬萊山'으로 표기하고 '도코요노쿠니'(常世國)라고 늘 익숙하게 새겨서 읽어왔다. 동해의 삼신산 가운데 하나인 봉래산이 도코요노쿠니常世國와 연관이 맺어졌다. 그리고 봉래산에 있는 '선중仙衆'(신선들)은 '히지리'로 새겨져 읽히면서, 일본 고래의 주술적인 사제자·수행자[9]의 이미지로 파악되는 것이다.

『니혼쇼키』의 우라시마노코와 관련된 기사는 매우 짧은 문장이었는데, 후대에는 더욱 상세한 내용의 우라시마 모노가타리浦島物語가 만들어졌다. 헤이안시대에 지어진 『우라시마코노덴浦島子傳』에는 거북이로 모습을 바꾸었던 선녀와 우라시마코는 '부부의 연을 맺었던' 사이였는데, 선녀는 지금은 '도코요노쿠니蓬山'〔蓬萊山〕의 '불사의 금정金庭'〔不死之金庭〕에 사는 '천선天仙'이 되었고, 우리시마노코는 '지선地仙'이 되었다고 하고서는,[10] '아침에는 금단과 석수石髓를 복용하고, 저녁에는 좋은 술과 신선의 음료[11]를 마신다네. 천 뿌리 영지·난초는 늙음을 막아주는 방법이고, 백 마디 창포는 수명을 연장하는 기술이라네'[12]라고 하는 등, 봉래산 선궁仙宮의 신선 세계를 갖가지 수사를 구사한 미문으로 묘사하고 있다.

---

9) 일본어 사전에 따르면 '히지리'는 승려에 대한 경칭으로 쓰이는 이외에도 사원에 속하지 않고 산속 깊은 곳에서 수행하는 승려나 여러 곳을 떠돌며 동냥 행각을 하는 승려를 가리켜 '유교히지리遊行聖'라고 부르고 있다.

10) "妾在昔之世, 結夫婦之儀, 而我成天仙生蓬萊之宮中, 子作地仙遊澄江之波上."(『조쿠우라시마노덴키續浦島子傳記』) 그런데 이 작품은 한문으로 씌었는데, 기존의 우라시마 전설을 바탕으로 하면서도 중국의 『유의전柳毅傳』『어부사漁父辭』『고당부高唐賦』『낙신부洛神賦』『도화원기桃花源記』『속제해기續齊諧記』『유선굴遊仙窟』 등의 어구를 빌려와 윤색을 가하였으며, 여타의 우라시마 전설과는 부분적으로 내용을 달리하는 부분도 있다.

11) '경장瓊漿'은 신선이 마시는 좋은 음료라는 뜻이다.

12) "朝服金丹石髓, 是分百種千名也. 暮飲玉酒瓊漿, 亦有九醞十旬也. 九光芝草駐老之方, 百節昌蒲延齡之術."(『조쿠우라시마노덴키續浦島子傳記』)

헤이안시대 지식인들이 신선 사상에 관심을 가졌고, 그에 관한 지식을 몸에 익히고 있었다는 사실을 잘 보여 주는 사례로 『혼초몬즈이本朝文粹』 권3의 「대책對册」 부에 수록된 하루즈미노 요시타다春澄善繩[13]와 미야코노 요시카都良香[14]의 「신센몬다이神仙問對」를 들 수가 있겠다. 다이가쿠료大學寮[15]에서 수학한 학생들의 최종 시험으로 신선을 테마로 한 문제〔策問〕를 하루즈미노 요시타다가 부과하였고, 미야코노 요시카가 대답하였던 것〔對策〕이었다.

미야코노 요시카의 대책에서 신선 세계는 '그것은 있는 듯 없는 듯 막연하며, 사람들이 화제로 삼지만 너무도 심원하여 믿는 이가 적다. 그 모습을 보려 해도 볼 수

---

13) 797~870. 헤이안시대 전기의 관료·학자. 이세伊勢의 한미한 집안 출신임에도 학문에 힘써 문장박사文章博士로 역대 조정에서 중용되었다. 869년에는 편년체 역사서 『쇼쿠니혼코키續日本後紀』의 편찬을 완성시켰다. 당대에 그는 '재조在朝의 통유通儒'로 불릴 정도로 인품과 학문을 인정받았으며, 유교·역사뿐만 아니라 『주역』 『노자』 『장자』의 삼현학三玄學에도 밝았고 온묘도陰陽道에도 조예가 깊었다고 한다.
14) 834~879. 헤이안시대 전기의 귀족·문인·학자. 대책對策에 급제하여 문장박사로 활약하였고 『몬토쿠지쓰로쿠文德實錄』의 편찬에도 중심 역할을 맡았다. 그의 시문은 매우 뛰어난 명문으로 인구에 회자되었으며, 사후에도 갖가지 전설의 주인공으로 남아있을 정도였다. 그 자신도 신선적 풍모를 지녔던 인물로 후에 『혼초신센덴』에 수록되었다. 스가와라노 미치자네와는 시기가 조금 달랐음에도 불구하고 설화·전설에서는 자주 함께 등장하고 있다. 46세의 이른 나이로 죽었고 사후에 시문집 『도시분슈都氏文集』가 전하고 있다.
15) 다이호大寶 원년인 701년 실시된 율령제 하에서 설치된 시키부쇼式部省(인사 담당 부처)가 관할하는 관료 육성 기관이다. 관료 후보생인 학생에 대한 교육·시험 및 유교 의식인 석전釋奠을 행하였다. 중국이나 한국에서는 '국자감國子監'이라고 불렀다.

가 없고, 그 소리를 들으려 해도 들을 수가 없다'[16]고 하면서, 속인들에게는 이해하기 힘들고 믿기 어려운 것이지만, '이것을 고상한 담론에서 구하면 불로장생의 증거는 실로 많다'[17]라고 하고서는, 『포박자』와 동일한 논리로 신선의 존재를 긍정하고 있다(3강 참조). 그러고 나서 신선 세계에 대한 묘사로는 '천지간의 36천에 붉은 노을의 동천洞天이 높게 펼쳐지고, 72곳의 석실石室이 이끼 푸른 바위 위에 높이 솟아있다'[18]라고 36동천·72복지의 사례를 들고서(4강 참조), '선궁仙宮의 이름'〔方諸之紫名〕[19]·'만물의 본원인 태극이 기록된 죽간'〔太極之靑文〕[20]·'신선의 시동'〔靑童〕[21] 등 도교 경전에나 나올 법한 어휘를 사용하고 있다. 이것은 한시문의 교양을 측정해보려는 시험 문제의 답안으로 작성된 문장으로 그 자신의 사상과는 직접 연결되지는 않겠지만, 적어도 도교에 관한 서적을 어느 정도는 배우고 있었다는 사정을 엿볼 수 있게 해주는 것이다.

---

16) "若存若亡, 言談杳而易絶, 隔視隔聽, 耳目寂而罕通."

17) "求諸素論, 長生之驗寔繁."

18) "四九三十六天, 丹霞之洞高闢. 八九七十二室, 靑巖之石削成."

19) '방저궁方諸宮'은 신선이 사는 선궁을 뜻한다.

20) 불에 구워 기름을 뺀 참대 쪽을 엮은 죽간이 푸른색을 띤다고 해서 '청문靑文'이라고 한다.

21) '청의동자靑衣童子'를 말하는데, 신선의 시중을 든다는 푸른색 옷을 입은 소년을 가리킨다. 반대는 '청의여동靑衣女童'이다.

그밖에 헤이안시대 초기에 만들어졌던 칙찬 한시집 『분카슈레이슈文華秀麗集』『게이코쿠슈經國集』 및 중기에 편찬되었던『와칸로에이슈和漢朗詠集』 등에도 신선 세계를 노래한 시작품이 수록되어있어, 신선 사상에 대해 헤이안시대 지식인들의 관심이 폭넓게 미치고 있었음을 보여준다.

11세기 말경에는 오에노 마사후사大江匡房[22)에 의해 『혼초신센덴本朝神仙傳』이 저술되었다. 중국의『신선전』을 모방하여 지어졌다. 완전한 형태로 남아있지는 않으나 31명의 전기가 현존하고 있다. 그 내용을 살펴보면 불로장수와 승천 등, 신선의 기본적인 성격(3강 참조)에서는 중국과 공통된 점이 많지만, 일본의 신선을 보는 독자적인 방식도 엿볼 수 있게 한다. 이 책에서 신선으로 입전立傳된 인물로는 백조白鳥 전설로 유명한 야마토타케루노 미코토倭武命[23), 가타오카片岡산에서 만났던 굶주린 사

---

22) 1041~1111. 헤이안시대 후기의 문인·관료·학자·가인歌人. 오에노 마사히라大江匡衡의 증손. 대책에 급제한 뒤 관직을 두루 거치며 역대 조정의 중심을 맡았다. 당대 최고의 학자로 평가받았는데, 다방면에 걸쳐 박학하였고 특히 유소쿠코지쓰有職故實(조정·무가武家 고래의 법령·의식·풍속 등을 연구하는 학문)에 밝았다. 수많은 저술이 있는데 설화집『고단쇼江談抄』가 유명하다.

23) 전설적인 야마토大和 조정의 왕자로 흔히 야마토 다케루日本武尊로 불린다. 제12대 게이코景行 천황의 아들로 무용으로 이름을 날렸던, 그에 관한 비극적 이야기는『고지키古事記』『니혼쇼키』 등에 기록되어있다. 그의 역사적 존재는 불분명하나, 문헌에는 4세기 무렵의 인물로 등장하고, 문헌에 따라 '日本武名' '倭健命' 등 여러 가지로 표기되었다.

람이 시해선尸解仙임을 간파했던〔『니혼쇼키』스이코推古 천
황 21년 조 기사[24]에 보인다〕 쇼토쿠 태자聖德太子[25]로부터, 미
야코노 요시카都良香와 같은 문인, 또는 '미노노쿠니 강가
의 사람'〔美濃國河邊人〕과 같이 지방의 이름도 없는 은자에
이르기까지, 지극히 폭이 넓다 하겠다. 특히 구카이空海
나 엔닌圓仁[26]과 같은 고승들, 엔노교자役行者[27]·다이초泰
澄[28]와 같은 산악 수행자 등등, 불법을 닦아서 신력神力을
얻었던 이들까지도 신선으로 간주되는 경우가 많았다는

---

24) "12월 경오삭(1일)에 황태자는 가타오카에 갔다. 그때 굶주린 사람이 길거리에 쓰
러져 있었다. 그래서 이름을 물었으나 대답하지 않았다. 황태자가 보고 물과 먹을 것
을 주고, 즉시 입고 있던 옷을 벗어 걸인에게 덮어주면서 '평안히 누워있거라'라고 말
하고 노래하였다. (중략) 신미(2일)에 황태자가 사람을 보내어 굶주린 자를 보고 오라고
하였다. 사자가 돌아와 '굶주린 자는 이미 죽었습니다'라고 보고하였다. 이에 황태자
는 크게 슬퍼하였다. 그래서 그곳에 매장하고 흙을 쌓아 묘를 만들어주었다. 수일 후
황태자가 측근을 불러 '전일 길가에 누워있던 굶주린 사람은 보통 사람이 아닌 것 같
다. 반드시 진인眞人일 것이다'라고 말하고 사신을 보내어 알아보게 하였다. 이에 사자
가 돌아와 '묘소에 이르러 봤더니 흙을 쌓아 묻은 곳은 변동이 없었으나 열어보니 시
체는 이미 없어지고, 다만 의복만이 차곡차곡 개어져 관 위에 놓여있었습니다'라고 말
하였다. (중략) 사람들은 대단히 기이하게 생각하여 '성인은 성인을 알아본다는 말은 과
연 참말이구나'라고 말하고 더욱 황공하게 여겼다.
25) 574~622. 아스카飛鳥시대 황족·정치가였던 우마야도厩戸 황자에 대한 후세의 호
칭. 아스카 문화의 중심인물로 스이코 천황 치세에 섭정을 맡아 12계 관위와 17개조
헌법 등을 제정하여 일본 정치체제를 확립한 인물로 알려져 있다. 또한 독실한 불교
신자로 일본에 불교를 보급한 인물로도 평가받는다.
26) 794~864. 헤이안시대의 천태종 승려로 지카쿠慈覺 대사로 불린다. 사이초最澄의
제자로 있다가 838년에 입당하여 847년에 많은 경전·법구 등을 가지고 귀국하였다.
이때 쓰였던 여행기로 유명한 『닛토구호준레이코키入唐求法巡禮行記』는 당대 말기 중국
의 사회사·역사 지리 연구에 있어 중요한 자료로 높게 평가받고 있다.
27) 634~701. 아스카·나라 시대 주술사로 슈겐도修驗道의 창시자로 알려져 있다. 달리
엔노 오즈노役小角라고도 한다.
28) 682~767. 나라 시대 슈겐도의 승려. 명산 하쿠산白山을 처음으로 등배登拜·개산開
山한 것으로 유명하다.

사실은 주목할 만하다 하겠다. 일본에서는 신선과 불교
와의 거리가 중국보다도 훨씬 가까웠다는 견해가 성립할
수 있는 것이다.

3. 구카이 『산고시이키』의 도교 이해

고대 일본에서 도교를 유교·불교와 더불어 '삼교三教'
로 지칭하고, 삼교를 비교하여 개개 사상의 요점에 관해
서 처음 본격적으로 논의를 폈던 것은 구카이[29]의 『산고
시이키三敎指歸』이다. 엔랴쿠延曆 16년(797) 24세의 구카
이는 주위의 반대를 무릅쓰고 불문에 출가할 결의를 굳
히고서, 『로코시이키聾瞽指歸』[30]를 저술하였다. 『로코시

---

29) 774~835. 헤이안 초기의 승려로 진언종眞言宗의 개조이며 시호는 고보弘法 대사이
다. 사누키讚岐 출신으로 18세에 다이가쿠료 묘교도明經道에서 공부하다가, 불도佛道에
뜻을 두게 되었다. 797년 출가 선언이자 유교·도교·불교 삼교의 비교사상론으로도
평가받는 『삼교지귀』를 짓고서 불문에 귀의하였다. 804년 견당사로 사이초最澄와
함께 장기유학생으로 입당하여 장안 청룡사靑龍寺에 있던 밀교 제7조 혜과惠果에게서
진언밀교眞言密敎를 전수받고서, 혜과 사후에는 정통 밀교 제8조가 되었다. 806년에
많은 신역新譯 밀교경전과 법구法具 등을 가지고서 귀국한 이래 밀교 관련 활동을 활발
히 벌였다. 이러한 포교 활동 이외에 밀교 교학 관련 저술을 지어서 교리 체계를 정비
하는 동시에 진언밀교의 사상적 위치를 명확히 하는 데 힘을 기울였다. 830년에 자신
의 교학 사상의 집대성이라 할 『주주신론十住心論』을 짓고서 만년에는 고야산高野山
에 주로 은거하다가 835년에 입적하였다. 삼필三筆의 한 사람으로 꼽을 정도로 글씨에
도 뛰어났고, 『분교히후론文鏡秘府論』 『쇼료슈性靈集』 등으로 대표될 정도로 문학과 시
문에도 뛰어난 업적을 남겼다.
30) 『로코시이키聾瞽指歸』는 진리의 소리를 듣지 못하는 농자聾者(귀머거리)와 진실의 모
습을 보지 못하는 고자瞽者(장님)로 대표되는 일반 사람들에게 진리를 가르친다는 의미
로 지었던 제목이다.

이키』는 구카이의 진필본〔국보, 곤고부지金剛峯寺 소장〕이 현존하는 것으로도 잘 알려져 있지만, 그것을 훗날 구카이 자신이 개작한 것이 『산고시이키』이다. 구카이가 『산고시이키』를 지었던 것은 중국의 육조시대 말부터 당대 초기에 걸쳐 불교와 도교 사이에 논쟁이 성행했었고(8강 참조), 유교가 가세한 삼교 관련 논의의 문장도 많이 지어지고 있던 상황의 영향이 있었다고 생각해볼 수 있다.

『산고시이키』는 서문에 이어서 권상 「귀모선생론龜毛先生論」[31], 권중 「허망은사론虛亡隱士論」[32], 권하 「가명걸아론假名乞兒論」[33] 세 권으로 이루어져 있다. 전체가 희곡적 짜임새를 보이고 있고, 집주인 토각공兔角公[34]과 그의 조카로 비행 소년인 질아공자蛭牙公子[35]가 있는 토각공의 집에서, 제일 먼저 귀모 선생이 등장해서 토각공의 부탁으로 유교의 가르침을 설하며 질아공자에게 설교한다. 이

---

31) '귀모龜毛'는 거북의 털을 뜻하는데, 이는 있을 수 없는 일이므로 실재하지 않는 것이다. 따라서 '귀모 선생'은 가공의 인물임을 암시하는 것이다. 유자儒者의 입장을 대표한다.

32) '허망 은사'는 허무를 주장하며 세속에서 몸을 숨긴 은자를 가리키며, 도교를 대표하는 인물이다.

33) '가메이假名'는 언어라는 것은 이치를 표현하기 위해 빌어온 것일 뿐이라는 불교의 언어관을 나타내는 용어이며, '걸아'는 불교 승려가 걸식 수행하는 것을 일컫는 말이다. 모두 불교 승려를 가리키는 말이다.

34) '토각兔角'은 토끼의 뿔을 뜻하는데, 역시 '귀모'처럼 실재하지 않는 것으로 가공의 인물을 나타낸다.

35) '질아蛭牙'는 거머리의 이빨을 뜻하는데, 역시 실재하지 않는 가공의 인물임을 나타낸다.

어서 허망 은사가 등장하여 도교의 가르침을 설파하면서, 세속을 초월한 것을 추구한다는 점에서 도교는 유교보다도 우월하다고 주장한다. 마지막으로 가명걸아가 등장하여 불교의 가르침을 설하고서, 불교야말로 삼교 가운데에서 가장 광대한 진리의 가르침임을 명언하고 있다.

가명걸아는 구카이의 자화상과 같은 인물로, 불교의 길을 선택한 구카이가 자신의 사상을 가탁하고 있는 대상이다. 구카이는 '성인이 사람들을 이끌어주는 경우에 가르침의 그물은 세 종류가 있는 것이다. 이른바 석釋〔불교〕·이李〔도교〕·공孔〔유교〕이 그것이다. 비록 가르침의 얕고 깊은 차이는 있어도 어느 것이나 성인이 깨우쳐주는 말씀이다'[36]라고 하면서, 삼교는 모두 성인의 설이며, 각각 가치를 지녔다는 점을 기본적으로 인정하는 전제 위에서 불교를 최상에 두는 전체적 틀 안에 모든 것을 자리매김하려 했다고 말할 수 있겠다.

그렇다면 구카이는 도교에 대해서는 어떻게 인식하였던 것일까? 권중의 「허망은사론」에서는 진의 시황제·한무제처럼 속계에서 온갖 호사를 극했던 삶을 살면서 선

---

36) "聖者驅人, 敎網三種, 所謂釋李孔也. 雖淺深有隔, 並皆聖說."

인이 되기를 추구했던 것은 잘못되었다는 점, 선술仙術을 배우기 위해서는 우선 자신의 몸속에 있는 온갖 욕망을 끊어내야만 하고, 그런 다음에 복이服餌〔服食〕를 행하면 장생이 길이 열리게 된다고 주장하고 있다. 그리고 그 구체적 방법에 대해서 다음과 같이 말하고 있다.

　백출白朮·황정黃精, 송지松脂·곡실穀實[37] 같은 종류는 이것을 먹으면 내아內痾〔몸속의 묵은 병〕를 없앨 수 있고, 봉시蓬矢〔쑥대 화살〕[38]·위극葦戟〔갈대 창〕[39]·신부神符〔부적〕·주금呪禁〔주문을 외서 사기邪氣를 물리치는 일〕의 부류는 이것을 써서 외난外難〔밖으로부터의 재난〕을 막을 수 있는 것이다. 또한 숨을 쉬는 것도 때를 기다려 알맞게 해야 하고, 숨쉬기의 완급緩急도 계절에 맞추어 조절해야 하는 것이다. ……또한 백금·황금은 건곤乾坤〔천지〕이 빚어낸 지극한 정수이며, 신단神丹·연단은 약물 중에서도

---

37) '곡실穀實'은 '저실楮實'이라고 하며 '닥나무 열매'를 가리킨다.
38) "임금의 세자가 태어나면, (중략) 활 쏘는 사람은 뽕나무로 만든 활과 쑥대로 만든 화살 여섯 대로 천지사방을 향해 쏜다. (國君世子生, [中略] 射人以桑弧蓬矢六. 射天地四方.)"(『예기』, 「내칙內則」편)
39) "산속에서 머리에 관을 쓴 큰 뱀을 볼 수가 있는데 이름 지어 승경이라 한다. 그 이름을 부르면 길하다. 산속에서 이인吏人을 볼 수 있는데 산중에서 소리만 들리고 모습이 보이지 않으면서 계속 사람을 부르고 있을 때 하얀 돌을 던지면 곧 멈춘다. 또 하나의 방법은 갈대로 창을 만들어 그것을 찌르면 곧 길하다. (山中見大蛇著冠幘者, 名曰升卿, 呼之即吉. 山中見吏, 若但聞聲不見形, 呼人不止, 以白石擲之則息矣. 一法以葦為矛以刺之即吉.)"(『포박자』, 「등섭」편)

가장 신령스러운 물건이다. 이것을 복이服餌〔약재의 복용〕하는 데에도 일정한 방법이 정해져 있고, 이것을 조합·제조하는 데에도 비술祕術이 정해져 있다.[40]

-『산고시이키』권중

여기에서 거론하고 있는 약초·부적·주금·호흡법·연단의 사항 따위는 어느 것이나『포박자』의 여러 편〔「선약」편·「등섭登涉」편·「황백黃白」편·「금단」편 및 그 밖의 편〕과『황제내경소문』등에도 보이는 것들이다.

허망 은사는 더 나아가 이러한 선술을 닦음으로써 신체가 젊음을 되찾아 오래 살게 되고, 시공을 초월해서 자기 맘대로 하늘 높이 날 수 있게 되어, '담박하여 더는 아무런 욕망도 없고, 고요하여 아무런 소리도 나지 않으며, 참으로 천지와 더불어 영원히 살며, 일월과 함께 오래도록 즐기는 경지인 것이다'[41]라고 말하듯이, 근원의 '도'와 일체화하여 정신의 자유를 획득할 수 있게 된다고 기술하고 있다. 신선 세계에로의 비상에 관해서는 '태양〔赤

---

40) "白朮黃精松脂穀實之類, 以除內痾, 蓬矢葦戟神符呪禁之族, 以防外難. 呼吸候時, 緩急隨節. (中略) 又有白金黃金, 乾坤至精, 神丹練丹, 藥中靈物, 服餌有方, 合造有術."
41) "淡泊無慾, 寂寞無聲, 與天地以長存, 將日月而久樂."

鳥)⁴²⁾이 산다는 성을 찾아서는 거리낌 없이 돌아다니고, 자미紫微의 궁전⁴³⁾에 가서는 한가로이 시간을 보내며, 직녀성[織女]이 베틀 위에 앉아 있는 모습을 보고, 달로 달아났다는 항아⁴⁴⁾가 달에서 사는 모습을 찾아가 본다'⁴⁵⁾는 등, 『문선』에 나오는 어휘 등을 근간으로 한 사류변려문의 장식적 문체로 묘사하고 있다.

이상과 같은 『산고시이키』의 기술 내용으로 미루어보면 구카이는 도교에 대해 『노자』의 염담·무욕하여 '도'와 일체화된다는 사상과 『포박자』에 보이는 신선 사상을 혼합한 듯한 형태로 파악하고 있었음을 알 수 있게 한다. 특히 『포박자』에서의 인용이 매우 많은 편으로, 그의 도교 인식에는 『포박자』의 영향이 컸다는 사실을 짐작하게끔 한다. 구카이의 이러한 도교 인식은 그와 동시대 중국 도교의 실상과는 상당한 괴리감이 있다고 하겠다. 구카이와 같은 시대 중국에서는, 각지에 도관이 건립되고 수많은 도사가 활동하면서 국가적인 도교 의례가 행해진다든가(1강 참조), 또한 『노자』가 가장 중시되었던 한편으

---

42) '적오赤烏'(붉은 까마귀)는 태양을 가리킨다.
43) '자미의 궁전'은 천제가 사는 궁전을 가리킨다.
44) 『회남자』 「남명훈覽冥訓」에 예羿가 서왕모에게 불사약을 청하였는데, 항아가 이를 훔쳐서 마시고서는 달로 달아났다는 이야기가 실려있다.
45) "放曠赤烏之城, 優遊紫微之殿, 視織女於機上, 要姮娥於月中."

로 불교 사상을 대폭적으로 흡수한『본제경』같은 도교
경전도 전국적으로 유포되고 있던 형편이었다.(8강 참조)
구카이가『산고시이키』에서 보여주는, 신선 사상 중심의
도교 인식과 당대 중국의 실제 도교의 상황 사이에 존재
했던 이러한 간극은, 어쩌면 도교를 통째로 받아들이는
데 부정적이었던 일본 역사와도 일정한 관련이 있지 않
았을까 하는 생각이 든다.

4. 주술·방술의 수용

도교를 구성하는 여러 요소 가운데 신선 사상이 이른
시기에 수용되어 고대 일본의 지식인들에게 커다란 관심
의 대상이 되어왔다는 점에 대해서는 이상에서 살펴보았
지만, 신선과 같이 관념적·추상적인 것이 아니라 일상생
활과 밀접한 관련이 있는 실용적·구체적인 것도 수용되
었다 하겠다. 질병 치료를 위한 의약 관련 기술, 건강 유
지를 위한 양생법, 재앙을 물리치기 위한 주술, 장래의
일을 예지하는 점술 등이 바로 그것이었다.

『니혼쇼키』에 따르면 게이타이繼體 천황 7년(513)에 백

제로부터 오경박사五經博士[46] 단양이段楊爾[47]가 파견되었고〔동 10년 9월에 교대〕, 긴메이欽明 천황 14년(553)에 일본 조정이 백제에 대해 의박사醫博士·역박사易博士·역박사曆博士 등을 교대해줄 것과 복서卜書〔점치는 서적〕·역본曆本 그리고 여러 종류의 약물을 보내줄 것 등을 요구하였고,[48] 그에 대한 응답으로 이듬해인 554년 2월에 백제로부터 오경박사·역박사易博士·역박사曆博士·의박사·채약사採藥士 등이 파견되어왔다고 되어있다.[49] 오경 가운데 『역』이 포함되었는데도, 그와는 별도로 역박사易博士를 요구했던 것은 점술에 관한 관심이 높았다는 사실을 말해준다고 하겠다. 더욱이 스이코 천황 10년(602)에는 백

46) 오경은 『시경』·『서경』·『역경』·『춘추』·『예기』를 말하는데, 박사는 이들 경전을 연구·교수하는 관인을 말한다. 6세기 전반에 백제는 여러 차례 일본에 오경박사를 교대제로 파견하였다. 하지만 연구에 따르면 이들 오경박사 가운데 당시 중국 남조 양梁의 관인들도 포함되어있던 것으로 추정되며, 이들이 일본 한자음 가운데 오음吳音의 형성에 기여했던 것으로 보인다.

47) 백제가 일본에 파견한 최초의 오경박사이며, 일정 기간이 지난 후에 오경박사 한 고안무高安茂와 교체되었다.

48) "따로 칙을 내려 의박사·역박사·역박사 등은 순번에 따라 교대시켜라. 지금 위에 열거한 직종의 사람들은 바야흐로 교대할 시기가 되었다. 돌아오는 사신에 딸려 보내 교대시키도록 하라. 또한 복서·역본과 여러 가지 약물도 함께 보내라고 요구하였다 (別勅 醫博士易博士曆博士等, 宜依番上下, 今上件色人, 正當相代年月, 宜付還使相代, 又卜書曆本種種藥物, 可付送). "(『니혼쇼키』 권19 긴메이欽明 14년 6월)

49) "따로 칙을 받들어 역박사 시덕 왕도량·역박사 고덕 왕보손·의박사 나솔 왕유릉타·채약사 시덕 반량풍·고덕 정유타·악인 시덕 삼근·계덕 기마차·계적 진노·대덕 진타를 바쳤다. 모두 요청에 따라 교대시켰다(別奉勅, 貢易博士施德王道良·曆博士固德王保孫·醫博士奈率王有悛陀·採藥師施德潘量豊·固德丁有陀·樂人施德三斤·季德己麻次·季德進奴·對德進陀, 皆依請代之). "(『니혼쇼키』 권19 긴메이欽明 15년 2월)

제 승려 관륵觀勒[50]에 의해 역본曆本·천문지리 서적·둔갑
방술遁甲方術 서적 등이 전래되었는데[51], 각 부문마다 서
생 서너 명을 선발해서 관륵에게 이것들을 배우도록 해
서 학업을 이루게 하였다[52]고 기록되어있다. 이러한 기
술 중에는 도교의 요소인 음양오행 사상이나 주금·점
술·부록(부적) 등의 도술도 포함되어있었다.

이처럼 일본에 수용되었던 것은 다이호大寶 원년(701)
에 다이호 율령大寶律令이 제정되자, 음양·역曆·천문·누
각漏刻[53]의 네 부문으로 이루어지는 온요료陰陽寮, 의약
업무를 담당하는 덴야쿠료典藥寮가 설치되어, 율령국가
의 체제 안에 통합되게 되었다. 그러나 한편으로 도술 중
에는 사람들을 나쁜 길로 이끌어 폐해를 일으키는 방향

---

50) ?~?. 백제 무왕 때의 승려로 삼론학三論學의 대가. 602년 일본에 건너가 여러 문헌
을 전해주었고, 간고지元興寺에 머물면서 많은 제자를 가르쳤다. 625년 승려의 조부
살해 사건이 일어나자 천황에게 사면을 건의하였다. 이후 교단 감독·통제를 위한 승
정僧正과 승도제僧都制의 도입을 건의하여 초대 승정에 취임하였다. 1997년 나라의 절
아스카데라飛鳥寺의 연못에서 대량의 목간이 나왔는데, 그 가운데 관륵觀勒이란 글자
가 쓰여 있는 목간이 발견되어 화제가 되기도 하였다.
51) "冬十月, 百濟僧觀勒來之, 仍貢曆本及天文地理, 幷遁甲方術之書也."(『니혼쇼
키』권22 스이코推古 10년)
52) "是時, 選書生三四人, 以俾學習於觀勒矣. 陽胡史祖玉陳習曆法, 大友村主高聰
學天文遁甲, 山背臣日立學方術, 皆學以成業."(『니혼쇼키』권22, 같은 곳) 곧 역법은 야
코노후히토노 오야타마후루陽胡史祖玉陳, 천문·둔갑은 오토모노스구리타카토시大友村
主高聰, 방술은 야마시로노오미히타테山背臣日立가 각각 전수하였는데, 이들은 훗날 각
각 일본 역법의 시조, 천문도天文道의 시조, 둔갑방술의 시조로 존숭받게 되었다.
53) '물시계'를 가리킨다. 다이호 율령에 따라 누각박사漏刻博士를 두어서 물시계 관리
와 시간을 알리는 임무를 맡겼다고 한다.

으로 치닫는 경우도 있었으므로 쇼무聖武 천황 덴표天平 원년(729) 2월 '나가야오長屋王의 변'이 일어난 직후인 같은 해 4월에 '이단을 배워서 익히고 환술幻術을 쌓아 염매주저厭魅呪詛[54]하여 백성들에게 해를 입히는 자'[55]와 '서부書符[56]를 만들어 봉인하고, 약을 섞어서 독을 만드는 자'[57]를 엄벌에 처한다는 칙명이 내려지기도 하였다.(『쇼쿠니혼기續日本記』권10) 본래는 사기邪氣를 물리쳐 질병을 치료하거나, 불로장생을 추구하거나 하려는 목적으로 쓰였던 부록(부적)과 주문, 약의 제조 등의 도술이 타인을 손상시킬 목적으로 사용되는 일이 생겼고, 그러한 방향으로 쏠리는 자들을 엄하게 배척하고자 했던 것이다.

부적과 주문을 사용하는 일은 1강에서도 다루었듯이 태평도에서 질병 치료를 위해 부수주설符水呪說을 행한다거나, 『포박자』「하람」편에서 수많은 부적의 이름이 거론되는 대목 등에서도 알 수 있듯이, 도교의 중요한 요소라 하겠다. 갈홍은 '부적은 태상노군으로부터 나온 것으로 모두

---

54) '염매厭魅'는 그림·인형 등을 사용하여 사람을 해치는 주술이고, '주저呪詛'는 주문을 외워서 사람을 저주하는 경우를 가리킨다.
55) "有學習異端蓄積幻術, 厭魅呪詛傷害百物者."(『쇼쿠니혼기』권10, 쇼무聖武 덴표天平 원년 4월)
56) 도술의 주문 등을 기록한 책을 가리킨다.
57) "封印書符, 合藥造毒."(『쇼쿠니혼기』권10, 같은 곳)

천문天文[58](인위적이 아닌 자연의 문양)으로 쓰인 것이다. 태상노군은 능히 신명과 교통한다. 이들 부적은 모두 신명이 태상노군에게 준 것이다'[59]('포박자』「하람」편)라고 하면서, 부적은 독실한 믿음을 가지고서 정확히 (문양을) 쓰지 않으면 효과가 없을 뿐만 아니라 도리어 해가 된다고도 경고하고 있다. 부적의 문양은 인간 세계로부터 귀신의 세계쪽으로 힘이 닿게끔 하는 시각적 수단으로 간주되었던 듯하다. 또한 주문은 그 청각적 수단이었던 것이다.

일본 각지에서 고대로부터 중세에까지 이르는 시기의 수많은 주부 목간呪符木簡이 발견되고 있다. 주부 목간이란 가늘고 긴 직사각형 모양의 나무판에 부적의 문양과 글자를 써놓은 것이다. 가장 오랜 유물은 오사카시 구와즈桑津 유적에서 출토된 7세기 전반 무렵의 것으로(10강 첫 페이지 사진), 목간 윗부분에 '왈曰' 자를 T자 모양으로 이어놓은 형태의 부적이 쓰여있다. 또한 후지와라쿄藤原京(694~710)[60] 유적에서 출토된 주부 목간 중에는 '귀소鬼小'라는 글자와 함께 복잡한 형태로 이루어진 문양의 부적

---

58) '천문天文'은 '천상의 문자'라는 뜻이다.
59) "符出於老君, 皆天文也. 老君能通於神明. 符皆神明所授."
60) 아스카쿄飛鳥京의 서북쪽에 있었던 고대 일본의 수도로 현재의 나라 가시하라시橿原市에 해당한다. 중국의 도성제都城制를 모방해 건설했던 일본 최초의 본격적 도성으로 알려져 있다.

이 몇 가지 쓰인 것이 있는데, 이것은 우물이 있던 장소에서 출토된다는 점과 부적의 문양 형태로 보아서 치수 또는 우물 관련 제사에 관련됐던 것으로 추정하고 있다. 주부 목간은 다양한 쓰임새와 목적으로 만들어졌던 것으로 보인다.

한편 주부 목간에는 '급급여율령急急如律令'[61]이라는 글자가 쓰인 경우가 많이 있다. '급급여율령'이란 본래 법률 용어로 조서詔書를 내릴 적에 맨 마지막에 쓰이던 말인데, 후한 시대 말엽부터 민간신앙에서 악귀를 물리치는 주구呪句[62]로 사용되기 시작하여, 도교 경전에서도 널리 쓰이게 되었다. 예를 들면 5강에서 다루었던 『신주경』에서는 권7 「참귀품斬鬼品」에 '하나하나 태상太上〔하늘의 최고신〕이 내리신 명령대로 행하고, 멈춰서는 안 된다. 급급여율령急急如律令'[63]이라고 되어있는 것을 비롯해 거듭 반복해서 나오고 있다. '급급여율령'은 온묘도나 슈겐도의 부적 따위에서도 사용되었으며, 주부 신앙은 일본 사회에 광범위하게 침투되어갔던 것이다.

---

61) '급급여율령'이란 도교에서 사용하는 일상적 주문이다. 본래 한대 공문서에 '여율령'이라는 표현이 자주 쓰였는데, 후에 도교에서 '신을 부르고 귀신을 잡는(召神拘鬼)' 주문 끝에 외는 말로 종종 이 표현을 모방해서 썼다고 한다. 본래의 뜻은 '율법의 명령과 같이 반드시 긴급하게 집행해야 한다'는 것으로, 일본어로는 '규큐뇨리쓰료'로 발음한다.
62) 불교에서 범문으로 된 비밀스러운 주문인 다라니·진언과 같은 뜻으로 이해할 수 있다.
63) "――如太上口勅, 不得留停. 急急如律令."

5. 야마노우헤노 오쿠라의
「중병에 걸려 스스로 애도하는 글」

다음에 이어서 의약·양생사상 방면을 살펴보기로 하자. 다이호 율령에 규정되어있는 덴야쿠료典藥寮는 의醫·침針·안마·주금·약원藥園 다섯 종의 전문직으로 구성되어, 각자의 기능으로 직무를 행하는 한편 후진 교육도 담당하였다. 의생醫生(의술을 배우는 학생)은『갑을甲乙』『맥경脈經』『본초本草』등, 침생針生은『소문』『황제침경黃帝針經』『명당明堂』『맥결脈決』등을 배우고, 약원생藥園生은『본초』를 읽고서 채약의 방법을 익힐 임무가 부과되어있다(『요로료養老令』이시치료醫疾令[64] 복원 일문逸文에 따른다). 여기서 교재로 사용되는 서적은 어느 것이나 중국에서 온 의약서로 도교와도 연관이 깊은 편이다.

나라 시대 초기 지식인의 작품으로 질병과 의료에 관한 생각이 잘 나타나 있는 경우는 야마노우헤노 오쿠라山上憶良[65]의 「중병에 걸려 스스로 애도하는 글(沈痾自哀

---

64) 의약 전반에 관한 제규정을 가리킨다.
65) 660~733?. 나라 시대 초기 귀족·가인歌人. 이름을 달리 '山於億良'으로도 표기한다. 일부 연구자는 그가 663년 백제 멸망으로 네 살 때 일본에 온 백제계 도래인渡來人으로, 역대 천황의 시의侍醫였던 오쿠니億仁의 아들이었다고 주장한다. 나라 시대를 대표하는 가인으로 일컬어졌고,『만요슈萬葉集』에는 78수의 많은 작품이 수록되어있다. 유교·불교 사상의 영향이 강하게 나타나며, 서정적 감정 묘사에 뛰어난 가풍歌風으로도 높은 평가를 받고 있다.

文)[66]」이다. 덴표 5년(733) 일흔네 살 되던 해에 쓰였던 것
으로 추정되는 작품으로 10여 년에 걸쳐 병마에 시달리
다 이윽고 죽음과 마주한 작자의 심정이 진솔하게 표현
되어 있고, 작자가 상세한 자주自註까지도 달고 있다. 우
선 날마다 불법을 존중하여 천지 여러 신들을 경배했고,
선행을 쌓으려 애썼고 악행을 범하지 않았던 자신이 어
째서 이런 중병에 걸리고 말았는가 하고 자문하고서, '점
쟁이〔龜卜〕집과 무당〔巫祝〕집을 찾아다니며[67] 가르쳐주
는 바에 따라서 공물〔幣帛〕을 바치고 기도하였지만, 병은
조금도 나아지지 않았다고 술회한 뒤에 다음과 같이 얘
기하고 있다.

내가 듣건대, 옛날에는 많은 명의가 있어 사람들의 병
을 고쳐주었다. 유부楡柎[68]·편작扁鵲[69]·화타華他[70]·진秦
시대 화和·완緩[71]·갈치천葛稚川·도은거陶隱居·장중경張

---

66) '침아沈痾'는 '중병에 걸리다'는 뜻이고, '애哀'는 죽은 사람을 슬퍼하는 글 형식이다.
여기서는 작자 스스로를 애도한다는 뜻을 나타낸다.
67) 『포박자』「도의道意」편에 '問卜(점쟁이에게 묻다)'이나 '巫祝(무당)'과 같은 표현이 등장
한다.
68) 황제黃帝시대의 명의.
69) 전국시대의 정鄭나라의 명의.
70) 후한 시대의 명의로, 보통 '華佗' '華陀'로 표기하기도 한다.
71) '화和' '완緩'은 모두 진대秦代의 명의로 '화'는 진평공秦平公의 병을 고쳤다 하고, '완'
은 진경공秦景公의 고질병을 낫게 했다고 한다.

仲景[72] 등에 이르러서는 이들 모두가 좋은 의원으로 세상에 있었으므로 고치지 못하는 병이 없었다고 한다. 이러한 명의들을 지금부터 원한다고 해도 도저히 불가능할 것이다.[73]

「중병에 걸려 스스로 애도하는 글」

여기서 '옛날의 명의'로 작자가 이름을 거명하고 있는 사람들 가운데, 갈치천〔갈홍〕은 말할 나위도 없이 『포박자』의 저자이며, 도은거〔도홍경〕는 상청파 도교의 기점이 되었던 『진고』를 편찬했던 인물이다. (1강) 도홍경은 본초학本草學〔중국에 있어서 약학〕의 기본 문헌인 『신농본초경神農本草經』〔후한 시대 성립〕을 일찍이 교정했고, 나아가 명의가 썼던 약들을 보충하여 『본초경』 정본 텍스트를 만들었고, 여기에 자신의 주석을 붙여 『본초집주本草集注』 세 권을 저술하였다. 그것은 『진고』의 편찬과 병행해 이루어졌고, 500년경에 완성을 보았을 것으로 추정되고 있다. 앞서 보았듯이 『본초』는 덴야쿠료의 의생·약원생의 교재였는데, 8세기 말경부터 『신수본초新修本草』가 활용

---

72) 후한 시대 명의 장기張機로 『상한론傷寒論』의 저자로도 유명하다.
73) "吾聞, 前代多有良醫, 救療蒼生病患. 至若楡樹·扁鵲·華他·秦和·緩·葛稚川·陶隱居·張仲景等, 皆是在世良醫, 無不除愈也. 追望件醫, 非敢所及."

되기 이전까지는 도홍경의 『본초집주』가 활용되고 있었다. 도교의 역사에 커다란 발자취를 남겼던 갈홍과 도홍경을, 작자가 '좋은 의원'으로 인식하고 있다는 사실에서도 도교와 의학·약학의 깊은 유대 관계를 엿볼 수가 있다 하겠다.

이어서 「중병에 걸려 스스로 애도하는 글」은 『지괴기志怪記』[74] 『유선굴遊仙窟』[75] 같은 소설류, 『수연경壽延經』 같은 불교 계통 서적, 『포박자』 『백공약설帛公略說』[76] 『귀곡선생상인서鬼谷先生相人書』[77] 등의 도교 계통 서적들을 인용하였고, 나아가 공자의 '천상지탄川上之嘆'〔『논어』 「자한」편)[78]까지도 언급하면서,[79] 옛사람이 자신의 생명과 죽음이라는 문제에 대해 어떻게 대면해왔는가를 헤아려보고 있다. 그중에서 작자가 술회하는 바의 '그러므로 생이

---

74) 육조시대 소설이나 작품은 현재 전하지 않는다.
75) 중국 당대에 지어진 전기소설로 작자는 장작張鷟으로 알려져 있다. 문학사적으로는 당대 전기소설의 원조 격에 해당하는 작품이었으나 중국에서는 일찍부터 일서逸書로 알려져 있었다. 후에 일본에 전해지던 판본을 루쉰魯迅이 발굴해서 중국에 재소개하였다.
76) 알 수 없는 문헌이다.
77) 귀곡 선생은 전국시대 종횡가 소진蘇秦의 스승이라고 전하나, 현재 이 책은 전하지 않는다.
78) "공자가 물가에서 말했다. '가는 것이 모두 이 흐르는 물과 같도다! 밤낮을 쉬지 않고서 흘러가는구나!(子在川上曰, 逝者如斯夫, 不舍晝夜)."
79) "생각해보면 인간은 현명하고 어리석음을 불문하고, 또한 예로부터 지금까지 모두 (죽음을) 한스러워하고 탄식해왔다. 세월은 삶과 겨루기라도 하듯이 흘러서 밤낮으로 멈추지 않는다(증자가 말하기를 가서 돌아오지 않는 것은 나이라고 하였다. 공자가 물가에서 탄식한 것 또한 이것이다). (惟以人無賢愚, 世無古今, 咸悉嗟歎. 歲月競流, 晝夜不息. [曾子曰, 往而不反者年也. 宣尼臨川之歎, 亦是矣也.])"

극히 귀하고 목숨이 지극히 중요한 것임을 알 수 있다'[80]
는 말은 3강에서 거론했던 『태평경』의 생명관과도 통하
는 바가 있다고 하겠다. 또한 작자는 '무릇 살아있는 모
든 생물은 모두 유한한 몸을 가지고 있으면서 죄다 무한
한 생명을 구하고 있다. 따라서 도인과 방사들이 단경丹
經[81]을 짊어지고 명산에 들어가 불로장생의 선약을 만든
것은 성性을 기르고 정신을 편안하게 하여서 장생하기를
원했기 때문이었다'[82]라고 하면서, 무궁한 생명을 추구
하는 신선 도교를 향해서도 상상의 나래를 펴는 것이다.

6. 『의심방』의 양생법

의학과 도교가 밀접한 관계에 있었다는 점은 일본에
현존하는 가장 오랜 의학서 『의심방醫心方』[83]을 보아도
명백하다 하겠다. 『의심방』 30권은 궁중의 침박사였던
단바노 야스요리丹波康賴[84]가 에이칸永觀 2년(984)에 조정

---

80) "故知生之極貴, 命之至重."
81) '연단술의 비법을 적어놓은 책'을 뜻한다.
82) "若夫群生品類, 莫不皆以有盡之身, 並求無窮之命. 所以道人方士自負丹經, 入
於名山而合藥之者, 養性怡神, 以求長生."
83) 일본어로는 '이신포'로 읽으나 여기서는 '의심방'으로 번역한다.
84) 912~995. 헤이안시대 중기 귀족·의원. 침박사로 조정에 출사, 984년 『의심방』 편
찬의 공적으로 조정에서 단바스쿠네丹波宿禰라는 성을 내렸고, 이후 단바丹波 씨 가문
은 의료를 담당하는 의가醫家로 명맥을 이어갔다.

에 헌상했던 책으로, 의학의 전 분야를 망라한 종합적인 것으로 그 내용은 당대 도사 손사막孫思邈의『천금요방千金要方』을 비롯해서, 중국의 수많은 서적의 인용들로 이루어져 있는데, 그중에는『포박자』나 혜강의「양생론」등의 도교 관계 문헌들도 포함되어있었다.

『의심방』에서는 건강을 유지키 위해 일상적으로 실천해야 할 양생법이 중시되고 있어서,「양생편」〔권27〕을 독립시켜 따로 두었을 정도이다.「양생편」은 대체大體·곡신谷神·양형養形·용기用氣·도인·행지行止·와기臥起·언어·복용服用·거처居處·잡기雜忌의 11항목으로 나누고, 체내신을 길러서 정신의 안정을 도모하는 것과 여러 가지 신체 양생법, 호흡법·도인, 행동거지·수면법, 화법·의복 등, 그 밖에 일상생활에서의 갖가지 금기 사항 등이 세세히 기재되어있다. 체내신의 존사 수행과 호흡법·도인은 3강과 6강에서 설명했듯이, 도교의 양생법으로는 매우 중요한 기법들이다. 또한 일상생활에서의 금기로는 장생의 도를 닦는 데에 있어서 윤리 도덕의 문제가 거론되고 있는데, 그중에는『포박자』「미지」편의 문장 등이 인용되고 있다.

이처럼『의심방』에는 도교의 양생법이 무수히 수록되

어있는데, 그 가운데 다음과 같이 흥미를 끄는 대목도 등
장한다.

　진고眞誥에 이르기를 '머리를 빗질할 적에는 넓게 여러
번 하는 것이 좋다. 혈기를 통하게 하고, 풍습風濕을 발
산시킬 수 있다. 자주 빗을 바꾸어 쓰면 더욱 좋다'고 하
였다. [85]

　남악부인南嶽夫人이 말하기를 '침대는 가능한 한 높
게 만들어라. 높으면 지기가 미치지 못하고, 귀취鬼吹[86]
도 침범하지 못한다. 귀기鬼氣가 사람에게 침범할 적에
는 항상 지면을 따라서 위로 올라오는 것이다'라고 하였
다. [87]

　이상의 두 문장은 『의심방』에서는 모두 『연수적서延壽

---

85) "眞誥曰, 櫛髮, 欲得弘多. 通血氣散風濕也. 數易櫛逾良."
86) '귀취鬼吹'에 대해서 도홍경은 『진고』에서 다음과 같이 주석을 달고 있다.
　"귀신이란 음물陰物로서 종종 달라붙어서 그 사기邪氣를 퍼뜨리는 것이다. 혹은 사
람이나 짐승에 붙고, 혹은 기물에 붙고, 혹은 음식에 들러붙으니, 그런 다음에 흉악한
독기를 발휘할 수 있다. 옛날 어떤 사람이 병이 나서 땅바닥에 누워있는데, 병중에 귀
신이 벽의 구멍 아래에서 손으로 동그랗게 관 모양을 하고서 부는 것을 보았다. 이것
이 곧 귀취의 일이다(鬼者陰物, 多因藉以宣其氣. 或附人畜, 或依器物, 或託飲食, 然後得肆其凶毒耳.
昔有人病在地臥, 於病中乃見鬼於壁穿下, 以手爲管而吹之, 此卽是鬼吹之事也)." 사전에서는 보통
'지면의 음습한 기운'의 뜻으로 풀이하였다.
87) "南嶽夫人云, 臥床務高. 高則地氣不及, 鬼吹不干. 鬼氣侵人, 常依地面向上."

344

赤書』〔당대 배현裵鉉이 현종에게 헌상한 책〕에서의 인용으로 거론하고 있는데, 사실은 앞 문장은 도홍경이 편찬한『진고』의 권9에 실려있고, 뒤 문장도『진고』의 권15에 나오는 문장이다. 앞서 언급한『일본국현재서목록』에는『진고』의 서명은 보이지 않는데, 책 가운데 양생법의 일부 내용이『연수적서』라는 책을 통해서 헤이안시대 일본에 전해졌다는 사실을 짐작하게 해준다.

7. 에도시대의 도교 수용

고대 일본에 있어 도교(의 요소)의 수용과 관련하여 지금까지 그 개략적인 내용을 살펴보았다. 중세 이후는 시모데 세키요下出積與『도교와 일본인』의 말을 인용하면, '불교나 신토神道, 또는 온묘도나 슈겐도·민간 신앙 등과 같은 것들과 습합習合이 이루어진 형태로, 말하자면 그것들 속에 매몰되어버리고 말았다'라는 것이다〔같은 책, 180쪽〕. 그러나 그와 같은 흐름 속에서도 에도시대에 이르면 새로운 동향도 나타나게 되었다.

그 새로운 동향으로, 우선『태상감응편』과 같은 선서의 유행을 들 수가 있다. 도교의 일상 윤리 지침서로 송대

이후 중국 사회에 퍼졌던『태상감응편』은 7강에서 논의
했듯이, 실제로는『포박자』「대속」편과 「미지」편의 문장
이 내용의 태반을 차지하고 있다.『포박자』는 앞서 다뤘
던 야마노우헤노 오쿠라나 구카이를 비롯해, 나라·헤이
안 시대 이후 많은 사람에게 읽혀왔고, 앞서 언급했듯이
『의심방』에도 인용되었을 정도이므로, 도교 윤리의 내용
은 일찍이 일본에 전해졌다고 보아야 할 것이다. 하지만
『태상감응편』이라는 서적 자체가 일본에 박래舶來했던
시기는 15세기 말경으로 추정된다〔산조니시 사네타카三條西
實隆,『사네타카코키實隆公記』, 메이오明應 3년[88] 조에 '새로이 (중
국에서) 건너온 서적'으로 등장한다〕. 이어서 이 책은 에도시대
로 접어들면서 서민용 실천 도덕책으로 관심을 모아서,
일본인이 이해하기 쉽게끔 평이한 훈독訓讀과 주해를 달
았던 판본 등이 여러 종류 만들어졌고, 판을 거듭해 간행
됨으로써 민중들 사이에 널리 퍼지게 되었다.

　이어서 에도시대에는 학자·문인들 가운데 도교와 밀
접한 관련을 맺었던 이들이 출현했던 사정 또한 새로운
경향으로 거론할 수 있겠다. 예를 들면 가이바라 에키켄

---

88) 무로마치室町막부 시대인 1494년에 해당한다.

貝原益軒[89]은 유명한 『양생훈養生訓』[90]을 지었는데, 책의 내용은 이 책에서 지금껏 보아왔던 도교 사상과 상통하는 바가 많다고 하겠다. 가이바라 에키켄은 양생의 근본은 '원기'를 잘 지키는 것이라 하고서, 다음과 같이 주장하고 있다.

사람의 원기는 원래 천지만물을 낳은 기이다. 이것은 사람 몸의 근본이다. 사람도 이 기가 없이는 태어날 수 없다. 태어난 후에는 음식·의복·주거 등 외부 사물의 도움을 빌려서 그 원기가 길러지고 생명을 유지하게 된다. 음식·의복·주거도 또한 천지가 낳은 것이다. 출생도 양육도 모두 천지와 부모의 은혜이다.

-『양생훈』총론 상

여기에서 가이바라 에키켄이 말하는 '원기'란 2강과 4강에서 보았던 『노자』 '도' 사상과 중국의 우주생성론 중

---

89) 1630~1714. 에도 전기·중기의 유학자·본초학자·박물학자. 주자학을 신봉하였으나 만년에는 주자의 이기이원론에 의문을 제기한 『다이기로쿠大疑錄』를 저술하기도 하였다. 이 밖에도 박물학자로서 경험적 실학을 강조하여 본초서 『야마토혼조大和本草』, 교훈서 『와조쿠도지쿤和俗童子訓』, 그리고 사상서 『신시로쿠愼思錄』 등 다양한 저술을 남기고 있다.
90) 일본어로는 '요조쿤'으로 읽는데, '양생훈'으로 번역한다.

에서 언급되었던 경우와 마찬가지라 하겠다. 또한 '마음은 몸의 주인이다. 조용히 조절하여 편안케 해야 한다'〔총론 상〕라는 그의 심신관은 3강에서 이야기했듯이, 도교 생명관의 기초가 되는 사고방식이다.

더욱이 '마음을 편안하게 하고 기를 누그러뜨리며, 말수를 줄이고 조용히 말을 한다. 이는 덕을 기르고 몸을 돌보는 일이다. 그 도는 같은 것이다. 말을 많이 하는 것과 마음이 어지러워 성미가 거칠어지면 덕을 해치고 몸을 손상하게 된다. 그 해도 같은 것이다'〔총론 하〕라고 말하는 것은 6강에서 다루었던 도교 수양론과도 공통되는 바이다. 또한 자연계의 '음양의 기'가 잘 유행해서 막히지 않아야 사계절의 원만한 순환과 풍년이 오는 것처럼 사람의 신체도, '기혈이 잘 유행하여 막히지 않으면 기가 강해져서 병이 없게 된다'〔총론 상〕고 하면서, 호흡법·도인·안마·고치叩齒[91] 등의 방법을 설명하는 것은 도교의 양생 사상·방법과 동일하다 하겠다. 그러고 나서 그는 이러한 양생법을 '천지와 부모에게 효를 다하고, 인륜의 도를 행하는 것'〔총론 상〕으로 이어진다고 결론 짓고 있다.

---

91) 윗니·아랫니를 부딪쳐서 소리 나게 하는 양생법으로 이를 단단하게 한다고 한다. 『포박자』「잡응雜應」편에 보면 '이른 아침에 이를 삼백 번 부딪치면 영원히 흔들리지 않는다(清晨建齒三百過者, 永不搖動)'고 하였다.

가이바라 에키켄의 『양생훈』보다 60여 년 남짓 뒤늦게 나왔던 미우라 바이엔三浦梅園[92]의 『양생훈』에도 거의 동일한 취지의 내용이 기술되어있다. 그의 장남 미우라 고카쿠三浦黄鶴가 지은 「선부군 렌잔 선생 행장先府君攣山先生行狀」에 따르면 미우라 바이엔은 '도홍경과 한강백韓康伯[93]의 사람됨을 경모하여', 스스로도 '동선洞仙'으로 칭하였다고 한다. 도홍경은 이제껏 몇 차례나 거론했던 인물이고, 한강백은 중국 동진 시대 사람으로 『역』 계사전의 뛰어난 주석으로도 잘 알려져 있다. '동선'이란 지선地仙과 마찬가지로 4강에서 다루었던 지상의 선경仙境—명산의 동굴 속에 펼쳐지는 동천—에 사는 선인을 가리킨다. 미우라 바이엔은 의원을 생업으로 하면서 한학·의학·약학·천문역산의 학 등 온갖 영역의 학문을 익히고 사색을 심화시켜, 대표작 『겐고玄語』 『제고贅語』 『간고敢語』의 이른바 『산고三語』를 비롯해 수많은 저작을 남긴 사상가였는데, 정작 그 자신은 신선 세계의 거주자로 자칭하며 도

---

92) 1723~1789. 에도시대의 의원·사상가·자연철학자. 유학과 서양의 천문·지리·의학을 결합해, 우주 만물을 설명하는 기본 원리·법칙을 천지의 '조리條理'로 규정하고서 독자적인 자연철학 체계인 '조리학'이라는 학문 체계를 수립하였다. 평생 고향을 떠난 적이 없어 세상에서 '분고豊後'의 성인으로 불렸다.
93) ?~?. 중국 동진의 관료 한백韓伯으로 강백康伯은 그의 자이다. 후대에 당의 공영달孔潁達이 왕필과 한강백의 주注에 자신의 소疏를 덧붙여 『주역정의周易正義』를 편찬하였다.

홍경이라는 도교·본초학의 위인을 경모했다는 사실은 주목할 만하다 하겠다.

미우라 바이엔의 철학은 '일원기음양一元氣陰陽이라는 기의 철학을 하나의, 조리학條理學으로까지 완성시켰다'〔시마다 겐지島田虔次, 「미우라 바이엔의 철학—극동極東 유학사상사의 견지에서」『일본사상대계 41 미우라 바이엔』, 669쪽〕라고 평가받고 있다. 미우라 바이엔은 '일원기一元氣는 현玄이다'〔『겐고玄語』예지부언例旨附言〕라고 주장하면서 『겐기론元炁論』도 저술하였다. 이 책에서 보아왔듯이 도교 사상은 우주론·수양론·사회사상 등 온갖 방면에 있어서 '기' 개념이 근본에 자리하고 있다. 후쿠나가 미쓰지福永光司가 「미우라 바이엔과 도교」에서 지적하듯이 '도교 철학을 이해하고 있어야만 좀 더 적확하게 바이엔 철학을 이해하는 것이 가능하지 않겠는가'〔『도교와 일본 문화』, 159쪽〕라는 생각이 드는 것이다.

에도시대 후기 도교 관련 문헌을 인용하면서 독특한 신토神道 이론을 주장했던 인물은 히라타 아쓰타네平田

篤胤[94]였다. 그의 저작『세키켄타이고덴赤縣太古傳』[95]『고 테덴키黃帝傳記』[96]『덴추고가쿠요론天柱五嶽餘論』[97] 등에 는『포박자』『신선전』은 말할 것도 없고,『노자중경老子中 經』[98]『십주기』『악독명산기嶽瀆名山記』[99]를 비롯하여 방 대한 양에 이르는, 도교 문헌에서의 인용이 이루어지고 있다.『진고』『청허진인왕군내전』『자양진인주군내전』(9 강 참조) 등 상청파와 관련된 문헌에서의 인용도 많은 편 이다. 본래 히라타 아쓰타네는 도장을 열람할 기회는 없

---

94) 1776~1843. 에도시대의 국학자·사상가·의원·신토 이론가. 본래는 모토오리 노리 나가本居宣長의 실증주의 노선을 추종했으나 이후 고도가쿠古道學을 거쳐 신토 방면으 로 이론을 발전·확대시켰다. 그는 죽음에 대한 탐구를 통해 영혼 구제를 학문의 중심 에 두었고, 유교·불교·도교·난학·기독교 등 다양한 교리를 연구·분석하여 그의 학문 은 '팔가八家의 학'으로도 불렸다. 그의 사상·학설은 막말幕末 시기 커다란 영향력을 지 니게 되었고, 특히 그의 신토 이론은 이후 '복고復古 신토'로 불리며 신토 계열 신흥종 교의 발생으로도 이어졌다.

95) 그는 일본 근세 유학이 송대 유학의 영향을 받아 고전설古傳說을 폄하한다는 것을 강력히 비판하면서 일본 고대의 신들이 중국 신화의 신들과 합치한다는 점, 나아가 중 국 신선의 연원이 일본의 신토에 있다는 사실을 논증키 위해 고증학파의 수법을 동원 해 중국 태고의 신화적 역사 기록의 정리에 착수, 1830년에 저술을 시작했으나 미완으 로 끝나고 말았다.

96) 1824년에 저술한 이 책에서 히라타 아쓰타네는 중국의 황제에게 '진일지문眞一之 文'을 전한 이가 동해청동군東海靑童君(靑眞小童君)인데, 이 신은 본래 일본의 신이었다는 사실, 나아가 중국 신선계의 신들은 본래 '신선계의 총사總司'인 일본의 오쿠니누시노 카미大國主神가 그 자식들을 중국에 파견한 것이라는 설 등을 논증하고 있다.

97) 히라타 아쓰타네가 '오악'에 관하여 중국의 설과 일본 사상을 결합해 오악을 중심 으로 한 이른바 '신성神聖 지리학'의 구축을 시도했던 책이다. 이 책에서 그는 서왕모와 그녀가 통치하는 곤륜산을 중심으로 하여, 그 위치와 경색景色을 일본의 지리와 결합 해서, 오악에 대한 새로운 관점의 해석을 제시하였다.

98) 육조 양대梁代 말경에 만들어진 고대 도교 수행법을 편집한 경전.『운급칠첨』권 18·19에 상하 2권으로 수록되어있다.

99) 원명은『동천복지악독명산기洞天福地嶽瀆名山記』. 두광정이 편록한 것으로 되어있 고『정통도장』동현부 기전류記傳類에 수록되어있다.

었고, 도장의 축약판인 『운급칠첨』(1강)을 읽고서, 거기에 인용되어있는 많은 문헌을 자기 저술에 인용했던 것으로 보인다.[100)

히라타 아쓰타네의 설은 도교 우주론에 있어 지선들의 통솔자로 되어있는 동해청동군東海靑童君(4강 참조)이 본래는 일본의 스쿠나히코나노미코토少彦名命[101)였다고 비정하는 등, 8강에서 보았던 노자화호설·삼성파견설과 판박이 같은 주장을 펼치고 있어, 실로 기발한 생각이라 할 수 있다. 그러나 적어도 메이지시대 이전의 시점에서 도교 문헌을 광범하게 섭렵하고, 그로부터 자설을 수립할 정도로까지 깊이 새겨가며 꼼꼼히 읽었다는 사실은 새삼 주목할 만하다고 하겠다.

---

100) 연구에 따르면 히라타 아쓰타네는 평생 정통도장 5,300여 권을 모두 열람하기를 소원했으나 꿈을 이루지는 못했고, 대신 『운급칠첨』 122권을 등초謄抄하여서 활용했다고 한다. 그 밖에도 『사고전서총목제요』 『고금위서고古今僞書考』 등도 저술에 참고했던 것으로 보인다.

101) 『니혼쇼키』 『고지키』 등에 나오는데 도코요노쿠니에서 온 작은 신으로 달리 '스쿠나비코나노카미少名毘古那神'라고도 한다. 오쿠니누시노카미大國主神의 국토 경영에 협력했다고 전해지는데, 일반적으로 농업·의약·온천·주조酒造 등의 신으로 존숭되고 있다.

후기

　재작년 3월 나는 37년 동안 봉직해온 나고야대학을 정년퇴직하였다. 재직 중에 소속이 교양부·정보문화학부·문학연구과·인문학연구과로 몇 차례 바뀌고, 그에 따라 연구실의 이동도 약간 있기는 했지만, 동일한 나고야대학 히가시야마 캠퍼스에서 오랜 세월을 보냈던 셈이다.

　신서 편집부 스기다 모리야스杉田守康 씨에게서, '도교 역사' 또는 '도교 사상'을 주제로 해서 넓은 독자층을 상대로 책을 써보지 않겠는가 하는 제안을 받은 것은 대학의 최종 학기 강의 준비를 하던 2월 중순경의 일이었다. 스기다 씨는 10년 전쯤 「책의 탄생─새로운 고전 입문」 시리즈에서 『『노자』─'도'에로의 회귀』를 집필했을 적에 신세를 졌던 분이기도 하다.

　되돌아보면 나고야대학 수업에서는 육조·수·당 시대를 중심으로 중국 사상 문화 관련 강의를 하거나, 『노자』 『장자』 『논어의소論語義疏』 등을 연습 시간에 다루기는 했어도, 도교 역사나 도교 사상에 관해서는 필요에 따라 단편적으로 언급하는 정도였지 정식 강의를 해본 적은 없었다. 틀림없이 내가 썼던 연구 논문이나 학술서는 태반이 도교 사상에 관한 내용이지만, 어느 것이나 다 제한된 좁은 범위를 다루는 경우였고, 나고야대학 재직 중에 도교 사상 관련 강의를 해달라고 몇몇 대학으로부터 집중 강의 청탁을 받기도 했지만, 그때마다 시간적 여유가 별로 없었던 탓에 충분한 준비가 안 된 채 그다지 만족할 만한 강의를 하지는 못했던 기억들이 남아있다.

그런 형편이어서 스기다 씨의 집필 제안이, 내게는 새삼 도교 사상 전반에 대해 되짚어보고, 생각을 정리해볼 좋은 기회라고 여기고서 고맙게 받아들이기로 하였다. 정년 후에 내가 맡은 첫 과제는 이 책의 얼거리를 대강 잡아보는 일이었다. 대체적인 얼거리 구상을 마치고, 한편 이미 약속해놓았던 다른 일거리를 끝낸 후에 본격적으로 이 책의 집필에 착수했던 것이 작년 봄 무렵이었다. 정년 후에 생활환경이 크게 바뀌었다는 점과 집필을 잠시 멈췄던 시기도 있고 해서 애초에 끝내기로 한 예정 시간보다는 꽤 늦어지고 말았지만 금년 4월에 약간만 보태면 완성을 내다보는 막바지 단계까지 도달하였다. 그 단계에서 돌연 터져 나온 것이 신형 코로나바이러스의 감염 확대라는 긴급 사태였다.

　백 년 만에 한 번 일어날까 말까 하는 역사적 대사건에 맞닥뜨려서, '스스로 외출을 삼가기'에서부터 '새로운 생활양식'을 실천하도록 요구받는 한편으로 이제는 '위드 코로나 시대'를 살아야 한다는 식의, 전혀 예상치 못한 방향으로 상황이 전개되어갔다. 지금도 여전히 코로나의 위협은 멈출 기미를 보이지 않고 있고, 전 세계는 앞이 보이지 않는 불안에 내몰리는 상황에 처해있다. 도교 문헌에는 유독 재난이 많이 등장하는 편이다. 도교 역시 여타 사상·종교와 매한가지로 그 장구한 역사 속에서 갖가지 형태로 세상에 일어났던 재난에 대해 진지하게 맞서고자 했던 인간들과 함께 해왔음은 틀림없는 사실이라 하겠다. 새삼스레 그런 강렬한 확신을 느끼면서 이 책의 집필을 마치게 되었다.

　이 책은 『도교 사상-10개의 강의로 도교 쉽게 이해하기』라는 제목으로 주로 사상 쪽에 초점을 맞추어 얘기를 끌고 나갔으나, 끝부분에 이르러 '도교와 문학·예술' '도교와 일본 문화' 방면에까지 손대는 바람에 너무 오지랖 넓게 흰소리를 해대는 모양새가 되고 말았다. 폭을 넓힌 만큼 다소 중동무이한 내용이 되지 않았나 하는 두려움

도 있지만, 뒤집어 생각하면 도교가 품고 있는 광대한 스펙트럼의 일단을 보여줄 수 있다는 측면에서는 도리어 잘된 일이라고 할 수도 있겠다.

이 책을 집필하면서 도교 분야의 기존 연구 성과들을 원용했던 부분이 적지 않았음을 밝혀두고자 한다. 이 책에 실린 10회 분량의 강의는 이들 선행 연구의 축적이 있고서야 비로소 가능했다. 책 마지막 부분의 '독서 안내'를 정리하면서도 젊은 시절부터 최근에 이르기까지 신세 졌던 많은 분의 추억이 언뜻언뜻 떠오르기도 하였다. 대학 강의실과 연구 세미나 장소 등에서 직접 뵙거나, 아니면 저서나 논문을 통해서 간접적으로, 여러 스승과 선배·벗들에게 가르침을 받고, 공부하면서, 사고하는 힘을 키울 수 있었다. 내가 학은을 입었던 많은 분께 이 자리를 빌려서 깊은 감사의 인사를 전하고자 한다.

편집을 맡은 스기다 씨에게는 집필 제안을 받은 이래로 오늘날까지, 중요한 고비마다 언제나 적확한 조언을 받을 수 있었다. 이 책의 초고를 처음 읽어주었고, 귀중한 지적 사항도 몇 가지 들을 수 있었다. 코로나 역병 사태로 부득이하게 일을 변칙적으로 진행할 수밖에 없는 상황에서도 여러 가지로 아이디어를 내서 도와주었던 바에 관해서는 그지없이 감사할 뿐이다. 이 책이 무사히 간행에까지 이를 수 있었던 것은 스기다 씨 덕분이었다고 하겠다. 진심으로 깊이 감사를 드리는 바이다. 또한 최종 단계에서 꼼꼼하게 원고를 검토하고 의문점을 지적해 주었던 교정 담당 실무자에게도 아울러 감사를 표하고자 한다. 도교 사상의 정수를 알기 쉽게 전달한다는 애당초 목표를 어느 정도 달성했는가의 판단은 오롯이 독자의 몫으로 남길 수밖에 없겠지만, 정년 후에 맡았던 최초의 과제인 이 책의 출판을 어쨌든 무사히 끝냈다는 사실에 일단은 안도의 한숨을 내쉰다.

2020년 8월
가미쓰카 요시코

독서 안내

이 책을 집필하면서 인용하거나 참고하였던 문헌 및 앞으로 더 공부하고자 하는 분들을 위한 문헌들을 소개하고자 한다.[1]

강의를 시작하기 전에

도교 전반에 대해 알기 위해 정리된 참고문헌으로는 다음과 같은 책들이 있다. 후쿠이 고준福井康順 · 야마자키 히로시山崎宏 · 기무라 에이이치木村英一 · 사카이 다다오酒井忠夫 감수『도교』전 3권(히라카와平河 출판사, 1983년),【1권『도교란 무엇인가』, 2권『도교의 전개』, 3권『도교의 전파』에서 1권이 국내에 번역되어있다. 사카이 다다오 외(최준식 역),『道敎란 무엇인가』(민족사, 1990)】. 사카데 요시노부坂出祥伸 편『「도교」의 대사전─도교의 세계를 읽는다』(신진부쓰오라이샤新人物往來社, 1994년),【사카데 요시노부 편(이봉호 외 역),『도교백과』(파라아카데미, 2018)로 번역되었다. 1장「도교란 무엇인가」, 2장「방술과 주술」, 3장「의약과 신선술, 불로장생의 길」, 4장「도교의 의례와 경전」, 5장「도교와 그 주변」,

---

[1] 일본·중국 인명은 일본어·중국어 표기법에 따라 표기하되, 한국어 번역본의 경우 출판본의 해당 표기를 따랐다. 일본·중국 문헌의 서지 사항은 출판사 이름 이외에는 원칙적으로 우리 한자음대로 표기하였다. 국내 참고문헌은 원서에는 없는 내용이나 한국 독자의 편의를 위해【 】안에 정리했으며, 단행본·박사학위 논문을 중심으로 소개하였다.

6장 「일본의 도교」, 7장 「아시아의 도교」와 부록 「특별기획」으로 구성되어있다】, 노구치 데쓰로野口鐵郎 편집대표 『강좌 도교講座道教』 전 6권(유잔카쿠雄山閣, 1999~2001년), 【참고로 본 강좌 구성은 다음과 같다. 1권 『도교의 신들과 경전』, 2권 『도교의 교단과 의례』, 3권 『도교의 생명관과 신체론』, 4권 『도교와 중국사상』, 5권 『도교와 중국사회』, 6권 『아시아 여러 지역과 도교』】 Livia Kohn(ed), *Daoism Handbook*(Leiden, Brill, 2000). 【중국 출판 관련 서적을 번역한 것으로 갈조광葛兆光(심규호 옮김), 『도교와 중국문화』(동문선, 1993), 잔스촹詹石窓(안동준 옮김), 『도교문화 15강: 당신이 궁금해하는 도교에 관한 모든 것』(알마, 2011) 등이 있다.】

도교 관련 사전事典으로는 노구치 데쓰로・사카데 요시노부・후쿠이 후미마사福井文雅・야마다 도시아키山田利明 편 『도교사전道教事典』(平河出版社, 1994년), 후푸천胡孚琛 주편 『중화도교 대사전中華道教大辭典』(中國社會科學出版社, 1995년) 등이 있다. 【참고로 종자오펑鍾肇鵬 지음(이봉호 외 옮김), 『도교사전』(파라아카데미, 2018)은 『도교소사전道教小辭典』(上海辭書出版社, 2010)의 번역본인데, 도교 개념・용어 총 1,620항목을 도교 총론・교파 및 조직・인물・교의・경전서목・신선・도술・재계・의례・궁관 등 아홉 주제로 나누어 다룬다. 또한 『정통도장』과 『속도장』에 수록된 도교 경전 1,473건의 해제인 『도장제요道藏提要(三訂本)』도 중요한 성과이다.】【이외에 서구에서 출간된 도교 관련 주요 사전은 다음과 같은 것이 있다 Fabrizio Pregadio(ed), *The Routledge Encyclopedia of Taoism*: 2 Vols, (Routledge, 2011), 아울러 해제집 3권본 『도장통고道藏通考』 곧 Franciscus Verellen, Kristofer Schipper(ed), *The Taoist Canon: A Historical Companion to the Daozang*(University of Chicago Press, 2004)도 유용하다.】

도교를 포함한 중국 사상문화 전반에 관한 사전으로는, 미조구치 유조溝口雄三・마루야마 마쓰유키丸山松幸・이케다 도모히사池田知久 편 『중국 사상 문화사전』(東京大學出版會, 2001년) 【미조구치 유조 엮음(김석근 외 옮김)『중국 사상 문화사전』(책과함께, 2011)로 번역되어있다.】이 있는데, '기氣'나 '도道'를 비롯해 중국 사상의 주요 어휘·개념에 대하여 설명하고 있다. 또한『이와나미岩波 강좌 동양사상』제13권·제14권『중국사상』1·2(岩波書店, 1990년)에는 종교 사상을 포함한 중국 사상의 여러 측면에 대하여 해설한 문장 등이 수록되어있다.

한편, 이 책에서 인용하는 도교 문헌 텍스트는 본문에서나 '독서 안내'에서 특별히 기재한 경우도 있지만, 그 밖의 경우는 상하이上海 함분루涵芬樓 영인본『정통도장正統道藏』에 의거하고 있다. 또한 본문에서 인용한 불전佛典 자료에 대해서는『다이쇼신수대장경大正新修大藏經』에 의거하며, 해당 부분의 권수·쪽수·상중하 단락을 주기注記하고 있다.

1강

도교 역사 전반에 대해서는 구보 노리타다窪德忠『도교사道教史』(야마카와山川 출판사, 1977년), 【구보 노리따다(최준식 옮김), 『도교사』(분도출판사, 1990)로 번역되었다.】 요코테 유타카横手裕『도교의 역사道教の歷史』(山川出版社, 2015년)가 참고가 된다. 간략하게 정리된 책으로는 요코테 유타카『중국 도교의 전개中國道教の展開』(山川出版社, 世界史リブレット96, 2008년)가 있다. 중국어 책으로는 런지위任繼愈 주편『중국도교사中國道教史』증정본, 상·하(中國社會科學出版社, 2001년), 칭시타이卿希泰『중국도교사』전4권(四川人民出版社, 1988~1995년) 등이 있으며, 【국내에 소개된 중국 도교사로는 다음과 같은 것이 있다. 허지산許知山(김진곤 옮김), 『중국 도교사』(차이나하우스, 2012), 모종감牟鐘鑒(이봉호 옮김), 『중국 도교사: 신선을 꿈꾼 사람들의 이야기』(예문서원, 2015). 전자는 초기 업적이며, 후자는 중국철학사 전공인 저자의『中國道教』(廣東人民出版社, 1996)를 번역한 것이다.】 오래된 책이지만 천궈푸陳國符『도장원류고道藏源流考』(中華書局, 1949년)는 오늘날에도 여전히 유익하다.

도교가 갖가지 사상이 중층적으로 겹쌓여서 형성되었다는 점에 대해서는 후쿠나가 미쓰지福永光司, 「귀도鬼道와 신도神道와 진도眞道와 성도聖道—도교의 사상사적 연구」, 같은 이 「도교란 무엇인가」(모두 후쿠나가 미쓰지, 『도교 사상사道教思想史 연구』, 이와나미서점, 1987년 수록)에 독자적 시점에서 이루어진 연구가 있다.

태평도太平道와 오두미도五斗米道에 대한 연구서로는 오부치 닌지大淵忍爾, 『초기의 도교』(소분샤創文社, 1991년), 갈홍葛洪 『포박자抱朴子』에 대해서는 같은 저자 오부치 닌지, 『도교와 그 경전經典』(創文社, 1997년)이 있다. 【국내의 관련 연구로는 논문집으로 한국도가도교학회 엮음, 『포박자 연구』(문사철, 2016) 그리고 이용주, 『생명과 불사:포박자 갈홍의 도교 사상』(이학사, 2020) 등이 있다.】 또한 『포박자』의 역주본으로는 이시지마 야스타카石島快隆 역주 『포박자』(岩波文庫, 1942년), 혼다 와타루本田濟 역주 『포박자』 내편·외편(헤본샤平凡社, 東洋文庫, 1990~1991년)이 있다. 【『포박자』의 경우 아직 참고할 만한 학술적 수준의 한국어 번역본이 나와 있지 않다.】

도교 경전의 제작(『상청경』과 『영보경』)에 대해서는 고바야시 마사요시小林正美 『육조 도교사六朝道教史 연구』(創文社, 1990년), 가미쓰카 요시코神塚淑子 『육조 도교 사상의 연구』(創文社, 1999년), 같은 이 『도교 경전의 형성과 불교』(名古屋大學出版會, 2017년) 등이 있다.

당대唐代 도교에 대한 연구서로는 스나야마 미노루砂山稔 『수당隋唐 도교 사상사 연구』(平河出版社, 1980년), 야마다 다카시山田俊 『당초唐初 도교 사상사 연구:『태현진일본제경太玄眞一本際經』의 성립과 사상』(헤이라쿠지쇼텐平樂寺書店, 1999년), 고바야시 마사요시 『당대唐代의 도교와 천사도天師道』(지센쇼칸知泉書店, 2003년), 무기타니 구니오麥谷邦夫 『육조·수당六朝隋唐 도교 사상 연구』(이와나미서점, 2018년) 등이 있다.

『운급칠첨雲笈七籤』에 대해서는 나카지마 류조中嶋隆藏 『운급칠첨의 기초적 연구』(겐분硏文 출판, 2004년), 요시카와 다다오吉川忠夫 「도교의 대백과전서大百科全書—『운급칠첨』」(요시카와 다다오, 『독서잡지讀書雜志—중국의 사서史書와 종교를 둘러싼 12장』, 이와나미서점, 2010년, 수록)이 참고가 된다.

또한, 전진교全眞教에 대해서는 하치야 구니오蜂屋邦夫 『금대金代 도교의 연구―왕중양王重陽과 마단양馬丹陽』(규코쇼인汲古書院, 1992년). 정명도淨明道에 대해서는 아키즈키 간에이秋月觀暎 『중국 근세 도교近世道教의 형성―정명도의 기초적 연구』(創文社, 1978년) 등의 연구서가 있다.

2강

『노자』 및 『노자』 주注의 원전이나 『노자』 번역·연구의 주요한 업적에 대해서는 가미쓰카 요시코 『『노자』―'도'에로의 회귀』(이와나미서점, 2009년) 말미의 「참고문헌」에 기록하였으니, 함께 참고하기 바란다.

베이징北京대학 소장의 죽간竹簡 『노자』에 대해서는 유아사 구니히로湯淺邦弘 『죽간학―중국 고대사상의 탐구』(大阪大學出版會, 2014년)를 참고하였다.

『노자』 왕필주王弼注 텍스트는 러우위리에樓宇烈 『왕필집교석王弼集校釋』(中華書局, 1980년) 상책 「노자도덕경주老子道德經注」, 【한국어 번역본으로 다음과 같은 것들이 있다. 임채우 옮김, 『왕필의 노자주』(한길사, 2005); 김학목 옮김, 『노자 도덕경과 왕필의 주』(홍익출판사, 2000); 김시천 옮김, 『노자도덕경주』(전통문화연구회, 2017) 등이 참고할 만하다.】 하상공주河上公注 텍스트는 왕카王卡 점교點校 『노자도덕경 하상공장구老子道德經河上公章句』(中華書局, 1993년)를 사용하고 있다. 하상공주에 대해서는 구스야마 하루키楠山春樹 『노자전설老子傳說의 연구』 전편 「노자 하상공주의 연구」(創文社, 1979년)가 참고가 된다. 【한국어 번역본으로 이석명 옮김, 『노자도덕경하상공장구』(소명출판, 2005)가 있다.】

또한 상이주想爾注에 대해서는 둔황 사본 속에서 이를 발견했던 라오종이饒宗頤에 의한 『노자상이주교전老子想爾注校箋』(원저는 1956년. 증정판은 上海古籍出版社, 1991년)이 있으며, 상세한 연구도 함께 수록되어 있다. 상이주를 알기 쉽게 소개한 것으로서는 마루야마 히로시丸山宏 「『노자상이주』―도의 실천을 역설하는 초기 도교 교단의 『노자』 해석」(마스오 신이치로增尾伸一郞·마루야마 히로시 편 『도교의 경전을 읽는다』 다이슈칸쇼

텐大修館書店, あじあブックス, 2001년, 수록)이 있다.【관련서로는 정우진 지음,『노자상이주 역주: 노자의 양생윤리』(문사철, 2014)가 있다.】

이러한 상이주를 비롯해 둔황 사본에는 도교 관계 문헌이 적잖게 포함되어있으며, 도교 연구에 있어 중요한 자료가 되고 있다. 둔황 사본의 도교 관계 자료에 대해서는, 오부치 닌지『둔황 도경道經 목록편』(후쿠타케쇼텐福武書店, 1978년), 같은 이『둔황 도경 도록편圖錄編』(福武書店, 1979년)이 유익하다. 또한 왕카王卡『둔황 도교문헌 연구─종술綜述·목록·색인』(中國社會科學出版社, 2004년)에는 오부치 닌지 저서 이후에 새롭게 밝혀진 자료도 포함되어있어서 중요하다.【둔황학과 관련해서는 지셴린季羨林 주편(고려대 민족문화연구원, 금강대학교 불교문화연구소 옮김),『둔황학 대사전』(소명출판, 2016)이 참고가 된다.】

'도道'와 '기氣'에 대해서는 무기타니 구니오「도와 기와 신神─도교 교리에 있어서 의의를 둘러싸고」(『인문학보人文學報』 65, 京都大學人文科學研究所, 1989년), 같은 이「기와 도교」(사가데 요시노부坂出祥伸 편,『『도교』의 대사전』 수록)가 참고가 된다.

3강

도교 생명관의 근본에 있는 '기'의 사상 전반에 관해서는 오노자와 세이치小野澤精一·후쿠나가 미쓰지·야마노이 유山井湧 편『기의 사상─중국에 있어서 자연관과 인간관의 전개』(東京大學出版會, 1978년),【전경진 옮김,『氣의 思想: 中國에 있어서의 自然觀과 人間觀의 展開』(원광대학교 출판국, 1987)로 번역된 바 있다. 아울러 박사학위 논문으로 유병헌,『中國의 '氣'思想 硏究: 古代와 中世를 중심으로』(원광대학교, 2020)가 있다.】'기'의 사상과 신체관에 대해서는 거자오광葛兆光, 노리코 이케히라池平紀子 역,「도교의 생명철학─우주·신체·기」(앞의 책,『강좌 도교 제3권 도교의 생명관과 신체론』 수록)가 참고가 된다.

마왕퇴馬王堆에서 출토된 양생법 관계의 자료 해설로는 마왕퇴 출토 문헌 역주총서 편집위원회 편, 시라스기 에쓰오白杉悅雄·사카우치 시

게오坂內榮夫 저 『각곡식기却穀食氣·도인도導引圖·양생방養生方·잡료방
雜療方』(도호쇼텐東方書店, 2011년)이 있다. 【마왕퇴 양생법과 관련해서는
주일모(김남일 외 옮김), 『고대 중국 의학의 재발견』(법인문화사, 2000)이 참
고가 된다. 의학적 측면과 관련해서는 정우진, 『한의학의 봄—초기 경
맥 형성사』(청홍, 2015)와 야마다 게이지山田慶兒(이성규 외 옮김), 『중국 의
학은 어떻게 시작되었는가』(사이언스북스, 2002)가 참고가 된다.】

신선 사상에 대해서는 쓰다 소키치津田左右吉「신선神僊 사상의 연구」
(『쓰다 소키치 전집』 제10권, 岩波書店, 1964년 수록), 요시카와 다다오『고대 중
국인의 불사환상不死幻想』(東方書店, 1995년)이 참고가 된다.

중국 고대에 있어 '마음'과 '신체'의 파악 방식에 대해서는 이시다
히데미石田秀實「확충하는 정신: 중국 고대에 있어서 정신과 신체의 문
제」(이시다 히데미, 『마음과 몸: 중국 고대에 있어서 신체의 사상』, 中國書店, 1995년
수록)을 참고했다. 【이와 관련해서 한국어 번역본인 이시다 히데미(이동
철 옮김), 『기 흐르는 신체』(열린책들, 1996)가 나와 있다.】

『태평경太平經』 텍스트로는 왕밍王明『태평경 합교合校』(中華書局, 1960
년)가 편리하다. 【『태평경합교(상·하)』는 중화서국中華書局 중국도교선
간道教典籍選刊 총서의 하나로 1997년 1판, 2014년 2판이 출간되어있
다.】 이 책에서 『태평경』 및 『태평경초太平經鈔』 인용은 이 판본을 이용
하고 있다. 『태평경』 생명관·양생법에 대해서는 가미쓰카 요시코「『태
평경』의 세계」(앞의 책, 『강좌 도교 제1권 도교의 신들과 경전』 수록)에서도 개
략적인 내용을 서술하였다. 【『태평경』 관련 연구로는 윤찬원, 『도교철
학의 이해—태평경의 철학 체계와 도교적 세계관』(돌베개, 1998)이 있고,
한국어 역주로는 윤찬원 외, 『태평경 역주(전 5책)』(세창출판사, 2012)가 나
와 있다.】

4강
'기氣→원기元氣→천지天地→만물萬物'의 생성론에 대해서는 후쿠나
가 미쓰지「도가의 기론과 『회남자』의 기」, 도가와 요시오戸川芳郎「후

한기後漢期에 있어서 기론」(모두, 앞의 책 『기의 사상―중국에 있어서 자연관과 인간관의 전개』 수록)이 참고가 된다.

신학적神學的 생성론 및 도교의 천계설天界說에 대해서는 무기타니 구니오 「도교적 생성론의 형성과 전개」, 같은 이 「도교 교리에 있어서 천계설」(모두, 앞의 책 『육조수당 도교 사상 연구』 수록)을 참고했다.

동천洞天에 대해서는 미우라 구니오三浦國雄 「동천복지洞天福地 소론」 (미우라 구니오, 『풍수風水 중국인의 토포스』, 平凡社, 1995년 수록)이 경묘한 필치로 소개하고 있다.

『진고眞誥』의 귀鬼의 세계 및 선仙·인人·귀鬼 삼부三部 세계관에 대해서는 가미쓰카 요시코 「『진고』에 대하여」(앞의 책 『육조 도교 사상의 연구』 수록)에 상세하게 서술하고 있다. 『진고』를 읽으려면 요시카와 다다오·무기타니 구니오 편 『『진고』 연구(역주편)』(京都大學人文科學研究所, 2000년)가 유익하다.

5강

도교 구제사상救濟思想의 커다란 흐름과 자기구제·타자구제에 대해서는 무기타니 구니오 「초기 도교에 있어서 구제 사상」(앞의 책 『육조수당 도교 사상 연구』 수록)을 참고로 하였다.

『태평경』의 구제사상에 대해서는 가미쓰카 요시코 「『태경경』의 승부承負와 태평太平의 이론에 대하여」(앞의 책 『육조 도교 사상의 연구』 수록)에 상세하게 서술하고 있다.

구세주로서의 노자(『노자변화경老子變化經』)에 대해서는 기쿠치 노리타카菊地章太 『노자신화老子神化―도교 철학』(춘주샤春秋社, 시리즈 도교의 세계 3, 2002년)에 알기 쉽게 설명하고 있다. 【『시리즈 도교의 세계』는 다음과 같이 구성되어있다. 1권 다나카 후미오田中文雄, 『仙境往来―神界와 聖地』, 2권 야마다 도시아키, 『道法變遷―歷史와 教理』, 3권 기쿠치 노리타카, 『老子神化―道教의 哲学』, 4권 아사노 하루지淺野春二, 『飛翔天界―道士의 技法』, 5권 쓰치야 마사아키土屋昌明, 『神仙幻想

—道教的生活』』또한 '도'에 의한 구제(『신주경神呪經』)에 대해서는 마찬가지로 기쿠치 노리타카『신주경 연구: 육조 도교에 있어서 구제 사상의 형성』(研文出版, 2009년)에 상세한 연구가 있다.

원시천존元始天尊에 의한 구제(천지의 재생과 구제의 사상)에 대해서는 가미쓰카 요시코 「『영보경』에 있어서 경전 신성화의 논리—원시구경元始舊經의 '개겁도인開劫度人'설을 둘러싸고」, 같은 이 「원시천존을 둘러싼 삼교 교섭」(모두, 앞의 책『도교경전의 형성과 불교』수록)에 상세하게 서술하고 있다.

영보재의靈寶齋儀나 도교 의례 전반에 관한 연구로는 야마다 도시아키『육조 도교의례의 연구』(東方書店, 1999년), 마루야마 히로시『도교의례 문서의 역사적 연구』(汲古書院, 2004년) 등이 있다.

6강

혜강嵇康「양생론養生論」에 대해서는, 요시카와 다다오『고대 중국인의 불사환상』(앞의 책) 4장「장생의 이론—혜강의 「양생론」」에 명쾌한 설명이 있다.【혜강과 관련해서는 한흥섭 옮김, 『혜강집』(소명출판, 2006)이 나와 있다.】

사마승정司馬承禎『좌망론坐忘論』에 대해서는 가미쓰카 요시코 「사마승정『좌망론』에 대하여—당대唐代 도교에 있어서 수양론」(앞의 책『도교경전의 형성과 불교』수록)에 상세하게 서술하고 있다. 『좌망론』 텍스트는 도장본道藏本과 운급칠첨본雲笈七籤本 사이에 상당히 많은 문자의 이동異同이 있는데, 우쇼쥐吳受琚 집석輯釋『사마승정집司馬承禎集』(社會科學出版社, 2013년)에 상세한 교감校勘이 되어있다.【사마승정 관련 박사학위 논문으로는 여지연『司馬承禎의 修行論 硏究』(원광대학교, 2020)가 있다.】

지관止觀과 좌망坐忘에 대해서는 미우라 구니오『주자와 기와 신체』(平凡社, 1997년) 2부 1장「삼교의 심신기법心身技法」이 참고가 된다.【미우라 구니오(이승연 옮김), 『주자와 기 그리고 몸』(예문서원, 2003)의 번역이 나와 있다.】

내단설內丹說의 형성에 대해서는 사가데 요시노부「수당시대에 있어서 복단服丹과 내관內觀과 내단內丹」(사가데 요시노부 편, 『중국 고대 양생사상의 종합적 연구』, 平河出版社, 1988년 수록), 사카우치 시게오「당대唐代의 내단 사상—음단陰丹과 내단」(앞의 책 『강좌 도교』 제3권 수록)을 참조하였다. 【내단과 관련해서는 『道敎氣功養生學』을 번역한 이원국李遠國(김낙필 외 옮김), 『내단: 심신수련의 역사(2책)』(성균관대학교출판부, 2006), 그리고 김경수, 『중국내단도교』(문사철, 2020)가 있다.】

『오진편悟眞篇』에 대해서는 아즈마 주지吾妻重二「『오진편』의 내단 사상」(앞의 책 『중국 고대 양생사상의 종합적 연구』 수록)의 설명에 근거하고 있다. 또한 이도순李道純에 대해서는 요코테 유타카「전진교全眞敎와 남종북종南宗北宗」(앞의 책 『강좌 도교』 제3권 수록)을 참조하였다. 【이도순 『중화집中和集』은 이봉호 옮김, 『중화집—유·불·선 삼교합일』(파라아카데미, 2021)이 나와 있다.】

존사存思와 태결 해소胎結解消의 사상에 대해서는, 무기타니 구니오「도교적 생성론의 형성과 전개」(앞의 책, 『육조수당 도교 사상 연구』 수록), 같은 이 「『대동진경大同眞經』 삼십구장三十九章을 둘러싸고」(요시카와 다다오 편, 『중국 고도교사古道敎史 연구』, 도호샤同朋舍 출판, 1992년 수록), 가토 지에加藤千惠「태태胎胎의 사상」(앞의 책 『강좌 도교』 3권 수록)이 참고가 된다. 【존사법에 관련해서는 배윤종 박사학위 논문, 『存思法硏究』(원광대학교, 2018)가 있고, 『대동진경』과 관련해서는 최수빈 박사학위 논문, 『道敎 上淸派의 <大洞眞經> 硏究: 몸·우주, 그리고 신비주의적 수행』(서강대학교 대학원, 2003)이 있다.】

오균吳筠의 신선가학神仙可學 사상에 대해서는, 가미쓰카 요시코「오균의 생애와 사상」(『東方宗敎』 54, 1979년)에 상세하게 서술하고 있다.

7강

도교 윤리와 사회사상 전반에 대해서는, 쑨이핑孫亦平 『도교의 신앙과 사상道敎的信仰與思想』(東大圖書公司, 2008년) 4장 「도교윤리관의 기본

특징道教倫理觀的基本特徵」, 5장 「도교 사회관의 독특한 함축道教社會觀的
獨特內蘊」을 참조하였습니다.

행위의 선악과 천天의 상벌에 대해서는, 가미쓰카 요시코「선과 악」
(앞의 책『岩波講座 東洋思想』제14권 수록)에 개요를 서술하였다. 도교에 있
어서 죄의식과 참회에 대해서는 요시카와 다다오『중국인의 종교의
식』(創文社, 1998년)에 면밀한 고찰이 이루어졌다.

『태평경』 윤리 사상과 이상사회에 대해서는 가미쓰카 요시코「『태
평경』의 세계」(앞의 책), 같은 이 「『태평경』에 있어서 '심心'의 개념」(앞의
책『육조 도교 사상의 연구』수록)에 서술한 내용과 겹치는 부분이 있다.

『포박자』의 윤리 사상에 대해서는, 구스야마 하루키 「도교와 유교」
(앞의 책『도교 제2권 도교의 전개』수록) 1장에 간결한 소개가 있다.

『영보경』의 계戒에 대해서는, 구스야마 하루키「도교계道教戒의 개관
과 오계五戒·팔계八戒, 같은 이「도교에 있어서 십계」(모두, 구스야마 하루
키『도가사상과 도교』, 平河出版社, 1992년 수록)에 상세한 설명이 있다.

『태상감응편太上感應篇』과 공과격功過格에 대해서는, 요시오카 요시
토요吉岡義豊『도교의 연구』제2장「감응편과 공과격」(『吉岡義豊著作集』
1, 고가쓰쇼보五月書房, 1989년 수록),【참고로 요시오카 요시토요, 『영생의
염원—도교永生への願い—道教』가 최준식 옮김, 『중국의 도교—不死의
길』(민족사, 1991)로 나와 있다.】 아키즈키 간에이秋月觀暎「도교와 중국
의 윤리—선서善書에 있어서 심의주의心意主義의 전망」(아키즈키 간에이 편,
『도교와 종교문화』平河出版社, 1987년 수록), 사카이 다다오『중국 선서善書의
연구』(고분도弘文堂, 1960년), 가지 도시유키加治敏之「선서와 도교」(앞의 책
『강좌 도교 제5권 도교와 중국사회』수록)를 참고하였다.【한상봉 편, 『역주 태
상감응편』(다운샘, 2002)이 나와 있다.】

8강

불교의 중국 전래에 대해서는, Erik Zürcher, *The Buddhist Con-
quest of China: the Spread and Adaptation of Buddhism in Early*

Medieval China(Leiden, Brill, 1959)가 유익하다. 다나카 스미오田中純男 외 역, 『불교의 중국 전래』(세리카쇼보せりか書房, 1995년)가 일역본이다. 【이 책 제3판이 에릭 쥐르허(최연식 옮김), 『불교의 중국 정복—중국에서 불교의 수용과 변용』(씨아이알, 2010)으로 나와 있다.】 또한 오키모토 가쓰미沖本克己 편 『신 아시아 불교사 6(中國 1 南北朝) 불교의 동전東傳과 수용』(고세이佼成 출판사, 2010년)이 알기 쉽게 설명하고 있다.

후한에서 당대 초기까지 불교·도교의 관계를 알기 위한 기본 문헌인 『홍명집弘明集』 『광홍명집廣弘明集』에 대해서는, 마키타 다이료牧田諦亮 편 『홍명집 연구』 상·중·하(京都大學人文科學研究所, 1973~1975년), 요시카와 다다오 역 『대승불전 <중국·일본 편> 제4권 홍명집·광홍명집』(주오고론샤中央公論社, 1988년)이 유익하다. 【『홍명집』 번역본은 계환 역주, 『홍명집』(동국역경원, 2008)이 있으며 관련 박사학위 논문으로 강규여, 『위진남북조시대 排佛·護佛 논쟁—『弘明集』을 중심으로』(전남대학교 대학원, 2012), 그리고 김민정, 『유·불 논쟁으로 본 중국 초기 불교의 효—『홍명집』을 중심으로』(계명대학교, 2017) 등이 있다.】

불전 한역漢譯에 대해서는, 후쿠나가 미쓰지 「중국종교사상사」(앞의 책 『岩波講座 東洋思想』 제13권 수록), 스에키 후미히코末木文美士 『불교—언어의 사상사』(岩波書店, 1996년), 후나야마 도루船山徹 『불전은 어떻게 한역漢譯되었는가—수트라가 경전이 될 때』(岩波書店, 2013년) 등이 참고가 된다. 【후나야마 도루의 저서는 이향철 옮김, 『번역으로서의 동아시아—한자 문화권에서의 '불교'의 탄생』(푸른역사, 2018)으로 번역되었다. 아울러 이종철, 『중국 불경의 탄생—인도 불경의 번역과 두 문화의 만남』(창비, 2008)은 국내에서 나온 관련 성과로 주목할 만하다.】

나나쓰데라본七寺本 『청정법행경淸淨法行經』에 대해서는, 오치아이 도시노리落合俊典 편 『나나쓰데라 고일경전古逸經典 연구총서 제2권 중국찬술경전中國撰述經典(其之二)』(다이도大東 출판사, 1996년)을 참조하였다.

이하논쟁夷夏論爭에 대해서는, 요시카와 다다오 『육조정신사六朝精神史 연구』(同朋舍出版, 1984년) 13장 「이하논쟁」, 마에다 시게키前田繁樹

「불도논쟁佛道論爭에 있어서 문제들」(앞의 책 『강좌 도교 제5권 도교와 중국 사상』 수록)이 참고가 된다.

『영보경』의 불교 수용에 대해서는, Erik Zürcher "Buddhist Influence on Early Taoism: A Survey of Scriptural Evidence"(T'oung Pao, vol.66, 1-3, 1980)의 뛰어난 논고가 있다. 또한, 가미쓰카 요시코 『도교 경전의 형성과 불교』(앞의 책) 제1편 「『영보경』의 형성과 그 사상」, 제3편 「도교 경전과 한역불전」에도 상세하게 서술하고 있다.

도불병존道佛竝存의 조상造像에 대해서는, 가미쓰카 요시코 『육조 도교 사상의 연구』(앞의 책) 제3편 제2장 「육조시대의 도교 조상: 종교사 상사적 고찰을 중심으로」에 상세히 서술하고 있다.

유불도儒佛道 '삼교귀일三敎歸一'의 사조에 대해서는, 모리 유리아森由利亞 「근세 내단도內丹道의 삼교일치론三敎一致論: 목상황牧常晃과 이도순李道純의 삼교일치론과 성명쌍수설性命雙修說을 중심으로」, 마부치 마사야馬淵昌也 「유교와 도교의 관계에 대하여—원·명기 이학자理學者의 내단관內丹觀을 중심으로」(모두, 앞의 책 『강좌 도교』 제4권 수록)를 참조하였다. 【중국에서 유불도 삼교의 관계 전반에 관련하여 다음 두 책이 참고가 된다. 구보타 료온久保田量遠, 최준식 옮김, 『中國儒佛道 三敎의 만남』(민족사, 1990) 그리고 도키와 다이조常盤大定, 강규여 옮김, 『중국의 불교와 유교 도교(상·중·하)』(세창출판사, 2021)이다. 한편 김경수의 『북송 초기의 삼교회통론』(예문서원, 2013)은 승려 계숭契嵩과 도사 장백단을 다루고 있다. 임종수의 박사학위 논문, 『林兆恩의 宗敎思想에 관한 硏究—三敎合一論을 中心으로』(성균관대학교, 2010)은 명대를 다루고 있다.】

9강

도교·문학에 관한 전반적 사항에 대해서는, 앞의 책 『강좌 도교』 제4권 제III부 「문학과 도교」 수록의 여러 논문이 참고가 된다. 【1장 니카이도 요시히로二階堂善弘 「통속문학과 도교」, 2장 쓰치야 마사아키 「선전문학仙傳文學과 도교」, 3장 유사 노보루遊佐昇 「시와 도교」가 수록되

어있다.】

『진고』에 보이는 진인眞人의 시 작품에 대해서는, 가미쓰카 요시코 「『진고』에 대하여」(앞의 책)에 상세히 서술하고 있다.

왕희지王羲之와 도교의 관련성에 대해서는, 요시카와 다다오 『왕희지: 육조 귀족의 세계』(시미즈쇼인淸水書院, 1972년. 이후 岩波現代文庫, 2010년)가 참고가 된다.

진인의 내전內傳에 대해서는, 고미나미 이치로小南一郎 『중국의 신화와 이야기: 고소설사의 전개中国の神話と物語り―古小說史の展開』(岩波書店, 1984년) 「『한무제내전漢武帝內傳』의 성립」에 상세한 연구가 있다. 【내전 관련 국내 학자의 논문은 김지현, 「내전을 통해 본 도교 수행의 과정과 세계구조」, 종교와 문화(서울대학교 종교문제연구소), 26호, 2014년이 참고가 된다.】 또한, 『상청경』 문체에 대해서는, 가미쓰카 요시코 「『상청경』의 형성과 그 문체」(앞의 책 『육조 도교 사상의 연구』 수록)에 상세하게 서술하고 있다.

이백李白과 상청파 도교에 대해서는, 쓰치야 마사아키土屋昌明 「이백의 교유와 도교: 원단구元丹丘·호자양胡紫陽·옥진공주玉眞公主를 중심으로」(『센슈專修 대학 인문과학 연보』 32, 2002년)를 참조하였다. 【국내의 성과로는 학위논문을 정리한 이석조, 『이태백과 도교―이백시 연구』(집문당, 1981)가 참조가 된다】

도교와 서예 예술의 밀접한 관계에 대해서는, 요시카와 다다오 『서와 도교의 주변』(平凡社, 1987년)에 시정이 풍부한 문장으로 명쾌하게 서술되어있다.

중국의 서론書論·화론畫論에 대해서는, 후쿠나가 미쓰지 『예술논집藝術論集』(아사히朝日 신문사, 中國文明選 14, 1971년)에 주요한 서론과 화론의 역주와 해설이 실려있다.

회화와 도교에 대해서는, 스기하라 다쿠야杉原たく哉 「회화와 도교」(앞의 책 『강좌 도교』 제4권 수록), 『역대명화기歷代名畫記』에 대해서는, 나가히로 도시오長廣敏雄 역주 『역대명화기』1·2(平凡社, 東洋文庫, 1977년), 우사미 분리宇佐美文理『『역대명화기』: '기氣'의 예술론』(岩波書店, 2018년)을 참조하였다. 【장언원張彦遠(조송식 옮김), 『역대명화기(상·하)』(시공아트, 2008)가 번역본으로 나와 있다.】

10강

「도교와 일본 문화」에 관한 주요 연구 성과를 수록한 것으로『선집選集 도교와 일본』전3권(雄山閣, 1996~1997년)이 있다. 【1권『도교의 전파와 고대국가』, 2권『고대문화의 전개와 도교』, 3권『중세·근세 문화와 도교』로 구성되어있다.】또한「도교와 일본 문화」에 대하여 간결하게 정리한 것으로는, 나카무라 쇼하치中村璋八「일본의 도교」(앞의 책『도교 제3권 도교의 전파』수록)가 있다.

고대 일본에 있어서 도교에 관한 연구로, 시모데 세키요下出積與『일본 고대의 도교·온묘도陰陽道와 신기神祇』(요시카와고분칸吉川弘文館, 1997년)가 있고, 쉽게 접할 수 있는 책으로는 시모데 세키요『도교와 일본인』(고단샤講談社 現代新書, 1975년)이 있다.

『혼초신센덴本朝神仙傳』에 대해서는, 『일본사상대계日本思想大系 7 오조덴往生傳 홋케겐키法華驗記』(岩波書店, 1974년) 해설「문헌 해제—성립과 특색」(이노우에 미쓰사다井上光貞)을 참조하였다.

구카이空海의『산고시이키三敎指歸』에 대해서는, 후쿠나가 미쓰지 책임편집『일본의 명저 3 사이초最澄·구카이空海』(中央公論社, 1977년)에 게재된『산고시이키』의 해설·역주가 유익하다. 여기에는『산고시이키』의 어휘 출전에 대해 지극히 상세한 역주가 달려있고, 또한 야마노우에노 오쿠라山上憶良「중병에 걸려 스스로 애도하는 글沈痾自哀文」에 대한 해설도 실려있다. 【『산고시이키』는 쿠우카이(정천구 옮김)『삼교지귀』(씨아이알, 2012)로 한국어 번역이 나와 있다.】【야마노우에노 오쿠라에 관해서는 고용환, 『야마노우에노 오쿠라 문화사 탐구—만엽의 가인 산상억량』(책사랑, 2014)가 나와 있고, 만요슈萬葉集에 관해서는 이연숙 옮김, 『한국어역 만엽집』1~14(박이정, 2012~2018)이 참고가 된다.】

주술·방술의 수용에 대해서는, 마스오 신이치로『도교와 중국 찬술 불전撰述佛典』(汲古書院, 2017년), 나라奈良문화재 연구소 편『후지와라궁 藤原宮 목간 4』(奈良文化財研究所, 2019년)를 참조하였다.

『의심방醫心方』에 대해서는, 사가데 요시노부「『의심방』 양생편養生 篇의 도교적 성격」, 같은 이「『의심방』에 있어서 의료와 도교─인용된 『연수적서延壽赤書』『복석론服石論』을 중심으로」(모두, 사가데 요시노부『도 가·도교의 사상과 그 방술의 연구』, 汲古書院, 2009년, 수록)를 참조하였다.

에도시대의『태상감응편』의 간행에 대해서는, 사카이 다다오「근세 일본 문화에 끼친 중국 선서의 영향 및 유통」(다가 아키고로多賀秋五郎 편, 『근세 아시아 교육사 연구』분리쇼인文理書院, 1966년, 수록)에 상세한 연구가 있 다.【한국 선서와 관련한 성과로는 최혜영 박사학위 논문,『朝鮮後期 〈善書〉의 倫理思想 硏究』(한국교원대학교, 1997)가 나와 있다.】

미우라 바이엔三浦梅園에 대해서는,『일본사상대계 41 미우라 바이 엔』(岩波書店, 1982년) 해설「미우라 바이엔의 철학─극동 유학사상사의 견지에서」(시마다 겐지島田虔次), 미우라 바이엔의 도교적 사상에 대해서 는, 후쿠나가 미쓰지「미우라 바이엔과『장자』와 도홍경陶弘景」과 같은 이「미우라 바이엔과 도교」(모두, 후쿠나가 미쓰지『도교와 일본 문화』人文書 院, 1982년 수록)를 참조하였다. 미우라 고카쿠三浦黃鶴「선부군 렌잔 선생 행장기先府君學山先生行狀記」는 사이구사 히로토三枝博音 편,『미우라 바 이엔집三浦梅園集』(岩波文庫, 1953년)에 수록되어있는 것을 사용하였다.

히라타 아쓰타네平田篤胤의 도교와의 관련성에 대해서는, 구스야마 하루키「히라타 아쓰타네와 도교」(앞의 책『도가 사상과 도교』수록)를 참조 하였다.【히라타 아쓰타네의『다마노미하시라靈能眞柱』가 모토오리 노 리나가本居宣長의『우이야마부이初山踏』와 함께 손대준 옮김,『日本思想 叢書 6─靈의 眞柱·初山踏』(광일문화사, 1989)으로 한국어로 번역·출간 되었다.】

관계 연표

(이 책의 주된 등장인물과 관련 사항)

· 《 》의 숫자는 이 책의 관련 강의 번호 표시

서력	사 항
B.C.	
770	**춘추시대**春秋時代(~B.C. 403)
479	공자 몰(B.C. 552~).『논어』《2, 4, 8, 9, 10》
403	**전국시대**戰國時代(~B.C. 221)
390	이 무렵 묵자 몰(B.C. 470 무렵~).『묵자墨子』《1, 7》
	전국시대 초기, 「행기옥패명行氣玉佩銘」《3》
300	이 무렵 곽점 초간郭店楚簡『노자』《2》
	『노자』《1, 2, 4, 5, 6, 7, 8, 10》
	이 무렵 장자 활동?
	『장자』《2, 3, 4, 5, 6, 9, 10》
221	**진**秦 **시황제, 중국 통일**
219	시황제, 봉선을 행하다, 서불徐市 등을 파견하여 삼신산
	三神山을 찾게 하다《3, 10》
202	**전한**前漢(~A.D.8)
168	마왕퇴馬王堆 제3호 한묘, 조영되다. 백서帛書『노자』
	《2》「도인도導引圖」《3》
	한 무제 즉위(~B.C. 87)
	이 무렵부터 중국에 불교가 전해지기 시작하다《8》
122	회남왕淮南王 유안劉安 몰(B.C. 179?~).『회남자淮南子』
	《3, 4, 9》
110	무제, 봉선을 행하다《3, 10》
	사마담司馬談 몰(?~).「육가六家의 요지」《7》

서력	사 항
104	동중서董仲舒 몰(?~). 『춘추번로春秋繁露』《3, 7》
86	이 무렵 사마천 몰(B.C. 145 무렵 ~), 『사기』《2, 5, 7, 8》
6	유향劉向 몰(B.C. 77~). 『열선전列仙傳』?《3, 9, 10》
A.D.	
25	**후한後漢**(~220)
65	초왕楚王 유영劉英, 황로黃老의 학을 좋아하고 부처의 제사를 행하다 《8》
140	이 무렵 궁숭宮崇, 『태평청령서太平淸領書』를 헌상하다 《1》 『태평경太平經』《1, 3, 5, 7》
165	환제桓帝, 노자를 고현苦縣에서 제사하다. 변소邊韶「노자명老子銘」《5》
184	황건의 난 일어나다. 장각張角(태평도太平道) 몰(?~)《8》 『노자상이주老子想爾注』?《1, 2, 7》
216	장로張魯 몰(?~)
	이 무렵 『노자변화경老子變化經』《5》
220	**위魏**(~265)
249	왕필王弼 몰(226~). 『노자』주注《2》
262	혜강嵇康 몰(223~). 「양생론」《3, 6, 10》
	위魏 강승개康僧鎧 역 『무량수경』《8》
280	**서진西晉**(~316)
307	이 무렵까지는 왕부王浮『노자화호경老子化胡經』성립 《8, 10》
312	이 무렵 곽상郭象 몰(?~). 『장자』주注《9》
317	**동진東晉**(~420)
	이 무렵 갈홍, 『포박자』를 저술함《1, 3, 4, 6, 7, 10》
334	위화존魏華存 몰(253~)《1, 9》
343	이 무렵 갈홍 몰(283?~). 『신선전』《3, 9, 10》
350	양희楊羲, 유박劉璞에게 영보오부靈寶五符를 전수받다 《1, 9》
361	왕희지 몰(303~)《9》
364	위화존이 양희에게로 강림을 시작한다. 상청파上淸派 도교의 흥륭《1, 4, 6, 9》

서력	사 항
370	허홰許翽 몰(341~)《1, 4, 9》
376	허밀許謐 몰(305~)《1, 4, 9》
386	이 무렵 양희 몰(330~)《1, 4, 9》
400	이 무렵 갈소보葛巢甫,『영보경靈寶經』을 만들다 《1, 4, 5, 6, 8, 10》
415	구겸지寇謙之에게 태상노군太上老君이 강림《1》
416	혜원慧遠 몰(334~)《1, 8》
420	**유송劉宋**(~479)
	이 무렵『신주경神呪經』전반부 성립하다《5, 10》
427	도연명 몰(360~)《1, 4》
437	육수정陸修靜,「영보경목서靈寶經目序」를 저술하다《3》
443	종병宗炳 몰(373~).「화산수서畫山水序」《9》
448	구겸지 몰(365~)《1》
467	고환顧歡,「이하론夷夏論」을 저술하다《1, 8》
471	육수정,「삼동경서목록三洞經書目錄」을 저술하다《1》
477	육수정 몰(406~)《1, 5, 8》
479	**남제南齊**(~502)
499	이 무렵 도홍경陶弘景,『진고眞誥』를 편찬 《1, 4, 6, 9, 10》
500	이 무렵 도홍경의『본초집경本草集經』완성《10》
502	**양梁**(~557)
518	승우僧祐 몰(445~).『홍명집弘明集』《1, 8》
536	도홍경 몰(456~)《1, 4, 6, 9, 10》
557	진陳(~589)
570	견란甄鸞,『소도론笑道論』을 저술하다《8》
577	혜사惠思 몰(515~).『입서원문立誓願文』《6》
	이 무렵『무상비요無上秘要』완성《1, 5》
589	**수隋**(~618)
598	지의智顗 몰(538~).『천태소지관天台小止觀』《6》
602	【일본】백제 승려 관륵觀勒, 일본에 역본曆本, 천문지리의 서, 둔갑방술遁甲方術의 서를 가져오다《10》

서력	사 항
	수에서 당대 초기의 무렵, 유진희劉進喜·이중경李仲卿의 『본제경本際經』성립 《1, 8》
618	**당**唐(~907)
633	이 무렵 성현영成玄英, 『노자도덕경의소老子道德經義疏』를 저술하다. 중현학重玄學의 성행 《1》
660	이 무렵 여흥黎興·방장方長의 『해공지장경海空智藏經』 성립 《1, 8》
664	이 무렵 맹안배孟安排, 『도교의추道教義樞』를 저술하다 《2, 4》
667	도선道宣 몰(596~). 『광홍명집廣弘明集』《8》
682	손사막孫思邈 몰(?~). 『천금요방千金要方』《10》
687	손과정孫過庭, 『서보書譜』를 저술하다 《1, 9》
700	측천무후則天武后, 숭산崇山에서 제죄간除罪簡을 투척하다 《1, 5》
701	【일본】다이호 율령大寶律令 제정. 온요료陰陽療·덴야쿠료典藥療 설치되다 《10》
711	사마승정司馬承禎, 예종睿宗에게 초빙되어 '치국의 요체'를 답하다 《7》
720	【일본】『니혼쇼키日本書紀』완성되다 《10》
721	현종玄宗, 사마승정에게서 법록法籙을 전수 받다 《1》
733	현종, 『어주御注 도덕진경道德眞經』을 짓다 《1, 2》
	【일본】야마노우에노 오쿠라山上憶良 이 무렵에 몰 (660~). 「중병에 걸려 스스로 애도하는 글〔沈痾自哀文〕」《10》
735	사마승정 몰(647~) 《1, 4, 9》. 『좌망론坐忘論』《6, 8》, 『천지궁부도天地宮府圖』《4》
741	도거道擧 제도 시작되다 《1》
754	오균吳筠, 『현강론玄綱論』을 현종에게 헌상하다 《1, 6》
762	이백 몰(701~) 《1, 6, 9》
769	이함광李含光 몰(683~) 《9》
775	【일본】기비노 마키비吉備眞備 몰(696~) 《1, 8》
778	오균 몰(?~). 「신선가학론神仙可學論」《1, 3, 6》

서력	사 항
779	【일본】오미노 미후네淡海三船『도다이와조토세덴唐大和上東征傳』을 저술하다《10》
785	안진경顏眞卿 몰(709~).「마고선단기麻姑仙壇記」등《1, 9》
797	【일본】구카이空海,『로코시이키聾瞽指歸』(『산고시이키三教指歸』)를 저술하다《10》
805	이발李渤,『진계眞系』를 저술하다《9》
835	【일본】구카이 몰(774~)
847	장언원張彦遠,『역대명화기歷代名畫記』를 저술하다《1, 9》
879	【일본】미야코노 요시카都良香 몰(834~).「신센몬다이神仙問對」《10》
890	【일본】이 무렵 후지와라노 스케요藤原佐世,『일본국현재서목록日本國見在書目録』을 저술하다《10》
	당대 말 여구방원閭丘方遠,『태평경초太平經鈔』를 만들다《1, 3, 7》
907	**오대십국**五代十國(~960)
930	도거道擧 폐지《1》
933	두광정杜光庭 몰(850~).『도덕진경광성의道德眞經廣聖義』《1, 7》
960	**북송**北宋(~1127)
984	【일본】단바노 야스노리丹波康賴,『의심방醫心方』을 저술하다《10》
1019	『대송천궁보장大宋天宮寶藏』완성《1》
	장군방張君房,『운급칠첨雲笈七籤』을 저술하다《1, 2, 4, 5, 6, 9, 10》
1075	장백단張伯端,『오진편悟眞篇』을 저술하다《6, 8》
1082	장백단 몰(987~)
1111	【일본】오에노 마사후사大江匡房 몰(1041~).『혼초신센덴本朝列仙傳』《10》
1127	**남송**南宋(~1279)
	남송 초의 무렵『태상감응편太上感應篇』완성《1, 7, 8, 10》
1159	왕철王喆(重陽), 여동빈呂洞賓의 화신과 해후하다《1》

서력	사 항
1166	소포진蕭抱珍 몰(?~). 태일교太一敎《1》
1170	왕철王喆 몰(1113~). 전진교全眞敎《1, 6, 8》
1171	우현자又玄子,『태미선군공과격太微仙君功過格』을 저술하다《1, 7》
1180	유덕인劉德仁 몰(1122~). 진대도교眞大道敎《1》
1222	구처기丘處機, 칭기즈칸과 회견《1》
1279	**원元**(~1368)
1306	이도순李道純,『중화집中和集』을 저술하다《6, 8》
1308	유옥劉玉 몰(1257~). 정명도淨明道를 대성大成하다《1, 8》 원대 말기 무렵까지 정일교와 전진교 양대 교파 병립의 형세가 이루어지다《1》
1368	**명明**(~1644)
1445	『정통도장正統道藏』완성《1》
	【일본】15세기 말『태상감응편』일본에 도래《10》
1528	왕수인王守仁 몰(1472~).『전습록傳習錄』《8》
1607	『만력속도장萬曆續道藏』완성《1》
1644	**청淸**(~1912)
1714	【일본】가이바라 에키켄具原益軒 몰(1630~).『양생훈養生訓』《10》
1789	【일본】미우라 바이엔三浦梅園 몰(1723~).『겐고玄語』《10》
1843	【일본】히라타 아쓰타네平田篤胤 몰(1776~).『세키켄타이고덴赤縣太古傳』《10》

옮긴이 후기

번역 단상 1.

    대학 시절 이와나미 신서를 황색판부터 읽어왔던 오랜 독자로서 늘 품어왔던 의문이 하나 있었다. 이와나미 신서에 관심이 있는 독자라면 상식에 속하겠지만, 이와나미 신서는 1937년 중일전쟁 발발을 계기로 그 같은 침략 행위를 비판·반성하는 분위기 속에서 1938년에 창간되었다. 그 결과 신서 초창기 '중국을 알자'라는 구호로 요약되듯이 신서 전체에 중국에 대한 이해와 지식 보급의 사명 의식이 알게 모르게 강조되는 경향이 드러나고 있었다. 창간 이래 80여 성상이 흘렀고, 발행 종수로 3,500여 점 정도에 달하는 발간의 역사 속에서 직간접으로 '중국'에 관련된 신서의 주제가 무엇보다 많다는 사실은 그러한 신서 탄생 전후의 사정을 보면 사태의 당연한 귀결이라 하겠다. 그런데도 중국의 문화·사상 가운데 유교·불교를 다루는 신서가 진작에 여럿 출간되었음에 반해 중국의 '도가' '도교'를 다루는 신서는 여태껏 한 권도 없다는 사실에 대해 늘상 그 이유가 무엇일까 궁금해하고 있었다.

번역 단상 2.

그런 생각을 품었던 이유인즉슨 언젠가 20세기 중국을 대표하는 작가 루쉰魯迅이 '중국 사람은 종종 승려·비구니를 미워하고, 회교도를 혐오하고, 기독교도를 증오하지만 도사는 싫어하지 않는다. 이러한 이치를 이해하면 중국에 대해 거의 안다고 할 수 있다'라는 발언을 읽었을 때의 인상이 뇌리에 깊숙하게 남았기 때문이다. 의학도로 출발한 작가답게 '한자와 유교가 없어져야 중국이 산다'는 식의 도발적 발언을 서슴지 않았던 루쉰이 흔히 타파할 구습의 대표격으로 인식되었던 도교에 대해 그렇듯 높게 평가하는 이유에 대한 해답을 찾으려 이와나미 신서 목록을 이리저리 뒤져보았으나 결과는 별무소득이었다.

이와나미 신서에 '도교'에 관한 책이 없는 주된 이유는 아마도 이 책 저자의 말마따나 '도교'가 포괄하는 내용의 폭이 너무나도 넓고 다양해서 한 권의 신서 분량으로 담아내기 힘들다는 기술적 문제가 컸던 것으로 보인다. 하지만 한편으로 도교 연구 최강국인 일본에서조차 전문적 학술 성과와 시민적 교양의 매개에 충실해왔던 이와나미 신서의 시각으로는, '도교'에 관해 학술적으로 균형 잡힌 교양적 담론은 여전히 쉽지 않다고 판단하는 것이리라 나름 추측을 하던 터였다. 그러던 차에 신서 '철학·사상 10강' 시리즈의 하나로 이 책이 출간되자 앞서 말했듯이 개인적 감회가 남달랐던 역자들은 이제 루쉰의 발언을 이해하기 위한 하나의 단서가 되어줄 이 책의 번역·출판에 착수하게 되었다.

번역 단상 3.

동아시아 관련 인문학 분야 가운데 아마도 도교 연구를 둘러싼 상황이 가장 역동적이라는 사실은 연구자들 사이에 익히 잘 알려져 있다고 하겠다. 일례로 도교 연구의 출발점이라 할『노자』의 경우 1973년 백서『노자』·1993년 초간楚簡『노자』의 발견을 계기로 연구 상황이 크게 달라져 이제는 논의의 흐름조차 파악하기가 여간 어려운 일이 아니게 되었다. 한편으로 최근 중국에서 완간된 칭시타이·잔스촹 주편『중국 도교 통사』(전5권)를 살펴보아도 사회주의 체제로 인해 뒤늦게 연구를 출발해야 했던 중국 대륙은 기존의 도교 연구의 국제적 동향—

도교 연구의 선편을 잡았던 프랑스·문헌적 연구에 강세를 보이는 일본·조세프 니덤의 과학문명사 연구로 대표되는 영국—을 자세히 분석·논의하면서 이후에도 도교 연구의 국제적 협력과 소통의 중요성을 매우 강조하고 있는 형편이다. 그에 반해 한국의 도교 연구는 전체적으로 이러한 국제적 교류·연대의 흐름 속에서 다소 소외되고 동떨어진 모습을 보이지 않나 하는 것이 역자들의 솔직한 느낌이라 하겠다. 흔히 우화등선羽化登仙의 욕망과 망문생의望文生義의 유혹에 빠져 자칫 학문적 균형 감각을 잃기 쉬운 도교적 담론의 세계에 있어 이웃 나라 일본 학계의 도교에 관한 전체적 시각과 논의의 얼개를 살피는 일이야말로 무엇보다 시급한 학문적 과제의 하나라고 해야 하겠다. 『도교 사상-10개의 강의로 도교 쉽게 이해하기』가 그러한 요구를 어느 정도 충족시키며 향후 한국 도교 연구 발전에 있어 작은 마중물 역할이라도 할 수 있게 된다면 역자들로서는 더할 나위 없는 기쁨이라고 해야 할 것이다.

2022년 2월

옮긴이 장원철·이동철

IWANAMI 073

도교 사상
-10개의 강의로 도교 쉽게 이해하기-

초판 1쇄 인쇄 2022년 3월 10일
초판 1쇄 발행 2022년 3월 15일

저자 : 가미쓰카 요시코
번역 : 장원철, 이동철

펴낸이 : 이동섭
편집 : 이민규
책임편집 : 조세진
디자인 : 조세연
표지 디자인 : 공중정원
영업·마케팅 : 송정환, 조정훈
e-BOOK : 홍인표, 최정수, 서찬웅, 김은혜, 이홍비, 김영은
관리 : 이윤미

㈜에이케이커뮤니케이션즈
등록 1996년 7월 9일(제302-1996-00026호)
주소 : 04002 서울 마포구 동교로 17안길 28, 2층
TEL : 02-702-7963~5   FAX : 02-702-7988
http://www.amusementkorea.co.kr

ISBN 979-11-274-5161-5 04150
ISBN 979-11-7024-600-8 04080 (세트)

DOKYOSHISO 10 KO
by Yoshiko Kamitsuka
Copyright © 2020 by Yoshiko Kamitsuka
Originally published in 2020 by Iwanami Shoten, Publishers, Tokyo.
This Korean print edition published 2022
by AK Communications, Inc., Seoul
by arrangement with Iwanami Shoten, Publishers, Tokyo

지성과 양심 이와나미岩波 시리즈